大方
sight

张维为　著

中国震撼

一个
"文明型国家"
的崛起

中信出版集团｜北京

图书在版编目（CIP）数据

中国震撼 / 张维为著 . -- 2 版 . -- 北京：中信出
版社，2024.2（2024.12 重印）
ISBN 978-7-5217-5521-3

Ⅰ.①中⋯　Ⅱ.①张⋯　Ⅲ.①发展战略－研究－中国
Ⅳ.① D61

中国国家版本馆 CIP 数据核字（2023）第 251365 号

中国震撼
著者：　　张维为
出版发行：中信出版集团股份有限公司
　　　　　（北京市朝阳区东三环北路 27 号嘉铭中心　邮编　100020）
承印者：　河北鹏润印刷有限公司

开本：660mm×970mm　1/16　　　印张：22.75　　字数：221 千字
版次：2024 年 2 月第 2 版　　　　印次：2024 年 12 月第 4 次印刷
书号：ISBN 978-7-5217-5521-3
定价：72.00 元

我们是削足适履、屈从西方的价值观，还是实事求是、总结中国文明复兴的经验？这是张维为的观察给中外读者带来的思考。

陈　平
复旦大学新政治经济学中心高级研究员

《中国震撼》一书，以清醒的自信、确凿的事实、较强的逻辑、亲和的解疑，展示了一位长期在发达国家从事教学和研究的学者心声，值得一切关心中外大事的读者翻阅。

程恩富
上海财经大学教授

张维为既是在欧洲从事研究的学者，又有中国的生活背景，正视中国实情，他的视角可能是国内和西方学者都不具备的。这是他的成功之处。

黄仁伟
上海社会科学院副院长

《中国震撼》的贡献，主要不在于它又一次描述了中国这些年来经济与社会发展的巨大成就，这类书籍、文章已经够多了，增加一本不会引起人们特别注意。《中国震撼》之所以值得人们认真阅读，在于它引导人们去思考。每一个文明国家、人类每一种独立发展起来的文明，不仅走向现代的路径不会相同，而且，现代性应有的内涵，也不可能相同。

姜义华
复旦大学历史系特聘教授

张维为先生的著作及其阐发的观点，本来是在国际交流中形成的，或者说是在同外国人讨论怎么认识中国的过程中形成的，但是对于我们这些天天生活在中国的中国人来说也值得读一读。

李君如
中共中央党校原副校长

张维为以自己亲历一百多个国家的经历，结合对中国现实的观察，提出了"文明型国家"的概念，丰富了"中国模式"的内涵。

罗伯特·库恩

《他改变了中国——江泽民传》作者

　　这本书的发行量、上榜率都非常高。我一口气从头看到尾，它从正面角度介绍了中国为什么崛起、靠什么崛起、我们应该如何看待自己的崛起。……我们固然还是要保持谦虚谨慎，但中国崛起已经是不争的事实。现在我们更应该坚定自己的理想信念，坚定自己的奋斗目标，对江苏来说就是要坚信"两个率先"的基本方向、基本目标一定能实现。中国共产党人的目标就是要实现中华民族伟大复兴，我们一定要有这个信心和勇气，所以我给大家推荐这本书。

罗志军

江苏省省委原书记

　　中国的崛起是我们时代最精彩的故事，而我们时代最会讲故事的人却都来自西方。这就导致了一个极大的悖论——我们时代最会讲故事的人无法理解这个时代最精彩的故事。这也是为什么我们需要一个中国人来提供中国视角。张维为教授帮了世界一个大忙，他及时地给我们讲述了中国崛起的精彩故事。

马凯硕

新加坡国立大学李光耀公共政策学院原院长

　　张维为始终坚持不懈地为中国发展的正当性立言。他用新的视角、新的事实看中国看得更深刻，给我们更多的自信心。

沈丁立

复旦大学国际问题研究院副院长

　　张维为此书对经济学核心问题的把握更接近经济的本来面目。张维为此书从横向和纵向两个方面审察中国的崛起，特别难能可贵。

史正富

复旦大学新政治经济学研究中心主任

　　在偏重自信的中国模式论当中，《中国震撼》偏重自信但并非没有自省。本书有几个值得称道的特点，即针对批评（腐败、污染、贫富差别、房价高企等）来说理而不是泛泛而谈，对中国存在着的问题并没有回避，在批评西方和模仿西方的时候总体上并没有说过头，作者把亲身经历和大量的数据材料结合起来了。

童世骏

华东师范大学党委书记

研讨"中国模式""中国崛起"的书和文章不少，张维为给读者提供的思考有独特之处。他把自己对中国历史特点的把握归纳为"四超、四特"，作为他支持"中国崛起"全书议论的"元出发点"。这一勇气和胆识，使我敬佩。他尽力发挥熟悉国外情况的特长，展开中外比较，在历史与现实之间反复演绎这一中国"元论"，捕捉到的不是零零碎碎的历史优越感，而是带有全局性、长远性的中国历史特征。

王家范
华东师范大学历史系教授

《中国震撼》既有宏观的阐述、历史的演绎，又有微观的观察、切身的体会。比如，作者将中国的崛起放在世界历史发展的大局中观察，通过对现实的观察和对数据的理性分析，广泛引证各种材料，强调中国的崛起是一个不同质的国家的崛起，是"文明型国家"的崛起，是新的发展模式的崛起，是一种独立政治话语的崛起，这实际上是从另一个角度阐释了中国和平发展道路的基本内涵。

王心富
中宣部理论局原副局长

中国在世界上感受到了其经济与政治的实力，很自然，它渴望用自己的智慧来解释这个中国故事，先向自己，然后传播到世界各地。张教授的书在中国已经广受瞩目，并将为中国在未来争夺国际话语权作出极大的贡献。

杨荣文
新加坡前外交部长

《中国震撼》一书，给出了自己探究中国崛起之谜的答案。对于这个答案或许会有不同看法和评说，但在思想界、学术界乃至社会生活中所引起的冲击和热议则是肯定的，甚至可以说在对中国的发展持有种种顽固偏见和肤浅短视的议论那里，也不失为一个"震撼"。

张晓林
《求是》杂志社原总编辑

获奖纪录

2011 年

新闻出版总署	大众喜爱的50种书（文化类）
《新京报》	年度畅销榜
《光明日报》	光明书榜年度十大好书
南国书香节	最受关注人文社科类图书
上海书展暨"书香中国"上海周	最有影响力十大新书

2012 年

中宣部、新闻出版总署	第四届优秀通俗理论读物推荐书目
上海市新闻出版局	"上海图书奖"一等奖

2013 年

最受中央国家机关干部欢迎的10本书

序言

古人云：读万卷书，行万里路。作为一个中国人，通过读书、旅行、思考、写作，与整个世界进行对话和交流，获得了某种独特的心路历程，确实值得与读者分享。自己走访了100多个国家后，从2006年开始，先后写下了《中国触动》《中国震撼》和《中国超越》三本书（即我的"思考中国三部曲"）。我力求通过国际比较的视野，把自己对中国崛起、中国模式、中国话语的思考，用平铺直叙的话语表达出来，与所有关心中国乃至世界命运的人分享。

三本书出版后广受欢迎，特别是《中国震撼》于2011年1月出版，其受到的欢迎程度超出了我的预料，有人甚至说，《中国震撼》震撼了中国，这应是夸张之语，但我知道这本书确实影响了很多人。这大概也印证了许多国人与我有相同的感受和思考。在中国和世界都发生巨变的时代，一个人的作品可以影响和鼓舞这么多人，作为作者的我，深感荣幸之至。随后，这本书的英、日、韩、阿拉伯文等翻译版本也先后在海外出版，产生了相当的国际影响。

《中国震撼》之所以引起较大的反响，恐怕有几个原因：一是应运而生的中国叙述。中国的迅速崛起，包括其巨大的成就和存在的问题，都引起了海内外关于中国模式的激烈争论，大家普遍期待一种比较全面的、有说服力的解读。基于自己长期的研究和思考，特别是通过对外部世界的实地考察和比较，我提出了比较强势的一家之言，引起了许多读者的关注和认同。在这个意义上，本书是应运而生，即应中国崛起之运而生。中国崛起到今天这个地步，呼唤一种全方位的、比较透彻的叙述，本书在一定程度上满足了这种需求。

二是强势回应了西方话语的挑战。中国以西方不认可的模式而迅速崛起，引起了西方世界的震惊乃至恐惧，西方某些势力以及受西方话语影响的人，这些年来故意把中国这个世界上进步最快、人民生活水平改善最大的国家描绘得凄凄惨惨，民不聊生，国将不国了。我比较强势地回应了这些人的质疑和挑战，我把中国的成就与问题和发展中国家比，和转型经济国家比，和西方国家比，得出了自己的结论。许多读者说读这本书感到爽，感到给力，这证明了比较的力量，说真话的力量。中国模式并不完美，甚至有不少问题，有些还相当严重，但在国际比较中明显胜出，而且前途看好。不管中国今天面临多少问题，我们可以先充分肯定自己的成绩，再来自信地解决存在的问题。

三是建构中国话语的尝试，也就是用中国人自己的话语来指点江山，来评论中国和世界，这包括话语内容的创新和话语形式的创新。我一直比较担心西方对中国的话语忽悠。苏联解体前我去过苏联，南斯拉夫解体前我也去过那里，这两个国家解体的过程大致可以这样概括：先是他们的知识精英被西方话语忽悠，接着是政治精英被西方话语忽悠，然后就是经济崩溃和国家解体，最终一失足成千古恨。西方不少人也希望这种局面在中国出现，并为此投入了大量资源，做了许多不光彩的事情。其实西方自己全面走下坡，危机重重，20多年来，多数西方民众的生活水平毫无提高，这些国家哪有资格来教训中国？在中国已经成为世界最大经济体（按购买力平价计算）的时候，在中国已经创造了世界最大的中产阶层的时候，在中国家庭的住房自有率已经超过了所有西方国家的时候，在中国已经向世界输出最多游客的时候，在中国人已经初步实现了全民养老和医保（美国还远远没有做到）的时候，在中国已经崛起到今天这个地步的时候，如果我们还是缺乏起码的制度自信和文化自信，还是心甘情愿地被那些浅薄的西方话语所忽悠，最终酿成一失足成千古恨的悲剧，那就太可悲了。

总之，中国的崛起一定要伴随中国话语的崛起，否则这种崛起是靠不住的，甚至会前功尽弃。没有中国自己话语的崛起，那么中国自己做对的事情也会被看作是做错了，或者只被看作是过渡阶段的事情，最终还是要放弃的。我从中国历史和文化的视角出发，特别是从中国文明型国家的视角出发，对中国崛起及其制度安排，对中国的一整套思路和做法做了自己的解读，论证了中国许多做法和制度安排深层次的合理性，并强调这些做法和安排虽然还可以改进和完善，但已经构成了中国模式超越西方模式的核心竞争力。

《中国震撼》出版以来，国内外发展的大势也大致印证了我书中所提的许多结论。例如，我书中提出一个非西方国家采用西方政治模式大致是两种结局：从希望到失望，从希望到绝望。2011年开始的"阿拉伯之春"迅速演变成"阿拉伯之冬"证明了这一点。我书中提出的中国高铁的成功，意味着中国标准开始走向世界和影响世界，在经历了2011年温州动车事故网络谣言满天飞的考验之后，也得到了证实。我提出的中国是一个"文明型国家"的崛起，中国今天的成功离不开自己超强的历史基因和文化底蕴，这样的国家不会跟着别人亦步亦趋，它有能力汲取其他文明的一切长处而不失去自我，并对世界文明作出原创性的贡献，这一观点今天也被广为接受。我书中提出的中国崛起是一种"新的发展模式的崛起，是一种独立政治话语的崛起，它给世界带来的可能是新一轮的'千年未有之大变局'"，现在看来也是准确的。现在全球范围内都出现了"中国热""中国游客热""中国投资热""一带一路热"和"中国模式热"，某种意义上也反映了这一点。甚至可以说，"中国威胁论"今天在西方的流行，在相当程度上也反映了西方世界对中国崛起，特别是中国模式和中国话语崛起所感到的忧心乃至恐惧。但我认为这不一定是坏事，因为它预示着西方模式和西方话语可以任意忽悠人的时代正在迅速走向终结。这对于中国乃至整个非西方世界都是很好的事情，甚至对于西方最终认识到自己模式和话语的局限性也是很好的事情。我还认为，中国重返世界之巅的过程中一定会经历这种中西方利益的摩擦和话语的交锋，但经过这样的摩擦和交锋之后，最终在世界范围内可能会形成一种新的平衡，一种有利于绝大多数国家（甚至包括多数西方国家）及其人民的新的利益平衡和话语平衡。

最后，还是我经常说的一个观点：一本书一旦出版，便获得了自己的生命，读者或褒或贬，均不在作者的掌控之中。但我亦认为自己写作此书的意愿，即用中国话语来论述中国和世界，只会随着中国的崛起，而越来越具有生命力。因为它反映了一个大势：西方思想和西方话语主导的世界早已矛盾重重、危机四伏，西方话语已无法解释今日的中国和世界，西方的智慧显然不够用了，解决世界的问题需要中国的智慧和声音。

仅作此序，也期待更多的人加入推动中国崛起和中国话语崛起这一最激动人心的辉煌伟业。

张维为

2016 年 5 月

目录

引　言

中国以西方不认可的模式迅速崛起，给世界带来了相当的震撼。

西方先是预测1989年春夏之交的那场政治风波后中国要崩溃；苏联解体后，又预测中国会步苏联的后尘分崩离析；邓小平去世前后，又预测中国要大乱；香港回归前，又预测香港的繁荣将一去不复返；"非典"暴发，又被描绘成中国的"切尔诺贝利"；中国加入世贸组织，又有人预测中国将走向崩溃；2008年金融海啸爆发后，又有人预测中国要出现大乱，结果这一切都成了笑话。一言以蔽之，"中国崩溃论"崩溃了。

但在国内，由于种种原因，不少人对自己国家的崛起仍心存疑虑；一些只认同西方模式的人甚至认为：如果中国不朝着西方模式演变，只能是死路一条。其实，只要稍有一点国际视野的人就会发现：尽管中国存在不少问题，但中国的崛起已是不争的事实。中国模式并非十全十美，但其总体的成功令那些采用西方模式的非西方国家望尘莫及，西方国家本身也因此受到了震撼。中国模式形成于全世界范围内的激荡和竞争之中，竞争产生的东西就是厉害，所以这个模式不会走向崩溃，只会进一步完善而走向更大的辉煌。从更为长远的历史眼光来看，中国的崛起不是一个普通国家的崛起，而是一个五千年连绵不断的伟大文明的复兴，是一个人类历史上闻所未闻的超大规模的"文明型国家"的崛起。

如果历史上的古埃及文明、古两河流域文明、古印度文明、古希腊文明都能够延续至今，并实现现代国家的转型，那么它们今天也可能是"文明型国家"，但这种机会已经不复存在。如果当初古罗马帝国没有四分五裂，并能完成现代国家的转型，那么欧洲也可能是一个相当规模的"文明型国家"，但这只能是一种推演和假设。如果今天数十个国家组成的伊斯兰世界，能完成传统与现代的结合，并整合成一个统一的国家而崛起，那么也可能是一个十亿人口规模的"文明型国家"，但今天看来这也是难以实现的愿景。环顾今日之世界，数千年古老文明与现代国家形态几乎完全重合的国家只有一个，那就是中国。

这种"文明型国家"具有超强的历史和文化底蕴，不会跟着别人亦步亦趋，不会照搬西方或者其他任何模式，它只会沿着自己特有的轨迹和逻辑继续演变和发展；在崛起的道路上它也可能经历磕磕碰碰，但其崛起的势头已不可阻挡，其崛起的方向已不可逆转；这种"文明型国家"有能力汲取其他文明的一切长处而不失去自我，并对世界文明作出原创性的贡献，因为它本身就是不断产生新坐标的内源性主体文明。

这种"文明型国家"不需要别人认可也可以独立存在和发展，

它的政治和经济模式在很多方面与别人不一样，过去不一样，现在也与众不同，今后也还是自成体系的。这就像汉语扩大自己的影响，不需要英语的认可；就像《孙子兵法》不需要克劳塞维茨来认可；就像孔夫子不需要柏拉图来认可；就像中国的宏观调控，不需要美联储来认可。而更可能发生的倒是前者逐步影响后者的问题：汉语可能会逐步影响英语的发展；《孙子兵法》已经并将继续影响西方军事思想的发展；孔夫子和柏拉图都为人类社会提供了宝贵的智慧；中国的宏观调控给美国带来不少可借鉴的东西。

18、19世纪世界上崛起的第一批国家，如英国、法国等，其人口都是千万级的；20世纪崛起的第二批国家，如美国、日本等，其人口是上亿级的；而今天21世纪中国的崛起，其人口是十亿级的，超过前两批国家的人口总和。这不是人口数量的简单增加，而是一个不同质的国家的崛起，是一个五千年文明与现代国家重叠的"文明型国家"的崛起，是一种新的发展模式的崛起，是一种独立政治话语的崛起，它给世界带来的可能是新一轮的"千年未有之大变局"。

第一章

不再误读自己

世界变化真快

这个世界变化真快。

在相当长时间内，我们担心外界的恐惧，不太愿意使用"崛起"这个词来形容自己的迅速发展，但外界偏偏喜欢使用这个词。颇有影响力的美国媒体监测机构"全球语言观察"于2009年年末，对全球纸质媒体、电子媒体和互联网进行检索后发现："中国崛起"竟是全球十年来最热门的新闻主题，其被关注度超过美国的"9·11"和伊拉克战争。虽然这个机构检索的主要是英文文献，不一定能全面反映整个世界对中国崛起的态度，但作为当今国际交流的主要语言，英文检索也许恰好反映了外部世界对中国崛起的特别关注。

中国崛起的步伐令人震撼：1979年以来，中国的GDP增加了18倍，中国一跃成为世界第二大经济体，这还是按照官方汇率计算的。如果用购买力平价来计算，一般认为中国在1992年就是世界第二大经济体了。中国还于2009年超越德国成为世界最大的出口国。过去三十年中，已有8 000多亿美元外资投资在中国，中国成了世界经济增长的重要动力，中国2009年对世界经济和贸易增长的贡献率达50%左右。美国前财政部长劳伦斯·萨默斯（Lawrence H. Summers）作了估算：如果说英国工业革命期间，一个人的生活水平在自己生命周期里翻了一倍的话，那么在中国当今这场现代化大潮中，一个中国人的生活水平在自己的生命周期内可翻7倍。

十年前，美国媒体还在指责中国银行系统坏账太多，而到了2010年，世界银行资产排名前五席有三个都是中国的银行。五年前，八国集团每年开经济年会还能引来世界关注，但如今其功能已被二十国集团取而代之；一年前，西方学者还在预测金融海啸将导致中国大乱，但结果中国却率先走出了金融危机的阴影，并成了全世界经济发展的主要引擎。

有意思的是，虽然外界大都认为中国崛起是不争的事实，但国内不少人则心存疑虑，一些人甚至一听到谈中国崛起，就有抵触情绪。2008年年底，我赴印度讲学，回国后在报上和网上发表题为"印度贫民窟带来的震撼与思考"的文章，一位网友给我留言：为什么要和印度比？为什么不和东欧比？我回答：我不久前访问过华沙、布达佩斯，我感觉它们比上海落后至少十年。他又问：和华沙、布达佩斯比算什么？为什么不和纽约比？把中国大城市和纽约比，三十年前是难以想象的事，但今天真是可以好好比一比了。其实，美国《纽约时报》著名专栏作家托马斯·弗里德曼（Thomas L. Friedman）就写过一篇这样的比较文章。2008年夏天，弗里德曼参加了在北京举行的奥运会，之后途经上海返回纽约，他有感而发，写了篇很有影响力的评论，题为"中美这七年"，刊登在当年9月10日的《纽约时报》上。他写道：

当我坐在鸟巢的座位上，欣赏闭幕式上数千名中国舞蹈演员、鼓手、歌手以及踩着高跷的杂技演员魔幻般的精彩演出时，我不由得回想起过去这七年中美两国的不同经历：中国一直在忙于奥运会的准备工作，我们忙着对付"基地"组织；他们一直在建设更好的体育馆、地铁、机场、道路以及公园，而我们一直在建造更好的金属探测器、悍马军车和无人驾驶侦察机……差异已经开始显现。你可以比较一下纽约肮脏陈旧的拉瓜地亚机场和上海造型优美的国际机场。当你驱车前往曼哈顿时，你会发现一路上的基础设施有多么破败不堪。再体验一下上海时速高达220英里的磁悬浮列车，它应用的是电磁推进技术，而不是普通的钢轮和轨道，眨眼工夫，你已经抵达上海市区。然后扪心自问：究竟是谁生活在第三世界国家？

他接着说：

你会发现这样一个崭新的事实：就技术发展水平而言，中国的富裕地区，特别是北京、上海以及大连这些城市的现代化地区如今要比富裕的美国更加先进。高楼大厦的建筑风格更加有趣，无线网络技术更加尖端，道路和火车更加便捷美观。我再次重申，这一切并不是靠发现石油，而是通过充分发掘自身潜能得来的。

最后他不无忧心地感叹：

我很不愿意对我女儿说：你只有去中国才能看到未来。

弗里德曼可能对小布什太失望了，所以对小布什误导下的美国把这么多生命、资金和时间都浪费在伊拉克和阿富汗，有一种恨铁不成钢的强烈挫折感。毕竟在不少方面，中国大城市仍不如纽约。以上海为例，至少在金融业、公共文化空间和城市国际化程度等方面，上海与纽约还有距离，但在许多方面，上海确实走到纽约前面了，甚至远远地走在纽约前面了。在"硬件"方面，上海的机场、港口、地铁、高速公路、高速铁路、摩天大楼、商业繁华的程度、美妙的夜景均比纽约好；在"软件"方面，上海的社会治安、婴儿死亡率、人均预期寿命等重要指标也好于纽约，上海市民的幸福指数也高于纽约市民。

当然，有人会说我们的大城市确实很亮丽，但我们的城乡差距很大，这个说法我是认同的。我们的城乡差距大于所有发达国家，这也是我们下一步需要着力解决的问题。但我们也不要一叶障目，因为发达国家历史上都经历过城乡差距扩大的棘手问题，缩小城乡差距对任何国家都是一个渐进的过程，无法一蹴而就。尽管我们农村的现状离发达国家的标准还有不小的距离，但我们农村这些年发展亦很快，我们农村的总体水平明显地好于绝大多数发展中国家。关于这一点，我下一章中再谈。

有人说，中国腐败问题这么严重，怎么能算崛起？中国腐败情况确实比较严重，这是又一个需要我们认真解决的大问题。但是从历史角度来看，发达国家在自己工业革命的时候，也是腐败迅速滋生的时候。19世纪的英国议员席位是可以买卖的；美国那个时候的经济主要掌控在史学家称之为"强盗式贵族"（robber barons）的手中；卡内基和洛克菲勒这些大名鼎鼎的家族，都有很不光彩的发家史；著名历史学家艾瑞克·霍布斯鲍姆（Eric Hobsbawm）在其名著《资本的年代（1848—1875）》（*The Age of Capital: 1848—1875*）中把当时的美国定性为世界上最无法无天的地方，腐败猖獗，私人雇佣的"警察"可以任意处死罪犯，整个美国没有欧洲意义上的政府，结果人人自危，人人自卫，美国家庭至今拥有枪支的传统就始于那个时代；日本明治维新时期的特点也是大规模的官商勾结，今天日本许多大公司当年都是廉价卖给与政府有特殊关系者的。

美国学者塞缪尔·亨廷顿（Samuel P. Huntington）在其名著《变化社会中的政治秩序》（*Political Order in Changing Societies*）中提出一个观点："不论是在哪一种文化中，腐化都是在现代化进行得最激烈的阶段最为严重。"为什么一个国家现代化上升时期往往也是腐败上升的时期？其主要原因就是社会财富迅速增加的同时，国家的法治水平和监管水平一时还跟不上，这种情况可以说是大国崛起的阵痛，确实需要时日才能解决，而且即使解决了老的腐败问题，还会出现新的腐败问题。美国2008年开始的金融危机就暴露出大量的"第二代腐败"问题，华尔街的金融欺诈和监管套利令人发指，祸害全世界。总之，反腐败是个长期过程，最终我们还是需要通过法治建设、经济和教育的发展等，才能从源头上和制度上决定性地减少腐败。

从横向比较来看，无论从研究腐败问题最权威的国际组织"透明国际"的历年报告来看，还是从我自己的实地观察来看，与中国可比较的（如人口在5 000万以上）发展中国家和过渡经济国家腐败程度都高于中国，尽管这些国家都采用了西方政治制度，如菲律宾、泰国、孟加拉国、印度、巴基斯坦、巴西、埃及、印度尼西亚、俄罗斯等，更不要说腐败到骨子里的很多非洲所谓的民主国家了。

中国环境污染得这么厉害，能算崛起吗？环境保护也是我们面临的一个挑战，但我们不要太悲观。历史上，欧洲的污染可能比中国还要严重，伦敦在1952年曾出现过一周内4 000多人死于煤烟污染；欧洲的莱茵河曾被宣布为死河，大量生物死亡，连游泳都不行。但后来欧洲通过大规模的生态治理，还是走到了世界环保的前列。中国只要下决心治理，可以后来居上。其实，西方现在也开始发现中国模式在环保领域内的优势：中国模式的特点之一是一旦认清了目标，其行动效率比西方模式高很多。短短几年间，中国在风能、太阳能、电动汽车等领域已经走到了世界的前列。

中国的贫富差距这么大，基尼系数达到了0.45，甚至0.47，这能算崛起吗？中国贫富差距确实比过去要扩大了很多，这是需要我们认真解决的棘手问题，因为除了贫富差距本身扩大外，我们国家还有很强的"不患寡而患不均"的文化传统，所以这个问题要处理好，否则中国的发展可能会遭遇挫折。但我们一定要实事求是地看贫富差距的问题。比方说，人们经常引用的基尼系数，它只计算名义收入上的差别，而不计算中国相对贫困的农村人口事实上所拥有的土地和房产的价值。绝大部分发展中国家都没有进行过真正的土地改革，所以穷人的处境比中国要悲惨得多。中国的贫富差距是相对差距，也就是说，低收入者的日子也比过去好多了，而高收入者的财富增加得更快，这与大多数发展中国家的绝对贫困化属于不同性质的问题。根据联合国的统计，过去二十年里，世界上70%的贫困人口是在中国脱贫的。

我自己曾多次说过一个观点：你可以开车从北京或上海市中心出发，往任何方向开，只要不开到海里去，不开出国境线，开20个小时，你会看到很多的农村和城市，你把你一路所看到的贫困现象加在一起，可能会少于你从印度的孟买、巴基斯坦的卡拉奇、尼日利亚的拉各斯、南非的约翰内斯堡市中心往城外开2个小时所看到的贫困。在那些国家，你会看到中国绝大多数地区已经绝迹的那种赤贫：几十万人居住的大片的贫民窟，那种衣衫褴褛、无家可归的赤贫。通过三十年的改革开放，中国赤贫人数大幅下降，而绝大多数发展中国家还远远没有做到这一点。

中国的房价那么贵，大学毕业生根本买不起房子，甚至连婚房都没有，这能算国家崛起吗？但了解一点世界房产情况的人就知道：世界上大概只有在中国，大学刚毕业就可以考虑买房子，女孩子更可以坦然地把拥有产权房作为结婚的条件。坦率地说，世界上没有一个发达国家达到这种水平。电视连续剧《蜗居》引来无数国人对房价高涨的感叹，其中女主人公有句台词："咱俩加在一起，都快70岁了，但还没有自己的房子。"这种话在瑞士这样的发达国家没人敢说。瑞士至今的住房自有率才36%，35岁前就拥有自己的房子对绝大多数瑞士人来说是不可思议的。发达国家大多数民众是在租来的房子里结婚的。实事求是地说，国人在住房上的要求超过了发达国家的水平。从某种意义上这也展示了中国赶超发达国家的飞快速度。不过，某些国际惯例恐怕还是有参考意义的。比方说，对于很多人来说，应考虑先租房，有了积累再买房，当然房屋租赁市场需要更好地规范。同时，考虑到中国人有世界最强的置产传统，我们也需要探索解决住房问题的新思路。比方说，我们可以把租赁和购房结合起来，租赁房屋达到一定的年限，租户就能以优惠价格购买租赁的房子；我们也可以参照1998年房改，启动某种形式的"全民最低保障住宅制度"（如以建筑成本价加一些条件把最低保障住房售给适合条件的年轻家庭），从而在更大的范围内形成世界上最庞大的有产阶层。有恒产者有恒心，这对中国的长治久安非常有利，对于拉动国内经济和消费也是有益的。

今天的中国仍面临许多困难和挑战，要在这么一个人口众多、幅员辽阔的国家里全面实现现代化确实不容易。但是总体来看，过去三十年内，中国在消除贫困、实现现代化等方面取得了举世瞩目的成就。中国不愿意说自己崛起，结果却赫然崛起；中国讲韬光养晦，结果却有不少作为；中国说人民币还不是自由兑换的货币，但实际上今天世界到处都可以兑换人民币；中国总是说自己还是发展中国家，但相信这个话的外国人似乎在不断减少；中国人不太愿意用"中国模式"这个概念，但全世界都在谈论这个话题。中国人谋长远，沉得住气，谦虚谨慎，以静制动，但不管你说还是不说，喜欢还是不喜欢，中国的崛起还是给这个世界带来了震撼。

这个崛起不寻常

从世界历史的角度来看，中国崛起的最大特点就是和平，对外没有发动战争，对内保持了安定团结，这是人类历史上的一个非同寻常的奇迹。回顾世界历史，西方崛起的过程几乎就是一部动荡与战争的历史。以欧美工业革命迅速发展的19世纪中后期为例，1840年，英国对中国发动了鸦片战争。1848年，整个欧洲几乎都爆发了革命和动乱。到了19世纪下半叶，英国、法国等西方大国已经把非洲瓜分完毕，其间，西方国家之间的冲突和战争几乎没有间断过。在非洲以外，1853年爆发了英国、法国、土耳其与俄国之间的克里米亚战争。1858年，法国侵占印度支那，并于1865年实现了对印度支那的控制。1860年，英国与法国对中国发动了第二次鸦片战争，攻占了北京，掠夺和烧毁了圆明园。同年，法国还进军叙利亚，并在拉美干预墨西哥内政，扶植起了一个亲法的皇帝（1861—1867）。这段时间意大利也经历了血与火的国家统一（1859—1870）。1871年，法国的巴黎公社遭血腥镇压。普法战争（1868—1871）后，随着法兰西第二帝国的覆灭，德国在铁血宰相俾斯麦的领导下实现了统一。

1846—1847年的美国与墨西哥战争，使美国获得了包括加利福尼亚州在内的大片土地和丰富资源。1861年美国爆发了南北战争，阵亡的军人达63万，占交战双方军人的30%—40%。美国南北战争也有英国的影子，因为以奴隶制为基础的美国南方农业是英国工业原料的供应地。从这个角度看，美国南北战争实际上也是美国力求摆脱对英国依赖的一场国内战争。南北战争后的1867年，美国开始了对印第安人的大规模杀戮。那一年美国国会通过了法案，驱赶印第安人，建立所谓的印第安人定居点，美国人开始移居到密西西比河以西的草原。到1883年，也就是这个法案通过后的15年，上千万的印第安人已被杀戮，美国无偿获得了大量的土地和资源。华人的命运也非常凄凉。1870年，华人曾占到爱达荷州人口的三分之一，他们帮助美国修建了东西铁路，但和黑人一样，他们没有土地和自由。牛仔的自由只属于男性白人，其中多数是欧洲来的穷人。

今天国内一些学者讨论西方崛起，不愿意提及这些西方自己都不再否认的历史，这实在是令人费解的。通过三十年改革开放，国人都知道什么叫"第一桶金"，并且了解了"第一桶金"对于财富积累的重大意义。西方崛起的"第一桶金"无疑是血和火带来的。我们一些地方矿难频发，令人悲痛，有些人甚至把这种情况描绘成"带血的GDP"，如果可以这样类比的话，那么我们可以说整个西方崛起时期的GDP是血流成河的GDP。

　　中国崛起不是一般国家的崛起，而是占世界人口五分之一人民的崛起，是一个历史悠久、幅员辽阔的"文明型国家"的崛起。我们今天遇到的问题，西方历史上也都曾遇到过。在欧洲工业革命时期，贫富差距之大、社会公正之少、贪污腐败之严重、侵略掠夺之血腥，令人发指。但是与今天的中国相比，当时这些国家可以相对容易地"化解"各种社会矛盾，如英国可以把罪犯出口到澳大利亚，把失业者出口到非洲，把异教徒出口到美洲，还能自己制定世界政治和经济的所有"游戏规则"，其贫富差距大于今天的中国几十倍也没什么问题，因为上千万黑人奴隶和华人苦力都是合法的。而中国今天则要在自己的国土上，化解所有工业化、现代化进程所带来的各种矛盾和难题。英国18世纪工业革命时，其本土人口只有1 000多万人，少于今天中国任何一个大城市。法国19世纪工业革命时，人口也只有2 000多万，而中国现在已经是一个13亿人口的大国，在这样的不利条件下，进行这样一场大规模的工业革命和社会革命，在自己境内消化所有的问题，没有发动战争，没有对外进行掠夺，而是给大部分国人和全球百姓带来了实实在在的利益，并使中国成了带动世界经济增长的火车头。正是从这个角度看，中国的成功及其模式的意义非同寻常。中国人硬是靠自己的智慧、苦干乃至牺牲，闯出了自己的发展道路和模式，开辟了中国实现现代化的广阔前景。有了这样的物质和精神财富的积累，我们可以从容自信地应对当今世界的各种挑战。

从中国超越日本说起

2010年中国GDP总量超越日本引来了全世界的关注。西方媒体几乎都在第一时间刊登了这一消息并发表了评论。英国《泰晤士报》指出，中国跃居世界第二位之所以重要，是因为它代表着全球经济和政治权力的转移。美国《纽约时报》将这一超越称为中国国力增强的"里程碑"，"尽管早就被预测到了，但这仍然有力地证明，中国的确处于优势地位，世界其他国家必须重新评估这个新的经济超级大国"。法国《费加罗报》认为，人们期待已久的事情成了现实，而这一发展趋势尚未结束。西方主流经济学家现在也大多预测，少则十年多则二十年，中国经济规模可能超过美国。

相比之下，中国媒体的相关报道和评论则显得低调，大多强调中国仍是一个发展中国家，目前中国的人均GDP只有日本的十分之一，所以中国这个世界第二的含金量不高。持这种观点的人又可大致分为两类，一类是秉承谦虚谨慎、韬光养晦精神的人，他们更多地看到中国与发达国家之间的差距，也担心GDP拔高了会导致国家承担过重的国际责任。而另一类则属于看不到或者不愿意看到中国迅速发展的人，他们不仅认为中国GDP超过日本没有什么了不起，而且还认为1840年的时候中国GDP也是世界第一，不还是照样挨打。

其实谦虚谨慎也好，韬光养晦也好，关键是要能够实事求是地看待自己，对中国今天真正的经济规模要心中有数。如果韬光养晦意味着随意贬低自己，最后弄得人民对自己的国家失去信心，对中国的发展模式失去信心，那也是危险的。那些不愿意看到中国模式成功的人就经常利用这一点来误导民众，唱衰中国，造成了部分国人中大国小民心态的蔓延。为了扭转这种局面，我们应该把中国崛起的真相如实地告诉百姓。在过去二十多年中，我走访过一百多个国家，中国无疑是世界上整体进步最快、人民生活改善最多的国家。中国今天遇到的所有问题，其他大国在崛起过程中也都遇到过，最终也都可以在发展的过程中逐步得到解决。我们完全可以在这样一种新的认知基础上，重新凝聚全社会对于中国发展道路的共识，确立一种自信自尊自强的韬光养晦，而非精神萎靡不振的韬光养晦，这才有利于我们更好地应对国内外各种挑战，为中国走向更大的辉煌开辟新的前景。

至于中国人均GDP等有关的统计和排名，我想只要引入两个因素，一切都会发生变化：第一个因素是用货币的购买力平价（PPP），而不是官方汇率来进行计算。打个比方，日本餐馆吃饭比中国贵10倍。按照官方汇率来计算，同样准备一顿饭，日本餐馆创造的GDP就比中国餐馆大10倍，以此类推，误差自然越来越大。一般认为，购买力平价计算出来的结果更靠谱，所以国际学界越来越多地采用这个方法来进行跨国比较，其中最负盛名的是英国著名经济历史学家安格斯·麦迪森（Angus Maddison）所作的研究。他用购买力平价计算后得出的结论是中国经济总量在1992年就超过了日本，在2009年超过了包括德国、英国、法国在内的欧洲12个老牌工业国经济总和，并可能在2015年超过美国（见2009年8月1日《21世纪经济报道》）。其实，根据国际货币基金组织（IMF）报告，用购买力平价计算，2014年中国GDP已超过美国，位居世界第一。关于购买力平价，我在下一章中还要细谈。

其实，无论你是否采用购买力平价，美国中央情报局历来都是以购买力平价来预测中国的实力的。美国人今天谈论G2不是空穴来风，也不是要把中国"捧杀"，而是大势所趋，他们不得不接受中国崛起的事实。它对俄罗斯没有这么说，对印度没有这么说，甚至对欧洲盟友也没有这么说，但对中国却说了这样的话，因为没有中国的合作，美国面临的难题一个也解决不了。当然中国不愿意与美国一起去当世界警察，这样做只会四处树敌，也不符合中国人的思维习惯和行事风格。

第二个因素是把中国人的房产算进去。中国人有世界上最强的置业传统，住房自有率全球领先。我们也许可以采用家庭净资产来进行一些比较，因为家庭净资产比人均GDP更能反映出一个国家老百姓的真实家底。所谓家庭净资产指的是一个家庭所拥有的资产总值，即房产、储蓄、股票等减去所有债务之后的家庭资产。我手头没有日本的数据，只有比日本更发达的美国的数据。2010年3月23日的《美国新闻与世界报道》周刊在一篇题为"评估你的中产地位"的文章中，把典型的美国家庭净资产界定为8.4万美元（the typical household has a net worth of 84 000 dollars），并认为这是金融危机导致房产和股票缩水的结果。根据2010年3月美联储发表的统计，由于金融危机，美国家庭的总资产平均缩水25%，跌到了2004年的水平。这一年，美国家庭中位（median）净资产为9.3万美元。按照1美元等于6.7元人民币的汇率来折算，那么8.4万美元约等于56万元人民币；9.3万美元约等于62万元人民币。即使在最高的2007年，美国家庭中位净资产为15万美元左右，约为100万元人民币，而中国现在家庭中位净资产达到56万元和62万元的有多少？达到100万元的有多少？我没有这方面的权威数据，但我估计中国家庭净资产为56万元到62万元的总有数千万户，也许上亿。改革开放三十年间，中国人财富增长的速度世界上没有一个国家可比。当然，美国人习惯了大举借贷消费，几十年如此，自然成了世界第一消费大国，但这也埋下了今天金融海啸的祸根。这对我们亦有启示：我们不应该学美国人过度借贷，但我想只要把中国人的财产、资产适当盘活，中国可以逐渐成为世界最大的消费市场。

至于1840年中国GDP世界第一却还挨打，那是因为当时的中国还是一个一盘散沙的传统大国，而英国已具备"现代国家"的形态，这使英国具有当时中国尚不具备的现代生产力、民族凝聚力和战争动员力。假设在1840年的时候，中国哪怕有一个省能够接近当时的"现代国家"的水平。比方说，广东省先发展起来了，并接近了英国当时的工业和贸易水平，那么整个战争可能就不会发生，因为这意味着至少你的这个省已经具备了相当程度的现代政府能力、工业能力、外贸能力、防御能力、涉外交涉能力等，这一切足以阻吓当时的英国。今天中国的情况已经完全不同了。若论国防实力，早在20世纪50年代的朝鲜战争中，中国人民志愿军就一举全歼了"皇家苏格兰团"等英国最精锐的部队。

这里还要补充一点。谈论中日比较，我们一定要了解日本现代化的原始积累是怎么完成的，否则就很难理解中国今天和平崛起的意义。当年，中国在现代化的起点上落后了一步，中国便丧失了现代化的先发优势，最后落到了处处被动挨打的地步。日本19世纪下半叶的明治维新成功后，立刻加入了弱肉强食的西方列强行列，对中国发动了甲午战争。击败中国后，日本勒索赔款达2.3亿两白银。2.3亿两白银是个什么概念？它相当于当时中国政府3年的财政收入。日本用这些中国的巨额赔偿投资教育、开办工厂、建设城市、扩军备战，整体经济和军事实力迅速地上了一个很高的台阶。日本现代化原始积累和后来的发展过程中，榨取了中国人多少血汗、资金、资源？伤害了多少中国人的生命？真是罄竹难书呀！相比之下，随着外敌入侵，白银外流，国库空空，中国走向了衰败。到了1900年八国联军入侵中国，中国又被迫支付战争赔款4.5亿两白银，中国从此成了任人宰割的"东亚病夫"。综观中国近代史，甲午战争之前和"九一八事变"之前，都是中国经济发展较快、国力呈上升态势的时期，但日本发动的两次战争使中国现代化事业突然夭折，经济倒退数十年，无数生灵涂炭。中国最后是从一贫如洗、一穷二白的起点出发，经过数十年的不懈努力，走和平崛起之路，一步一步地赶了上来，并终于在现代经济和现代国防的基础上，实现了在经济规模上对日本的真正超越。2010年9月24日，日本在中国的强大压力下不得不释放其在钓鱼岛海域非法扣押的中国渔船船长，这也从另一个侧面反映出中日实力此长彼消的变化。正是在这个意义上，中国经济规模超越日本，对于中国的未来，对于整个世界的未来，都具有伟大的里程碑意义。

GDP悖论

中国人有GDP情结，但又老是被GDP困扰，所以我们需要花点篇幅再谈谈这个问题。中国似乎面临着一种尴尬：说中国崛起了，就说中国经济的总量和综合实力已达世界第二；说中国还是发展中国家，就用按官方汇率折算出来的人均GDP，那么中国还排在世界100位左右，低于阿尔巴尼亚云云。不过我五年前去过阿尔巴尼亚首都地拉那和港口城市杜拉斯，其繁华程度不如中国沿海地区的任何一个地级市。中国已经发展到今天这个地步，我们在人均GDP问题上应该给国人一个实事求是的解释。

让我先回忆一段与GDP有关的经历。2008年4月的一天，我去尼日利亚最大城市拉各斯讲学。在拉各斯的旅馆里碰到一位刚访问了赤道几内亚的中国商人，我们聊了起来。我问他赤道几内亚和尼日利亚比较，哪个国家更好一些？"那当然是尼日利亚。"他很肯定地告诉我。我说："怎么可能呢？赤道几内亚的人均GDP可是2万美元，而尼日利亚才2 000美元。"他告诉我："拉各斯不管多么破破烂烂，但至少有自来水，可赤道几内亚首都大部分地区没有自来水，没有污水排水系统。最可怕的是疟疾，在赤道几内亚常住的中国人，包括历任中国大使在内，没有不得疟疾的。"他接着跟我描述患非洲疟疾的恐怖："高烧、浑身痛，脑袋像要爆炸，人都恍惚了，真想撞墙寻死。"以我自己的观察，拉各斯的市容比北京至少落后三十年。如果这位中国商人所述属实，我可以想象赤道几内亚的落后程度，但北京 2009 年的人均 GDP 才 1 万美元，赤道几内亚的人均 GDP 已是北京的两倍。

如何解释这种有悖常理的现象？其实原因并不复杂：1970 年代中期，赤道几内亚突然发现了石油，但这些资源都控制在总统及其几个亲属的手中，接着外国公司来那里投资开发石油，所以这个贫穷的小国就突然有了人均 GDP 2 万美元的虚名。靠资源"一夜暴富"，但这种"富裕"没有给人民带来自来水，没有带来污水排水系统，没有带来就业和中产阶级，其国家的财富完全控制在极少数人手中，所以人均 GDP 与普通老百姓的生活没有什么关系。我可以打个比方：假设北京市现在人均 GDP 最高的区是朝阳区，最低的是延庆县，但某日延庆县突然发现了大金矿，之后又有大公司来投资，而延庆县的人口又比较少，其人均 GDP 可能在一夜之间就超过北京的朝阳区。所以当我们考察一个地方的发展水平和生活质量时，一定要考虑多种因素，如经济发展水平、教育水平、医疗水平、住房水平、人均寿命等。相比之下，稍好一点的是联合国人类发展指数，因为它包括了一些社会指数，但这个指数也有自己的问题，例如，其中的人均 GDP 比重过高；未考虑住房和住房自有率，而住房是中国人最大的资产所在，所以用它来衡量中国也欠准确。

2009年夏天，我曾在日内瓦参加过一次联合国人类发展指数办公室（HDRO）召开的研讨会。许多与会者都对人类发展指数的编撰方法提出了批评。俄罗斯代表认为报告使用的数据必须更加公正，编写报告的过程应该有更大的透明度。摩洛哥代表认为现在的国家排名方法不科学。他认为应该按照可比程度把国家进行分类后，再来进行比较，比方说，资源稀少的穷国和资源丰富的富国放在一起比较说明不了什么问题。伊朗代表认为应该设计出一种指标，把外部因素，如金融危机、粮食危机、燃料危机等，对一个国家造成的损害也融入发展指标体系。中国代表则认为应该"慎重引入不成熟的或有争议的指数和计算方法，重视吸收借用广大发展中国家日益丰富的发展知识和成功经验，更好地反映人类面临的各种发展挑战"。人类发展报告办公室的负责人最后也承认，这个指数系统确实存有争议，只能通过大家的努力不断地加以修正和完善。换言之，即使对于国际组织的指标体系，我们也要用实事求是的眼光来加以检验，并慎重地使用。在指标体系上，中国学者应该作出自己原创性的贡献。

此外，我们还要了解一下计算GDP的两种主要方法，一种是按照官方汇率来计算，另一种是按照购买力平价来计算。我们现在的统计还是沿用第一种方法，而我个人一直认为购买力平价法才能相对准确一些，因为国际上普遍认为官方汇率低估了人民币的实际购买力。用购买力平价法可以更为准确地反映一个国家经济的实际状况。我前面已举了在日本餐馆吃饭比中国贵10倍的例子。我还可以拿欧洲的理发价格来作一个比较。欧洲一个男孩子简单理个发需花20欧元，在中国一线大城市，这样理个发大约20元人民币。2009年年初，欧元对人民币的官方汇率是1欧元等于10元人民币，那么欧洲男孩子理发需人民币200元，按照当时的官方汇率来计算，欧洲男孩子理发这一项活动所创造的GDP就是中国的10倍，所以官方汇率计算的GDP容易造成对各国实际经济规模的严重误读。

鉴于这个情况，国际上越来越多的机构开始采用购买力平价法来计算GDP，也就是通过对不同国家一揽子商品和服务的价格，来计算出一个国家货币在本国的实际购买力，然后在实际购买力的基础上进行跨国比较，以纠正汇率计算方法可能带来的扭曲。当然即使采用购买力平价，也不一定能保证准确地比较，比方说，所选的一揽子商品的质量差异就不容易比较。但总体上，购买力平价相对于官方汇率，似乎更为准确。也许中国以后可以同时公布用官方汇率和购买力平价两种方法计算出来的GDP，这样有利于国人和外界更加客观地了解中国。

我个人并不介意在某些场合继续使用官方汇率计算法，它也许有助于我们保持那份谦虚向上的精神。中国人习惯了以静制动，以退为进，所以中国的崛起很有定力。但同时我也认为，我们对于自己的真实实力一定要有个比较准确的把握，既不夸张，也不缩小，从而给国人和外界一个比较令人信服的介绍。况且采用购买力平价有利于纠正现在统计中的一些偏差，从而避免中国自己的决策失误。比方说，按照官方汇率的计算，中国的外贸占GDP的比重达60%—70%。这个数据显然夸大了中国经济的外贸依存度。中国外向型经济加大了中国的外贸依存度，这是事实，但我个人认为不可能达到这个程度。在外贸依存度的统计中，对外贸易额是根据官方汇率和美元计算的，而中国的GDP是根据人民币计算的，这样一来，外贸的比例自然被放大了许多。

采用购买力平价也有利于防止外国势力误判中国，有利于避免地缘政治危机。安格斯·麦迪森就谈过末代香港总督彭定康当年误判了中国的实力，这可能导致了他后来与中国在香港政治改革问题上的冲突。彭定康1997年曾在《经济学人》杂志上撰文，称"英国的GDP几乎是中国的两倍，中国的GDP大致等于比利时、荷兰和卢森堡的合计"，而根据麦迪森用购买力平价法的计算，当时英国的GDP大约为中国的三分之一。中国的GDP是比利时、荷兰和卢森堡总和的6.5倍。

我个人认为随着时间的推移，采用更为实事求是的购买力平价法将是国际统计界的大势所趋。中国社会科学工作者应该有勇气超越西方的主流指标体系，超越西方指标体系影响下产生的许多国际机构的各种指数。我们要真正地以实事求是的精神，独立地开发更为客观准确的指标体系，并从标准上来影响世界范围内的国际比较。就像我在前面提到的，如果要衡量中国人的财富，融入两个因素，现在的许多评估和排名都会发生重大变化：一是货币的实际购买力；二是房产。中国人房产一般占家庭净资产的60%左右，任何一种涉及生活水平的国际比较，如果不能反映这个事实，就无法反映中国人的实际生活水平。如果我们比较瑞士和上海，瑞士的住房自有率才36%，上海为75%，相当多市民拥有的房产还不止一套。尽管瑞士名义GDP比上海高5倍，但吃饭和理发比上海贵10倍，住房自有率只有上海的一半，所以许多上海市民拥有的财富和生活水平明显高于瑞士的平均水平。

还有一项硬指标，那就是人均预期寿命，中国北京、上海等大城市的人均预期寿命都达到了80岁，超过纽约。根据我的观察，人均预期寿命达到80岁的，一定是发达国家水准，全世界没有例外。所以我们要努力建立一套实事求是的指标体系，更为准确地反映中国和世界的实际状况，这将是中国软实力建设的一个重要方面，中国社会科学工作者可以大有作为。

如果说GDP更多地反映了量的变化，那么我们还要注意到中国出现的许多质的变化。韩国《中央日报》2010年2月8日发表了一篇题为"中国的'华为'现象"的文章，对中国发展从量变到质变提出了独到的见解：

去年年底，瑞典首都斯德哥尔摩传出一条让西方IT行业震惊的消息。中国通信设备公司华为获得瑞典的第四代通信网建设项目。以拥有世界最高通信技术水平自居的爱立信公司便位于瑞典。在发达国家市场，中国公司击败全球技术水平第一的公司？业界自然会对此感到惊讶。其实这并不是什么值得惊讶的事情。华为具备了不逊于竞争对手的技术水平，这一切才成为可能。中国还由此产生"华为现象"一词。不仅仅是 IT，电动汽车业的比亚迪、去年在纽约上市的中国脐带血库企业集团、太阳能产业的领头羊无锡尚德等正成长为世界级技术企业。去年开通的武广高速铁路中也出现"华为现象"。武广高铁平均时速达 350 千米，超过德、日、法等发达国家。透过高铁，我们似乎看到中国的技术开发速度。"不过十年时间，怎么能……"业界既感叹又称赞。

中国的超级跃升是有秘诀的。中国并不是单纯地追赶发达国家的技术，而是一下跨过技术开发过程的三四个阶段，一跃达到发达国家的水平，实现飞跃。以市场换技术，再把尖端技术移植到中国企业。专家认为，中国在汽车、造船、钢铁、航空等大型产业实现了飞跃。这一切成为可能的根本原因是国家领导力。过去十多年，研发投资年增长率达 20% 左右。此外政府还直接参与海外优秀人才的引进工作。企业也积极响应国家政策。正是国家和企业共同努力进行技术研发，才制造出"瑞典冲击"。在中国各个行业，都活跃着一个又一个"华为"。尽管如此，韩国对中国的认识仍停留在"假冒伪劣国家"。只有改变对中国的认识，才能懂得真实的中国。

应该说这种量和质的共同进步才是中国震撼世界的力量所在。

迈向第一

　　安格斯·麦迪森采用购买力平价法对世界经济进行了迄今为止最大规模的、跨长度的比较研究，并得出了不少令人回味的结论。他认为早在1992年中国经济规模就已超过日本；到2009年又超过了西欧12个老牌发达国家的总和（英国、瑞士、瑞典、挪威、芬兰、意大利、德国、法国、荷兰、丹麦、比利时、奥地利）；到2015年将超过美国；到2030年，将是美国的1.13倍。这不禁使人想起了毛泽东主席在1956年曾经说过的一段话：

　　你有那么多人，你有那么一块大地方，资源那么丰富，又听说搞了社会主义，据说是有优越性，结果你搞了五六十年还不能超过美国，你像个什么样子呢？那就要从地球上开除你的球籍！所以，超过美国，不仅有可能，而且完全有必要，完全应该。如果不是这样，我们中华民族就对不起全世界各民族，我们对人类的贡献就不大。

安格斯·麦迪森的这个评估正好验证了毛泽东主席当年的预测。

美国普华永道会计师事务所2010年报告也预测，中国最早会在2020年超过美国成为全球最大的经济体。美国高盛公司2003年曾预测，中国GDP会在2041年之前与美国相当。然而，五年后的2008年，高盛公司又作了类似的预测，但把时间表提前到了2027年。对中国超越美国预测最乐观的是诺贝尔经济学奖得主、芝加哥大学教授罗伯特·福格尔（Robert Fogel）。他于2010年在美国《外交政策》上撰文预测：如果以购买力平价计算，到2040年，中国GDP将达123万亿美元，相当于全球GDP的40%，为全球第一，远超只占14%的美国。福格尔预测届时中国人均收入将达8.5万美元，为欧盟的两倍多，也超过日本，但仍不及美国。福格尔说："这是二三十年后的前景，但它正以超过我们想象的速度来临。"为什么福格尔作出如此乐观的预测呢？他的理由是作预测不仅要考虑量变，还要考虑质变。他认为中国现在进入了大规模城市化的进程："每个工业劳动者的生产率是农业劳动者的5倍，这意味着从农村每转移出一个劳动力，就会创造出5倍的生产率。"现在还难以判断福格尔的预测是否靠得住，但他在1999年曾预测到2015年时，中国汽车的年产量将达到1 000万辆，比当时所有经济学家都乐观，尽管1998年中国汽车的年产量才50万辆。但后来的发展证明，中国到了2009年已经成为世界汽车产销第一大国，当年销售了1 350万辆汽车。而到了2015年，中国汽车产销已分别达到2 450.33万辆和2 459.76万辆。

世界经济论坛执行主席克劳斯·施瓦布（Klaus Schwab）2010年8月也预计到2015年，美国GDP将占全球的18.3%，而中国将占16.9%。瑞银首席经济学家汪涛认为中国经济总量将在2016年，最迟在2018年超过美国。她的计算中预设了中美双方大致保持现在的增长率，而人民币对美元汇率每年升值5%，那么中国GDP将在2016年超过美国，并在2021年超过美国一倍多。中国经济学家王建也指出：中国的工业净产值在2009年第一次超过了美国，中国的工业增加值也超过了美国成为世界第一。从历史上看，美国工业规模在1892年超过英国之后的二十年，美国便实现了对英国的全面超越。他预言中国股市在2020年将是美国的4倍。即使按照官方汇率，多数西方学者今天也认为中国经济在2030年左右可以超越美国。

由此看来，世界上越来越多的主流经济学家倾向于认为，少则十年、多则二十年，中国将成为全球第一大经济体。安格斯·麦迪森还认为，在今天这个世界上如果还是不用购买力平价法的话，就显得很不专业。我自己亦认为：过去承认中国落后是实事求是，今天承认中国的巨大进步也是实事求是。其实，不管你喜欢还是不喜欢，中国已经登上了，或者退一步说，已经被推上了世界"老二"的位子。风物长宜放眼量，以后我们还可能被推上"老大"的位置，我们当然应该继续保持谦虚谨慎的态度，不要因为外国人的乐观预测而得意忘形，不要因为我们自己的迅速发展而忘乎所以。我们面临的挑战还很多，很尖锐，但我们也应该作一些未雨绸缪的长线思考。如果中国经济总量超过了美国，那时候中国应该怎样在世界上行事，应该如何影响世界未来的发展，特别是世界经济、政治秩序的演变。与其老在那里谦虚推让，还不如早早做好软、硬实力上的准备。我们需要新的大国意识。大国需要大智慧、大战略、大担当；需要自己的话语权；需要理性从容的国民心态；需要拒绝沙文主义；需要为人类作出更大的贡献。

第二章

中国的 1+1 大于 2

"准发达国家"板块

2009年，全国都在谈论房价上涨，但国家统计局的统计数据显示：中型城市房价涨幅为1.5%，结果引来无数媒体和网民的炮轰。"1.5%这个数字和大家实际感受的差距太大。"连统计局前局长也承认这一点。后来又出来一个国土部的统计数字，2009年中国房价上涨了25.1%，这个增幅似乎比较靠谱，但这个统计称中国城镇住宅均价为每平方米4 474元。这个均价给人的感觉似乎也不太靠谱。问题出在哪里？统计方法自然有改进的余地，但我想一个重要原因就是我们统计的是全国城镇的房价，而2009年房价高涨主要集中在北京、上海、广州、深圳、海南等地，中小城市涨幅相对较小。既然统计的是全国的平均数，那么北京、上海、广州、深圳、海南等地的涨幅就被拉平了，使人不容易从全国均价中找到感觉。这也说明中国发达地区的问题已经更容易成为影响中国全局的问题，所以才有国务院出台的一个接一个房价调控措施。

中国的面积大，人口多，情况复杂，用全国平均数统计往往就面临这种尴尬。这很像天气预报，如果你预报的是新加坡的天气，你说新加坡今天平均气温是32摄氏度，谁都相信，因为新加坡从东到西最远才42千米，从南到北最远才23千米，全国面积为692.7平方千米，大约为北京市面积的二十五分之一。但如果你预报中华人民共和国今天的平均气温为32摄氏度，那恐怕只有气象统计学上的意义了，对于生活在中国不同地方的居民几乎毫无意义，因为我们国家横跨了从温带到热带的广袤大地，气候类型多种多样。同一季节，北国还是冰雪严寒，南国早已是鸟语花香了。从南到北，中国不同地方的冬季的温差可达40摄氏度以上。

中国是一个超大规模的"文明型国家"，人口规模超过美国、加拿大、欧洲（包括俄罗斯）、澳大利亚、日本之和，这是漫长历史中"百国之和"的结果。正因如此，当我们用"中国人均GDP"来研究中国国情时，就会遇到用"中国平均气温"研究中国气候一样的尴尬。在中国做天气预报，我们一定要有区域的概念，要对不同的区域进行预报，否则绝大多数国人很难找到感觉。就像讨论房价时，一个人可以振振有词地说：中国城市的房价还算贵？不就是每平方米4 000多元么。你说他对还是错？对于中国国情的判断也类似，中国国家太大，我们需要有"板块概念"和"板块关系概念"，才可能较为准确地把握中国的真实国情，才能使中国人和外国人找到较为准确的感觉。

2009年4月，新浪等网站上曾流传一则热帖"英国大学生在上海"。文章道出了普通英国大学生访问中国发达板块的观感：

　　来自英国35所大学的200多名大学生在上海逗留两周，体验中国百姓的日常生活。他们一到浦东国际机场，就发现这里比伦敦希思罗机场更大、更漂亮、更现代化。和伦敦希思罗机场相比，浦东机场简直是豪华的。他们到了南京路步行街，才发现这里步行街的规模是英国最繁华的伦敦牛津街的十多倍，琳琅满目的商品和多彩的时尚让他们震惊——在英国的教科书上，中国是个没有电力、没有楼房的破烂国家。

　　一些寄宿中国家庭的英国学生对中国人家里的电器设施感到羡慕，一些则惊讶于英超联赛在中国的深入人心的免费电视转播；他们看到一户中国家庭的电视机竟然可以收看120个频道，因为在英国，大部分家庭能收到的电视频道只有6—7个，晚上几乎无事可做，"这大概是英国人特别喜欢泡酒吧的原因。"一个学生不无幽默地说。还有的学生对卡拉OK表示出浓厚的兴趣；有的学生还对中国人天天饮食都如此丰富表示了"由衷的仰慕"。

　　在浦东世纪公园、在虹桥枢纽工地、在新天地和城隍庙、在世博会的工地上，宏伟的公共建筑、高耸繁华的商业大厦、宽广壮阔的市政建设场面，都是这些英国孩子从来没有见到过的。在登临环球金融贸易大厦和参观上海证券交易所的时候，随行的中方陪同人员看见他们的脚在颤抖，同学之间相对无言。上海地铁的干净、快捷，相比长期"trackwork"的伦敦地铁几乎是两个时代的作品；上海创意产业的高速发展、张江科学城的宏伟气势和林林总总的现代社区，更是在每次大巴集合时，让一些大学生不愿意挪脚，总想再看看，再拍几张照片。很多时候，在晚饭的桌前，中国陪同人员都会听到青年们脱口而出的共鸣——中国才是真正的发达国家。

　　我走访过世界上除冰岛以外的所有发达国家，英国也去过多次，可以理解英国学生受到的震动，一是中国发达地区发展非常之快，可以用日新月异来形容，确实在许多方面都走到了发达国家前面；二是西方媒体对中国的报道往往过于片面，造成了西方普通民众对中国的诸多偏见和误解。记得有一次我乘飞机从柏林飞往北京，坐我边上的是两位自费到中国旅行的德国老妇人，她们一路不停地问我北京机场下来能不能换外汇，机场有没有出租车，旅馆是否容易找，但当飞机抵达北京首都机场新候机楼的一瞬间，她们脸上的表情只能用"震惊"两字来形容。如此富丽堂皇的现代化机场，我想她们一辈子都没见到过，绝大多数西方人一辈子也没有见过。其实，柏林现有的机场仍相当落后，甚至比不上中国多数省会的机场。柏林已斥资34亿美元要建造一个新机场，从十四年前就开始建设了，至今尚未建成，各种长年不断的官司和政府财政赤字影响了工程的进度。持平地说，通过三十年的改革开放，中国很多地方与发达国家的差距迅速缩小。西方国家长久以来故步自封得厉害，总以为自己代表了世界的最高水平，历史到了西方的水平就终结了。而事实上，崛起的中国不仅在追赶西方，而且在追赶的过程中，正在重新界定着现代化的含义。

中国大中型城市几乎都在进行脱胎换骨的改造,中国人拥抱现代化事业的热情和势头,都是绝大多数西方人从未见过的,也是人类历史上从未有过的。摩天大楼、高速公路、高速铁路、超级商厦、城市地铁、电动汽车等,过去都是西方的专利,而今天西方突然发现中国在所有这些领域中几乎全面领先,而且中国人往往做得更快、更多、更好、更新、更时尚、更低碳。难怪当新闻报道了武汉到广州的高速列车 2009 年 12 月 26 日开通后,英国《每日邮报》很快就用了共有 17 个英文单词的超长标题和 5 张巨幅照片进行报道,对这趟世界上最快的高速列车仅用 4 年就建成表示惊叹。文章刊登后,英国网民迅速跟帖表达了他们的"不可思议"之感。一位网民说:"请把中国工程师请到苏格兰爱丁堡来吧。一条 12 英里的铁路,最高时速仅 70 千米,已经拖了 3 年了,要到 2011 年才能完工。"另一位美国的网民说:"跟我们的纽约世贸中心遗址形成了鲜明对比,八年过去了,现在还是个大土坑。"另一个人说:"看看我们波士顿的工程项目,由于贪婪的工会吸血鬼,预算超支 350%,还得延期二十年以上才能完成。"还有一个网民写道:"瞧瞧,一个国家专心办事情,那会发生什么?中国,干得不错。"

当然,光看鲜亮的城市是不够的。我们的城乡差距还是很大,城市内部也有发展不平衡的问题,我们的城乡差距大于所有的发达国家。要在 960 万平方千米的土地上,在一个 13 亿人口的超大型国家内,解决城乡差距,将是一个长期的挑战。但是换一个角度思考一下，这何尝不是中国的潜力和机遇所在呢？根据联合国的统计，过去三十年的中国是世界上城市化进程最快的国家。我估计今后三十年，世界城市化进程最快的国家还是中国，不断缩小中国的城乡差距意味着今后三十年内，中国还将是世界上发展机遇最多的国家。

中国城乡差别固然大，但从全球范围看，我国大部分农村地区在过去三十年中也发生了巨大变化，只是规模不如城市。我们一些人由于不满国内的城乡差距，称中国的"城市像欧洲，农村像非洲"，这显然夸张了，他们一定没有去过非洲，可能欧洲也走得不多。欧洲远没有中国发达板块所展示出的那种活力，不少地方，如法国的马赛，意大利的罗马、那不勒斯、热那亚等城市给人感觉暮气沉沉，基础设施严重老化，已明显落后于中国的一线城市，而非洲的绝大部分城市还达不到中国农村的平均水平：非洲人均寿命才50岁左右，中国农村人均寿命为70岁左右。中国农村彩电都开始普及了，大多数人住的是砖房，甚至是楼房，而非洲城市中一半以上的人住的是贫民窟，没有电力供应，而农村居民则大多住茅草房，往往连窗都没有。按照联合国的最新统计，在撒哈拉以南的非洲，89%的农村人口没有电力，也就是说，农村的10人中9个人用不上电。发展中国家平均41%的农村人口没有电，我们现在相对较落后的西藏自治区的电力覆盖率也已超过70%，超过了印度的整体水平。我从电视画面上注意到甘肃舟曲被泥石流冲垮的公寓楼上均装有空调，这显然超过了印度孟买的水平。我们村村通公路的工程都快完成了，这在绝大多数发展中国家是不可思议的。看中国农村，我们还要考虑到中国农村土地的潜在价值。例如，不久前开始的重庆农村土地流转试验中，重庆远郊的宅基地挂牌拍卖，1亩地拍得10万元，而中国发达板块的农村地价早已是这个价值的无数倍了。我想随着中国农村土地制度改革的深入，农村土地资产的适当盘活可以为广大农民创造巨大的财富，为新农村建设带来大量的资金。中国特色的社会主义土地制度为实现这种前景奠定了基础。这也是采用西方土地制度的发展中国家所不可能做到的。当然，要把中国农村真正建设到今天发达国家农村的水平，确实还有很长的路要走，大概需要等到中国城市化进程基本完成之后才能达到。

中国人口众多，幅员辽阔，这对读懂中国是个巨大的挑战。我个人以为，为了避免类似"中国平均气温"的尴尬，我们需要细读中国，至少可以把中国分成两大板块来理解和把握（如必要的话还可以细分），我们除了要看到两个板块各自的特点，还要看到两个板块之间的关系，这样我们就可以较为准确地把握今天的中国，并给国人和世界一个更为信服的解释。以我之见，中国的两大板块，一个是"准发达国家"板块（或"发达板块"），另一个是"新兴经济体"板块（或"新兴板块"），这两大板块之间实现了高度互补的良性互动，这也是中国迅速崛起的主要原因，并将继续推动中国现代化事业的不断发展。当然我这里只是提出概念，详细论证还需更多的社会科学家共同参与才能完成。

　　我说的中国"准发达国家"板块，包括整个沿海发达地区，特别是长三角都市圈、珠三角都市圈和京津唐都市圈，辽东半岛和胶东半岛的城市群，也包括一些内地城市。估计这个板块的人口至少3亿。这个板块已经成了中国经济和社会发展的领头羊。我之所以称这个板块为"准发达国家"板块，是因为它已经具备了发达经济体的主要特征，如人均预期寿命已达到75—80岁；北京和上海的人均预期寿命高于纽约；基础设施水平高于发达国家的平均水平；商业繁华程度和生活方便程度也超过发达国家的平均水平；人均GDP，如果按照购买力平价，已经达到1.5万到2.5万美元；人均教育水平也达到了发达国家的平均水平；整体科技实力强于一般发达国家；住房自有率超过了发达国家，居民的住房平均面积和质量均超过日本和中国香港的水平（这也是中国GDP超越日本的意义之一）；如果实地观察，你可以感到这个板块内城市的总体水平已不低于南欧发达国家，如希腊、葡萄牙、意大利的多数城镇等。这个板块内大城市的总体水平超过发达国家的许多都市，如罗马、雅典、里斯本、马赛、热那亚、那不勒斯等。我之所以还保留了"准"字，是因为这个板块的某些方面尚未达到发达国家的平均水准，比方说，环境指标、公民文化素质等。所以我们还是要谦虚谨慎，认真努力，学习别人的一切长处，争取后来居上。

　　根据安格斯·麦迪森2009年3月的计算，中美之间的经济差距已经从1978年的4.4倍缩小到2006年的1.17倍。考虑到中国的城乡差别大于美国，那么中国发达地区的城市群与美国纽约的差距应该大大小于1.17倍。所以今天很多中国人从中国的一线城市抵达纽约时，确实会有弗里德曼前面叙述的那种"究竟谁是第三世界"的感觉。我自己去纽约也有这种感觉。至于纽约的人均GDP高于北京、上海5倍的结论，我想除了统计方法有问题外，也与多数人实地访问感受相差甚远，我对这种结论是敬而远之的。

中国社会科学院2010年2月28日发布的《中国省域经济综合竞争力发展报告（2008—2009）》也可大致印证中国"准发达国家"板块的实力：广东、江苏、山东和浙江等省的GDP已超过了G20部分国家。2008年，广东省的经济总量已超过沙特阿拉伯、阿根廷和南非，在G20各国中可排到第16位。上海、北京已处于后工业化阶段，天津、广东已处于工业化后期后半阶段，浙江、江苏、山东已处于工业化后期前半阶段。从人均GDP来看，上海、北京和天津三个直辖市也超过了G20的部分国家，其中上海可排在第12位。长三角的经济规模也超过了韩国和印度，而这些评估采用的都是官方汇率，如果改为购买力平价计算的话，这个排名还会提高很多。

中国的中产阶层有多大?

　　中国这么一个巨大的发达板块也意味着中国已经具有一个相当庞大的中产阶级。中国社会科学院2010年的研究报告认为,中国已经进入了中产阶层成长的黄金期,中产阶层估计已达到全国人口的23%,也就是3亿左右,而且中产阶层正以每年一个百分点的速度扩大。一般认为北京、上海等大城市40%应该属于中产。中产阶层如何定义很有争议,全世界都没有统一的标准。我对印度自称有3亿中产阶层一直比较好奇,因为我多次访问印度的直觉告诉我印度的中产阶层人数不会超过中国的三分之一。后来我请教了一位资深的印度经济学家,印度这个中产阶层人数是怎么算出来的,他说那是根据世界银行经济学家马丁·拉瓦雷(Martin Ravallion)的一个研究计算出来的。我就去查了马丁·拉瓦雷的研究,发现他用了一个非常宽泛的标准,即按购买力平价计算日均收入为2美元至13美元的人,都算中产阶级,他认为一旦超过2美元,一个人就算脱贫了,用这个标准可以更好地衡量新兴经济体国民走向富裕的情况。我又查了他用这个标准对中国和印度作的比较：按照2005年的标准，处于这个收入段的中国人为8亿，印度人为2.64亿。这个标准显然低了一些，说中国有8亿中产阶级，大多数中国人是不信的，但马丁·拉瓦雷的研究证明了我的判断，印度中产阶层的规模比中国小得多（见英国《经济学人》2009年2月12日关于新兴经济体中产阶级情况的研究报告）。

2010年亚洲银行发布了一份名为《亚洲和太平洋地区2010年关键指标》的报告，称中国的中产阶层人数为8.17亿。它采用的指标和马丁·拉瓦雷差异不大，即每天消费2—20美元的人群。亚行把这部分中产阶层又划分为"底层""中层"和"高层"三类。报告认为中国有3.03亿属于底层中产阶层，另外5亿属于中、高层中产阶级。中国人对自己的要求总是比较高，认为自己属于中产阶层的目前还是少数。在印度，你入住任何一家饭店，帮你搬行李的服务生，他可能住在贫民窟，会说几句英语，就认为自己是中产阶级。但你到北京和上海的星巴克，问在那里喝咖啡的小白领，你算不算中产阶层？他说，我算什么中产阶层，我只有一套房子。

其实，即使对于大多数发达国家公民来说，一生奋斗下来的最大的物质财富也就是一套产权房。所以结合中国的情况，仅考虑经济因素的话，我比较倾向于把拥有一套房产和一份比较稳定的收入作为中产阶层的一个大致标准。这个标准不低，而且也不是专门为发展中国家定做的，因为仅从房子自有率来看，法国为55%，日本为60%，美国为60%，大致反映了这些国家中产阶级的规模（瑞士为36%，但瑞士属于一个特殊类型）。中产阶层也包括所谓"房奴"，因为西方在55岁前付清房贷的也是少数，大部分人相当长时间内都是"房奴"，欧洲人一般认为能拿到银行房贷本身就是银行对你中产地位的一种确认。

中国居民的住房自有率已经超过上述国家。这无疑是中国过去六十年发展，特别是近三十多年来高速发展的结果。如果这样进行评估的话，我估计中国中产阶层人数早就超过了日本的总人口（1.3亿），其规模可能在四个法国的人口（2.6亿）与美国的人口（3亿）之间，也可能略微超过美国总人口。哈佛大学东亚经济研究所主任德怀特·帕金斯（Dwight Perkins）认为，中国中产阶层规模成长的速度正在加快，到2020年有望达到7亿人。他使用的是年收入1.18万—1.77万美元（约合8万到12万元人民币之间）的经济标准。

一些消费数据也有助于我们判断中国中产阶层的大致规模：早在2003年，中国出境游达到2 020万人次，首次超过了日本。中国游客2009年在法国的平均购物消费超过了日本游客；2009年，中国成了世界轿车产销第一大国，表明一个上亿人的巨大汽车消费群正在形成。到2009年底，中国的奢侈品消费已经超过了美国，为世界第二，约占世界的25%。越来越多的西方品牌公司不再使用代理商，转向直销中国市场，因为中国市场的表现在今天的世界上可谓一枝独秀。瑞士手表出口中国内地已从2000年占瑞士手表出口总额的0.2%跃升到了2009年的5.3%，超过日本，尽管中国对名牌手表征收很高的关税。如果把中国内地和香港算在一起的话，那么两地2009年从瑞士进口的手表接近瑞士当年手表出口总额的三分之一，而香港进口手表的主要购买者是内地游客。如果我们搁置关于名牌消费是好是坏的价值争论，只进行事实分析，那么这些信息可以表明中国的消费能力已经不是如一些人所称的仅限于少数巨富，而是一个庞大的中产阶层消费群体已经形成。

我们甚至可以与美国作个比较。我前面提到的中美家庭净资产比较就很能说明问题，因为家庭净资产远比人均GDP更加能体现出老百姓的真实家底。如前所述，美国2010年的中位家庭净资产在8.4万至9.3万美元，也就是56万至62万人民币。我估计中国大概有上亿的家庭净资产已达到或超过这个水平。当然，这在某种程度上得益于中国房产的升值，其中不排除有泡沫的成分，毕竟当年日本房产泡沫的时候，日本人的资产也一下子超过了美国人。不过我们也要考虑到人民币币值可能被低估，以及美国家庭平均人口多于中国等情况。

清华大学中国金融研究中心关于中国城镇家庭净财富的一个调查大致可以印证我的判断。该中心2008年的调研（抽样样本定位在15个城市，收集了约2 100个样本数据）发现我国2008年城镇家庭净财富平均为60.7万元。在我国家庭资产构成中，房产是最主要的资产，占比62.72%，而现金、活期存款和定期存款占比超过15%（见2009年9月27日《中国消费金融与投资教育调研报告发布》，搜狐理财频道）。这个调查虽然不是家庭中位净资产评估，但足以说明我们城镇居民的家底不薄。而且这还是2008年的调查，2008年之后，中国城镇家庭净财富还在增加。无疑，改革开放三十年间，中国人财富增长的速度是世界上最快的。仅此一点，中国模式就值得充分肯定。许多定居美国的华人今天也坦承，如果过去十年没有在祖国购买房产的话，今天想要衣锦还乡都不容易了。这些年中国进步得快，美国退步得也快，一进一退，中国的发达板块与美国的差距就大大缩小了。

这里还要说明一点，美国的家庭净资产似乎并不是很大，但美国人的消费能力却长期保持世界第一，这是由多种原因形成的。首先是中位统计把美国的富豪群体给略掉了。还是以2004年为例，这一年美国有750万个家庭的净资产超过100万美元。他们构成了一个巨大的高消费群体。另一个重要的原因是美国人借贷消费的习惯。特别是过去这二十年，美国借贷消费的习惯被推到了极端：今日花明日的钱，自己花别人的钱才算本事。中国人赚100块花70块，叫大手大脚，赚100块花100块，叫败家子。美国人赚100块花100块是不正常，赚100块花300块、500块才算好汉。如能及时行乐，见上帝时留下一屁股债，那就是英雄了。美国国家行为也是中国人说的"寅吃卯粮"。整个美国经济都是以超前贷款消费来刺激发展的。长达二十年的超规模信贷消费自然造就了一个世界最大的消费市场。不过这种做法也是导致这次金融海啸的主要原因。但美国似乎还是有办法，因为世界经济和金融目前还主要是以美元为交换手段，美国仍然可以靠印钞票、发行国债来实现某种平衡。美国也可以通过自己的实力来压制别国货币升值以平衡自己的亏损，如当年逼日元升值那样。

中国已经悟出了问题的要害，正在逐渐把人民币与一揽子货币挂起钩来，并力争使人民币较快地国际化，最终强势出牌。但美国是不会轻易接受人民币国际化对它带来的挑战的。一个欧元已经给它带来了太多的麻烦，再来一个人民币也成为国际储备货币，它会感到吃不消，对此我们要心中有数。我们一定要防止美国诱发的金融危机。这种危机一旦发生，中国经济将受重创，甚至倒退数十年并引发政治动荡。但换一个角度看，美国的做法对我们也有启示。我们不应该像美国人那样过度地依赖信贷消费，但我们也要考虑如何盘活中国家庭的资产，适度地扩大信贷消费，从而释放百姓的消费能力。在美国，没有贷款记录的人一般被认为是没有信用的人。在瑞士，房贷还清的人要被征高额的财富税，因为你被看作是富人。中国不必照搬西方的做法，但适度扩大信贷消费是中国经济发展的一个方向。这对于我们经济结构的调整很重要，对于我们把经济从过度依赖出口转为以内需驱动为主也很重要。

"新兴经济体"板块

除了上述巨大的"准发达国家"板块外，中国还有另一板块，即一个超大型"新兴经济体"板块。"新兴经济体"概念在国际上一般是指蓬勃发展的后发国家和地区，以区别于大多数停滞不前的后发国家。我用这个概念是因为只有这个概念才能概括中国后发地区的特点。这个板块的主要特点是：

第一，如果说一般发展中国家的特征是赤贫多、文盲多、疾病多、经济毫无活力、温饱问题尚未解决的话，那么中国的这个板块，通过过去数十年的努力，已经不是一般意义上的发展中国家水平了。这个板块的特点是：赤贫已基本消除，初中教育基本普及，主要传染性疾病已被控制住，温饱问题已经解决。这个板块的人民勤劳智慧，虽总体上不算富裕，但绝大部分的人有房有地。如果把这些资产算进去，他们的净资产大大高于一般发展中国家的水平。

第二，这个板块本身充满了活力。中国中西部地区近年来的发展势头十分引人注目，经济增长速度普遍高于中国的发达板块。以2009年为例，内蒙古、重庆、四川、湖南、陕西、湖北、安徽等13个省市的全年GDP增长均超过10%。其中，内蒙古以17%的增长率高居全国GDP增速的榜首，而且是连续七年保持了两位数的增长。安徽省的总产值也超过了1万亿元，成为中国第14个迈入GDP"万亿元俱乐部"行列的省份。2009年，中国西交会在成都举行，会上达成的投资和贸易协议总额超过了过去十年的总和。这些现象都在传达着一个信息：中国中西部大发展的势头已经来临。

第三，这个板块有自己的优势，特别是自然资源优势和人力资源优势。它向中国的发达地区输送了大量的自然资源和人力资源，同时也接受发达板块在人才、技术和市场等方面的辐射。正因为这种良性互动的关系，这个板块本身也开始成为越来越大的消费市场。这个板块除了与沿海地区的良性互动外，也大力吸引外资，推动经济的高速发展。

第四，中国两大板块良性互动的格局已经形成。随着中国发达板块不断地进入以产业升级为主要特征的经济结构调整，越来越多的产业成规模地转向新兴板块。最近，国家又把一系列中西部区域发展规划上升为整个国家的战略，这些地区已经迎来了加快工业化和城镇化的历史机遇。

第五，这个板块内部也形成了自己的增长极。虽然整体上，中西部地区的发展条件不如东部地区，但中西部也有不少发展条件相对较好的地区，形成了独特的经济圈和城市群效应，这些经济圈在高新技术产业、装备制造业、农产品深加工等方面都有自己的优势。它们在开发内需市场、推动城乡统筹发展方面甚至走在了沿海地区的前面。中国内地唯一的直辖市重庆就是一个突出的例子。

2010年3月，时任重庆市市长黄奇帆曾这样叙述重庆的发展：

重庆的目标是争取在2020年建设成为中国西部的经济中心城市，以及中国西部开发的领头羊、增长极。重庆是中国大城市、大农村并存的地区，将争取用10年时间把重庆建设成为城乡统筹的直辖市。近些年在西部开发政策的推动下，以及去年中国应对金融危机的政策支持下，重庆发展迅速，2009年经济增长14.9%，位居全国第三位。2010年的情况可能会更好，预计将达到16%。重庆尽管地处内陆，但一直注重与国际接轨，加快开放的步骤。在利用外资方面，2007年只有10亿美元，2008、2009两年取得了翻两番的成绩，到去年全市实际利用外资达到了40亿美元。今年预计利用外资将达到60亿美元。

黄奇帆还谈道：

重庆51%的常住人口是城镇人口，49%是农村人口。随着城市化和工业化的发展，城镇人口将增加到70%。重庆在城市化和工业化中有几条措施。其中，城市是按照城市群的模式发展的，重庆主城未来将是1 000平方千米、1 000万人口的特大城市，在它周围有30个中等城市，将积聚起600万到700万的人口，另外还有100多个中心镇。未来重庆的城市将是"一个特大

城市 +30 个中等城市 +100 多个小城市"组成的城市群。为了推动这个城市群发展，重庆推进了"五个重庆"建设，让这个城市群处在森林中，是畅通的、宜居的、平安的、健康的。另外，通过城乡统筹发展，对农村地区主要进行四个方面的改善。第一，改善农村的基础设施，包括道路、通信、能源等，让农民在农村享受的基础设施水平能与城市一体化。第二，改善农村的教育、卫生、文化等设施，让农民在农村享受像城市一样比较好的教育、医疗和文化设施。第三，让农村的农民像城里人一样，有养老、医疗等保险，有社会保障。第四，在农民大量进城过程中产生的农民工，他们有工作之后就定居在城市，不再返回农村，使其成为城市居民。

此外，覆盖全国的高速公路网已经形成，高速铁路网正在迅速形成，这也大大推动了中国这两大板块的良性互动。中国已经是世界上最大的人力流动和物资流动的国家。在中国这个"文明型国家"的范围内，过去那种"自成一体"的产业分工格局已被打破，地区间产业分工趋向合理。全国范围内的产业链整合迅速推进，高效统一的全国大市场正在形成之中。随着国家经济结构调整的加速和中国这两个板块的互利互动，中国的区域发展会逐步变得更加平衡，地区差别也会逐步缩小，从中长期来看，中国的发达板块会不断壮大，新兴板块会逐步缩小，直至中国成为世界上最大的发达国家。

为什么中国的1+1大于2？

中国人自己看中国也好，外国人看中国也好，都有个"盲人摸象"的问题，因为中国太大了。如果你无法摸到大象的全身，只能摸到一部分，就容易把大象说成一根绳子、一根柱子、一堵墙、一把扇子，结果谁也说服不了谁。我们常用的GDP的总量非常大，但人均GDP仍然很低的说法，也无法把问题说清楚，因为它还是没有解决数量和质量的关系，所以不容易使人找到感觉。究竟如何才能比较准确地把握中国的真实发展水平并预测中国的未来，我倾向于采用"板块概念"和"板块关系概念"来分析。

我想这首先是为了理顺量和质的关系。如果只是泛泛谈中国经济总量比较大或者中国人均收入比较低，那我们讨论的还只是一个量的概念，而不是质的区别，但是发达国家和发展中国家的差异不只是一个量的差别，而更是质的差别，是农业文明和工业文明的差别，是现代国家和非现代国家的差别。

今天中国已经形成了一个大型的"准发达国家"板块和一个超大型的"新兴经济体"板块。如果说前者的主要特点是现代经济、现代管理、现代研发、现代服务业，那么后者的主要特点就是巨大的规模效应和成本效应，两者的结合某种意义上就是质和量的结合。这种结合便产生了1+1大于2的中国效应。正是这种结合使得中国崛起得如此之快。根据学者胡鞍钢的计算，互联网用户，1993年美国大约是中国的3 000倍，2008年中国已经是美国的1.2倍了。手机用户，1987年中国和美国的差距达到了1 760倍，但现在美国的用户只相当于中国的40%。宽带发展，2000年美国是中国的300倍，但到了2008年中国就超过了美国。我们本来以为2020年中国才可能成为世界最大的汽车市场，结果在2009年就做到了。中国崛起和中国模式之所以成为全世界的热门话题，不是中国人自己想谈这个话题，中国人不想谈，我们想低调做人，想韬光养晦，而是外部世界不断地感受到来自中国1+1大于2的冲击波，他们不得不对中国刮目相看。

　　第二，"板块"的概念有利于更好地了解中国的真实状况。前面我已经提到了"中国平均气温"思维方式对国人、对外界带来的困惑和尴尬。说中国只是一个发展中国家，今天已很难说服人。凡是了解亚、非、拉发展中国家情况的人都很难接受。我们在许多方面，包括农村大部分地区，都比他们做得好。同样，如果光说中国是世界第二大经济体，又会使人忽视中国还有不发达的一面。所以当你把中国两个板块及其互动关系说清楚时，人家对中国的真实发展水平和前景就比较清楚了。瑞士一些钟表企业受了"中国平均气温"思维的影响，认为中国还是一个穷国，所以不看好中国市场的消费能力，他们坚持把销售重点继续放在美国和日本市场（如TAG Heuer），结果由于金融危机的影响，这两年的销售额大幅下降，而那些有板块意识的公司（如OMEGA），早就立足于开发中国市场，因为他们认识到中国内部光是发达板块的实际消费能力就可能超过了日本，甚至可能超过美国。这些公司在中国市场的销售额近年直线上升。可以说，中国的发达板块在2009年拯救了瑞士的钟表业。

对中国人自己也一样，"板块"的概念是为了更加客观地评估自己，更加严格地要求自己和发展自己。我们不能老是用"中国还是一个发展中国家"作为借口，来原谅自己的不足。像北京、上海这样的一线城市，其多数的参照系就应该是纽约、伦敦、巴黎、东京，就是要扎扎实实地争取在越来越多的方面超越西方大都市。我们发达板块的参照标准应该是发达国家的水平，这能激励我们更好地学习和创新，最终做得比发达国家更好。同样我们的"新兴经济体"板块，也应该找到自己的参照系，汲取别人的经验教训，不断地取得新的进步，达到新的高度。

第三，两个板块的概念可以使我们对中国的认识从"静态"转入"动态"。中国经济不是一批数字的堆积，更不是数字游戏，而是两个板块之间的大规模互动。中国的1+1，不是欧洲+非洲。欧洲与非洲的关系或多或少是一种后殖民关系。欧洲的富裕在某种程度上是建立在非洲贫困落后的基础之上的。换言之，西方主导的世界经济和政治秩序使得非洲很难发展起来。比方说，欧洲巨额的农业补贴使整个非洲无法发挥自己在农业方面的比较优势。而在中国内部，我们的1+1两个板块是同文同种，血脉相连，血浓于水，上面还有一个比较中性的、高效的中央政府在全面规划和大力推动1+1的良性互动，所以中国这两个板块的关系是互相提携、共同发展的关系，这将使得中国经济和社会充满了活力。

第四，1+1也体现出中国发展模式的战略考量。这也使我们从另一个角度理解当年邓小平为什么那么迫切地希望中国条件好的地方率先发展起来。在这个西方强国虎视眈眈的世界上，如果没有自己的发达板块，中国就会处处被动挨打，其经济也可能被西方发达国家及其跨国公司完全打垮，整个国家都可能沦为发达国家的附庸。一旦有什么危机，中国立刻成为最大的牺牲品。亚洲金融危机给泰国、印度尼西亚等国家带来的悲剧，这次金融海啸给东欧带来的灾难，都说明了这个问题。我们从改革开放之初就确定让一些条件较好的地方先发展起来。邓小平多次说过，中国内地要有几个香港才好，就是为了尽快地形成我们自己的发达板块。有了这样的板块，才能带动整个国家的发展，中国才会有竞争力。这样的板块意味着中国形成了自己的"核心产业""龙头企业""拳头产品"和巨大的消费群体。

这有点像中国古代"田忌赛马"的故事。田忌的总体实力不如对手，但在孙膑的指导下，通过对上、中、下马的重新组合，利用了自己的某些相对优势，取得了比赛的胜利。中国也是这样，通过尽快地形成自己的发达板块，创造了国际竞争中的局部的非对称优势，从而在"敌强我弱"的情况下，在这个高度竞争的国际环境下，带动了整个国家的进步，走出一条自己的发展道路，而且越走越宽广。当弗里德曼感叹美国最发达的城市看上去已经不如北京、上海、大连的时候，实际上就是承认了我们这种非对称优势给美国和整个西方带来的震撼。有了这样的一个板块，我们在和发达国家的经济竞争中，胜出的可能性大大增加。我们在航天、造船、机电、高铁、汽车、建筑、地铁等领域内所形成的巨大国际竞争力与这种空间战略布局是分不开的。

实际上，今天的发达国家也力求形成一种1+1大于2的经济区域安排。欧盟在过去十年中扩大到27个成员国，把东欧相对落后的国家都拉了进来。如果用人均GDP来计算，东欧进来后欧盟反而穷了，东欧把欧盟的人均GDP拉下来不少。但欧盟把东欧拉进来，为的是增加竞争力，特别是获得东欧相对丰富的人力资源和市场规模，形成一种欧洲内部的1+1大于2的局面。美国和加拿大拉上了人口大国墨西哥来建北美自由贸易区，也出于同一个道理。发达国家经济发展到了一定的程度，就出现了市场饱和、人力成本过高这样的问题，然后都想通过1+1的方法来解决。当然，现在欧盟的1+1和北美自由贸易区的1+1由于种种原因，均未达到他们预期的目标，反而造成很大的内耗，各方抱怨不少。反观中国，其1+1大于2的局面早已改变了整个国家，并开始影响整个世界。中国能做到这个水平，欧洲和北美做不到，说到底就是因为一个"文明型国家"内部的整合要比跨文明的整合容易得多。这一点我在下一章里再详述。

　　谈论"文明型国家"内部问题时，我们也要有一种"板块概念"，这样才容易对我们的问题准确定位。有些人总想用以偏概全的方法来否定中国所取得的成就，把局部的问题无限夸大进而否定中国的发展模式。其实，中国的人口是美国的4倍多，中国出现的问题即使比美国多4倍也不足为奇（如果你认为美国是一个正常国家的话）。抓住中国出现的一些问题来否定中国整体的巨大进步是不明智的。比方说，就我自己实地观察来看，上海的腐败情况低于意大利，上海的城市治理水平高于罗马和纽约，上海、江苏、浙江的治理水平明显超过希腊，尽管希腊和意大利都算发达国家，纽约也是发达国家的顶尖城市。这些成就很了不起，因为1个上海市的规模等于2个希腊、3个瑞士；1个浙江省的规模等于5个希腊；1个江苏省的规模等于7个希腊、10个比利时，我们整个发达板块等于30来个中等欧洲国家之和，这么大范围内所取得的任何成绩足以对中国国内其他地区产生示范效应，对整个世界产生震撼效应。换言之，采用板块分析为的是更准确、更实事求是地把握和认识自己，从而使我们更清楚地看到国家的未来。如果中国发达地区在很多地方可以比发达国家做得好，那么中国其他地区也可以逐步赶上来，甚至后来居上，做得更好，今天的重庆和内蒙古就展示了这种势头。中国模式的一个重要特点就是鼓励各个地方良性竞争，一个地方做得好，其他地方就会感到竞争的压力而跟着学。

　　最后，1+1大于2产生着可喜的"二八效应"。意大利古典经济学家帕累托（Vilfredo Pareto）提出了有名的"二八效应"概念。也就是说，在任何一组东西中，抓住关键的20%就能产生80%的效果。这也是我们生活中的普遍现象：一个公司20%的客户可以创造80%的收益；一个企业20%的骨干可以带动80%的员工。这也是中国传统哲学提倡的提纲挈领，纲举目张。中国改革开放，从特区起步，到推动沿海开放，到浦东大开发，到"中西部大开发战略"，其实都是这个道理。今天中国已经形成了20%的地区创造80%的财富，并推动整个国家全面进步的可喜局面。如果说，中国"准发达国家"板块带来了中国崛起的"二八效应"，那么我们可以说现在的"中西部大开发战略"就是在80%的地区内，继续采用"二八效应"，即抓住20%的关键城市群发展来带动整个中西部的全面进步。从重庆都市群、成都都市群、关中都市群、长株潭城市群等的发展势头来看，这种新的"二八效应"正在不断出现。我想中国未来的大趋势就是"二八效应"的不断扩大和延伸，直至整个国家现代化的全面实现。

当然，动态的区域发展也会有负面效应：地区差距可能在一定的时间内被拉大，但我们发展的目的是为了使整个国家、使全体人民都富裕起来，所以我们需要有清醒的历史眼光，我们要了解世界现代化的历史。世界上，除了少数超小型的国家之外，没有一个中等幅员以上的国家可以在全国范围内实现同步发展。美国是先发展东部，再扩展到西部；日本是先发展中部，再扩展到全国；法国是大巴黎地区先发展起来，再辐射全国。先发展起来的地区可以发挥财富的集聚功能和辐射效应，带动更多的地区发展起来，这是实现整个国家全面发展的捷径。

我在《中国触动》一书中，曾以上海浦东为例，说明在富裕地区和相对落后地区之间建立一种良性互动的机制比什么都重要。浦东的人均GDP早就超过了1万美元，假设中国贵州省的某个地区人均GDP为100美元。如果机械地看，这个差距太大了，两个地区差99倍，你要把它缩小，甚至采取劫富济贫的方法，但这是不明智的。这里关键是要看浦东经济的发展与中国其他地方发展的关系。浦东2006年的财政收入是587亿元，其中51.4%上缴中央，也就是说，将近300亿元是用于全国发展的，其中一部分可能就用来帮助贵州省这个地区了。如果富裕地区和落后地区是这样一种关系，这就是良性循环，我们不用太担心，只要确保让浦东的钱流到落后地区，帮助那里的人民致富。我当时曾这样说："就像在一个家庭里，有一个成员特别能赚钱，他的收入比其他家庭成员高，但他能够把赚到的钱拿出相当一部分来帮助家里暂时还比较贫困的成员，这就是良性循环，何乐而不为呢？"

中国的"准发达国家"板块，就像是全国的浦东，具有人才汇聚多、资源交汇广、增值效应大、辐射能力强的特点。这些特点对于中国可以说是来之不易，百年不遇，否定了它，搞平均主义，结果一时痛快，最终只会导致全国的贫困。中国"准发达国家"板块是一个给全国人民下金鸡蛋的母鸡，如果它上缴的财政收入能够服务全国，如果它能继续对欠发达地区提供各种对口帮助，如果它的综合辐射能力能服务中国其他地区，那我觉得这个母鸡越肥越好，因为这是一个良性循环。说到底，地区差别不是越大越好，也不是越小越好，要辩证地、动态地去看，关键就是看能不能在比较富的地区和比较穷的地区建立良性互动的机制，如果是良性互动，这种差距带来的正面效应会比较多。

从国际经验来看，人均GDP的区域差距短期内难以缩小，在幅员辽阔的国家更为困难。所以进一步发展和完善中国两个板块之间的良性互动机制是实现全国现代化的最佳途径。回想起来，邓小平当年反复讲：中国要建设几个香港，上海是我们的王牌，广东要带头超过"四小龙"，我们要让一些地方先富起来，再带动其他地方的发展，都是这个道理。令人欣慰的是当年邓小平预见的远景，今天正在不断地变成中国的现实。

第三章

一个"文明型国家"的崛起

走向"民族国家"的坎坷

　　中国崛起是什么性质的崛起？这是一个关系到中国未来发展方向的大问题。一种观点认为中国的崛起就是一个普通国家的崛起，它无非是按照西方市场经济理论进行了改革，带来了经济总量的提高、中产阶层人数的增多。随着中国进一步的发展，它将越来越多地接受西方的各种理念及制度安排，最终被接纳为西方社会的成员。另一种观点则认为中国崛起代表了一种不同性质国家的崛起，其崛起的主要原因是坚持了自己的发展道路，既学习了别人之长，也发挥了自己的优势，实现了一种对西方模式的超越，也实现了一个五千年文明与现代国家重叠的"文明型国家"的崛起。我持后一种观点。

　　有些人总认为西方模式代表了人类最高的理想，中国要做的无非是全面"转轨"到西方模式，在经济、政治和社会各个方面都与西方接轨，而我则认为一个"文明型国家"这样做的话，只会走向混乱和分裂。过去数十年的发展也证明：如果中国当初没有自己的坚持，而是亦步亦趋跟随西方的话，中国的命运不会比原苏联和前南斯拉夫好，国家大概也早就解体了。中国是以西方不认可的方式（即中国模式）崛起的，今后也会继续以西方不认可的方式成为世界最大的经济体并深刻地影响世界的未来。但这不意味着中国与西方必然走向冲突和对抗。恰恰相反，中国"文明型国家"的特征决定了中国不是一个寻求对抗的国家，而是一个寻求不同体制和平共处、互相学习、互利共赢的国家，这对世界是好事。当然，如果有国家硬要把对抗强加给中国，那就另当别论了。

为了更好地理解什么叫作"文明型国家"的崛起，我们有必要先了解一下"民族国家"（nation-state）这个概念。什么是"民族国家"？"民族国家"指的是一些具有共同特性（如语言、宗教或生活方式等）的人民组成的国家。欧洲是"民族国家"的发源地。"民族国家"的动力是民族主义，它在相当长的历史时期内一直是欧洲推动国家现代化的最大动力，但民族主义的恶性发展也是欧洲近代无数战争的主要根源。18—19世纪期间，民族主义在欧洲兴起，"民族国家"也随之兴起。

欧洲最早形成的"民族国家"可以说是法国。法国通过皇权统一了税收和军队，形成了超强的国家动员能力，并屡屡击败德国统一之前的普鲁士（当时德国还是一盘散沙的300多个小国）。当铁血宰相俾斯麦统一了德国，形成"民族国家"后，德国便迅速崛起，并走向了军事扩张的道路。在亚洲，日本通过明治维新，也形成了"民族国家"，并在1894—1895年甲午战争中击败尚未形成"民族国家"的中国。19世纪的时候，虽然中国的GDP总量大于英国和日本，但英国和日本当时都具备了现代"民族国家"的体制，因而也具备了当时中国还不具备的国家凝聚力和战争动员力。受到这种"民族国家"体制的刺激，中国从20世纪初亦开始了自己"民族国家"建设的艰难历程。在西方政治话语里，"民族国家"已成了"现代国家"的代名词："民族国家"就是"现代国家"；"现代国家"就是"民族国家"。尽管西方的这些概念有其不足之处，但为了叙述方便，我这里还是姑且用之。

19、20世纪之交的中国仍是一个传统的农业社会，95%以上的人口生活在农村。当时的中国农村基本上是宗族社会，一个村子一个姓，知书达理的乡绅可以独立地处理村里的、家族间的各种事务。中国古代的皇帝表面上权力很大，但实际上"天高皇帝远"，中央政府治理能力有限，很大程度上是因为缺少技术手段，中央政府往往较多地依赖道德教化和意识形态来实行统治。当时的中国社会是封闭的，是一种自给自足的社会。中央政府没有西方"民族国家"那种高度组织能力和动员能力，甚至也没有多少自己可以掌控的军队。到了清朝后期，中国传统国家体制显然已无法应对西方"现代国家"带来的挑战，中国在两次鸦片战争和甲午战争中的失败都说明了这一点。

西方不少学者早就提出过中国是一个"文明国家"（civilization-state）。他们认为中国"民族国家"尚在形成之中，而"文明形态的国家"在中国却有数千年的历史。中华民族数千年来就在这片土地上生存繁衍、维系并发展了自己独特的文明,其相对完整的国家形态至少可以追溯到秦始皇统一中国时期。但西方学者采用"文明国家"这个概念往往是为了强调中国从"文明国家"变成"民族国家"所面临的种种困难。他们把中国数千年"文明"形态的国家看作是中国建设现代国家的障碍和包袱,也就是说,由于中国"文明国家"的原因,中国无法形成西方意义上那种具有现代法律、经济、国防、教育、政治的"民族国家"或"现代国家"。美国思想史家约瑟夫·列文森(Joseph R. Levenson)的名著《儒教中国及其现代命运》(*Confucian China and its Modern Fate*)就是持这种观点。西方主流学者一般认为整个20世纪中国的历程不过是一个不得不从"文明国家"变成"现代国家"的过程,如用中国自己的政治话语来说,就是一个由"天下"变为"国家"的过程。美国知名政治文化学者白鲁恂(Lucian Pye)更是把现代中国描述成"一个文明佯装成的国家"("a civilization pretending to be a state")。

中国人建设自己现代"民族国家"的历史是悲壮的,是长达百年的不懈努力。从清王朝覆灭到走向共和,从五四运动到军阀混战,从北伐战争到抗日战争和新中国建立,中华民族前仆后继,经历了数千万人的牺牲,终于建立了一个现代意义上的"民族国家"。随后又经历了诸多波澜曲折的变革,终于在改革开放三十多年后的今天,确立了自己真正的世界大国的地位,并开始迈向世界第一。

著名历史学家黄仁宇曾以大历史观总结了中国近代史,并从中国社会结构出发分析了中国现代国家的建设,他的观点颇有见地。他认为,从民国时期到1949年之后的历史可以被看作是一个整体。中国从宋朝繁荣的商品经济退缩到农村村落经济后,中国传统的农业社会结构无法应对西方现代国家的挑战。随着国门被西方列强打开,中国也开始了自己现代国家的建设过程。他认为1949年之前的中华民国重构了一个现代的上层结构,但这个结构仍然无法与中国的下层结构沟通,他以鲁迅的小说为例,说明上层结构的精英人士与底层结构的农民根本无法沟通,所以国民党时期的中国还是一种"头重脚轻"的政治结构。毛泽东领导的土地革命则彻底重塑了中国的下层结构。中国共产党通过自己强大的动员能力,把普通农民组织起来支援前线,进行了土改和扫盲,为中国社会后来的"数目字管理"奠定了基础。1978年开始的中国改革开放,则重构了中国的中层结构。所谓中层结构指的就是司法、银行、税收、物流等服务于现代市场经济的各种技术支持。虽然今天中国还有人认为,只有建立与西方同样的政体才算建立了现代国家,还有人仍然怀有所谓的"现代国家焦虑",继续激烈地谴责中国自己的文化和政体,但这些人的观点在中国已被边缘化。绝大多数的中国人对自己文化和国家的认同从来也没像今天这么强烈,中国现代国家的体制也从来没有像今天这样强大。

一个"文明型国家"的崛起

通过长达百年的不懈努力，我们已经建立了一个由上、中、下三层结构组成的强大的现代国家，形成了空前统一的政府、市场、经济、教育、国防、外交、金融、货币、税收体系。但我们国家又和一般国家不一样，我们"文明国家"的许多传统并未随着现代国家的建立而消失。恰恰相反，它们被保留了下来，而且在现代国家的载体中得到了更好发挥。

英国学者马丁·雅克（Matin Jacques）在2009年出版了一本颇有争议也很有影响的书，名字叫《当中国统治世界》（*When China Rules the World*）。尽管这个书名不太符合中国人的思维习惯和处世方式，但与其他学者不一样，他在书中对中国"文明国家"这个概念作了比较正面的阐述，应该说他已经基本摆脱了西方中心论的思维，值得我们肯定。他的一个主要观点是："世界上有许多种文明，比如西方文明，但中国是唯一的文明国家。中国人视国家为监护者、管理者和文明的化身，其职责是保护统一。中国国家的合法性深藏于中国的历史中。这完全不同于西方人眼里的国家。"他在书中也引用了我关于中国模式的观点,认为中国模式会对其他国家产生吸引力。他关于中国是"文明国家"的观点对我们更好地认识中国崛起以及中国与西方的关系有所裨益,也启发了我对"文明型国家"的部分论述。

但是马丁·雅克亦认为中国的"民族国家"和"文明国家"两种特性之间会有冲突,这种冲突"可能把中国拉向不同的方向"。他由此推断中国今后可能在东亚以某种形式复活自己历史上存在过的朝贡体系,以及中国人的种族优越感可能会导致对现有国际秩序的某种挑战。从这个角度看,他似乎还没有完全摆脱西方学者那种把"民族国家"与"文明国家"对立起来的思维方法。依我之见,今天的中国已经是一个把"民族国家"与"文明国家"融为一体的"文明型国家",是一个把"民族国家"和"文明国家"的长处结合起来的国家,这本身就是一个奇迹,体现了中华文明的巨大整合能力。

我认为,作为一个现代国家,中国接受了现代国家主权和人权的主要观念。中国不会恢复朝贡体系,也不会拥抱种族优越论。我还认为,中国首先是一个现代国家,而中华文明的种种特质又使它与众不同,这就是"文明型国家"与"文明国家"在概念上的差别。前者融"文明"与"(现代)国家"为一体,而后者中的"文明"和"(现代)国家"则常常是一个矛盾体。作为"文明型国家",中国从南到北,从东到西,从未像现在这样既古老又年轻,既传统又时尚,既中国又世界。一个古老文明,同时又具备了现代国家的品质，两者相辅相成、相得益彰，这就是今天的中国。中国"文明型国家"主要有八个特征。这八个特征又可以被简称为"四超"和"四特"。"四超"就是超大型的人口规模、超广阔的疆域国土、超悠久的历史传统、超深厚的文化积淀。"四特"主要由"四超"衍生而来，即独特的语言、独特的政治、独特的社会、独特的经济。这其中的每一点都包含了传统"文明"和"（现代）国家"的融合。

1. 超大型的人口规模

我们有世世代代生活在这片疆土上的占世界五分之一的人口。和欧洲相比，一个欧洲中等国家的人口也就是1 400万左右，所以中国的人口约等于100个欧洲中等国家之和。从历史的角度看，中国今天的人口规模也是在自己漫长历史中"百国之和"逐步整合而形成的。印度是世界人口第二大国，但印度历史上没有经历过中华民族这么长久的人口整合过程，其庞大的人口远远没有中国人这种高度的文化同质性（相同的价值观和生活方式），也远远没有中华民族这种凝聚力。印度历史上最长的统一时期是19世纪英国殖民统治时期，外来的英语也成了印度的主要官方语言，而今天真正掌握英语的人还不到印度总人口的10%。从这个角度看，印度不可能是一个"文明型国家"。

整个西方的人口占世界人口的14%，而中国人口占世界人口的20%。随着现代国家的建立，特别是现代教育体系的建立，受过教育和培训的人民是我们"文明型国家"的最大财富。这么巨大的人口都生活在一个经过充分整合的现代国家载体内，他们既受到传统文明的熏陶，又接受过现代教育，所以产生的规模效应世界上无人可比。中国发展模式的一个特点就是：学习＋创新＋巨大人口产生的规模效应＋影响中国和世界。中国的旅游、手机、互联网、高速铁路等行业的迅速发展，都体现了这种规模效应。许多境外企业投资中国都有一个口号，只要能在中国做到第一，就能做到世界第一。从更广的意义上看，由于人口效应，中国只要改变自己，往往就能改变世界。比方说，中国汽车产量和销量已经世界第一，随之出现的就是整个世界汽车工业开始了某种面向中国的转型。中国城市化速度和规模也是世界第一，随之而来的就是世界建筑设计业出现了某种面向中国的转型。这个趋势随着中国的崛起正在开始扩大到越来越多的领域，如旅游、航空、影视、体育、教育、新能源、现代化模式等。

2. 超广阔的疆域国土

中国幅员辽阔的疆土也是在漫长的历史中逐步"百国之和"而形成的。虽然俄罗斯和加拿大国土面积比中国还要大，但它们从未经历过"文明型国家"意义上的那种整合历程。原苏联曾尝试创造过"苏维埃民族"，但随着苏联的解体而化为乌有，以少数民族为主的各个共和国纷纷独立。如果不是普京上台扭转了亲西方势力主导的所谓"民主化"，俄罗斯还会不断地解体下去。

我们一些人比较羡慕小国寡民的生活，实际上大国有大国的难处，小国有小国的困难。小国经不起风浪，而大国遇到风浪，东方不亮西方亮，回旋余地大得多。新加坡驻联合国大使曾对我说，新加坡现在虽然比较发达，但新加坡总是如履薄冰，因为任何一场大的危机，比方说像"9·11"那样的恐怖主义袭击，就可能使整个新加坡毁于一旦。智利是相对发达的发展中国家，但2010年一场大地震，GDP就跌掉一大块，整个经济可能两年内都喘不过气，而中国即使遇到汶川大地震这么大的天灾，整个国家的经济纹丝不动。

辽阔的疆土也使中国获得了绝大多数国家难以比拟的地缘优势和战略纵深。强势政府的传统和现代国家的体制建设，使我们建立了强有力的中央政府和强大的国防能力，彻底解决了困扰中华民族百余年的"挨打"问题。由于可以在超大规模的国土内进行战略布局，我们今天可以实现西气东输、高铁"四纵四横"等人类历史上罕见的现代化工程，实现资源的优势支配。对于绝大多数国家来说，产业升级往往意味着产业迁移到外国，而中国在自己内部就可以进行大规模的产业梯度转移。一般制造业可以从发达板块转移到新兴板块，但仍然留在中国，这就延长了中国制造业的生命周期。我们的经济在发展过程中，中央和地方"两条腿走路"的做法、各级地方政府所发挥的巨大作用、县际竞争与合作等特点都与我们幅员辽阔、人口众多这个事实有关。

"文明型国家"所形成的地缘优势也使我们具有其他国家难以企及的地缘辐射力。中国过去三十年推动了沿边开发的战略，现在又与东盟建立了10+1自由贸易区，建立了中亚地区的上海合作组织，并推动中、日、韩之间的经济整合。中国已成为整个东亚经济发展的最大引擎，并通过东亚推动世界的发展，使中国迅速成为带动全球经济的重要动力。中国这种地缘优势是日本这样缺少地缘优势的经济大国所难以比拟的。

3. 超悠久的历史传统

五千年绵延不断的历史使中国在人类知识的所有领域几乎都形成了自己的知识体系和实践传统。我们在政治、哲学、宗教、语言、教育、艺术、音乐、戏剧、文学、建筑、军事、体育、医学、饮食等领域内都有博大精深、自成体系的东西。这种传统的丰富性、内源性、原创性和连续性都是其他民族难以望其项背的。

中国源远流长的独特传统资源使我们今天仍然受益匪浅。我们今天讲的"与时俱进"观念，源于数千年前《周易》中的"与时偕行"。我们今天使用的"和谐社会"概念源于《周易》里的"太和"概念。我们先人"摸着石头过河"的思想被用来引导我们的改革开放。我们说的"船到桥头自然直"，展现的是中国人"敢为天下先"的那种闯劲：船在河里航行可能不稳，因为有暗流，但到了桥头附近，水流一般会起变化，船就容易直行了，桥洞就可以穿过了。这些都是数千年文明智慧的积累，很大程度上也体现了中国人实践理性的哲学传承。

正在形成的中国模式和中国话语也是中国思想独立性和文明内源性的体现，这很像中医，西医能解释也好，不能解释也好，中国人信这个东西，因为它管用。如果西医不能解释中医治病的效果，就像西方理论解释不了中国模式的成功，这总体上不是中医不科学或者中国模式不科学的问题，而是西医和西方的理论还没有发展到足以解释中医效果和中国模式效果的水平。我们要做的不是削足适履，诋毁中医或中国模式以适应西方的理论，而是应该以中国人的成功实践为出发点，去修正西方的理论，去形成自己的理论。

同样，中医的实践也表明，一旦中医与西医较好地结合起来，其治疗效果往往好于单靠中医或西医，就像中国模式已经融入了大量的西方元素，这本身也体现了中华文明长于综合创新的特点。我们愿意学习别人的一切长处，但我们不放弃自己的优势。中华文明是一个主体文明，不是一个次生文明。日本作为一种次生文明在吸收西方文明的时候也能保持自己的许多历史传承，更何况中国呢?

4. 超深厚的文化积淀

数千年绵延不断的历史也为我们提供了世界上最博大精深的文化资源。勤劳智慧的中华民族在自己五千年的文明历史进程中，创造了气势恢宏、内涵丰富、绵延不断的文化成就。这是一种"百国之和"的文化荟萃。中国文化崇尚"天人合一"和整体主义。中国文化中，儒、道、释互补，儒、法、墨共存，表现出多元一体的思想格局。

中国文化的丰富性也意味着中国具有海纳百川的文化包容性，可以融多样为一体。中国光是方言就有上万种，北京人、广东人、上海人在许多生活习惯和思维方法上的差异不亚于英国人、法国人、德国人之间的差异，还有56个民族之间的差异，但这些差异都可以在中华文明"和而不同"的框架内，相辅相成、相得益彰。

随着中国的迅速崛起，中国文化也开始进入了前所未有的繁荣和复兴时代。这种繁荣和复兴的深度、广度和力度也只有一个文化资源如此丰富的国家才可能做到。中国人今天的孔子热、老子热、诵经热、书画热、茶道热、旧宅热、文物热、中医热、养生热等，都体现了中国传统文化的繁荣与复兴。过去三十多年的中西文化碰撞，不但没有使多数中国人丧失文化自信，反而促成了中国人新的文化自觉。这是一种国家全方位对外开放情况下形成的文化自觉，其意义非同凡响。

外国许多好东西与中国文化碰撞后，不仅没有削弱中国文化，而且把中国文化呈现得精彩万分。网游来自西方，但在网络世界里，三国、西游、水浒、封神、山海经、侠客传记都可以大显神通；中国历史、典章与人物都可以成为当代青年快乐资源的一部分。与外界的大规模文化互动激活了许多中国文化的意象和资源，激活了中国无数的文化创意产业，从Flash、视频、手机新功能到四格漫画、MV等新技术都是这样。

中国近年来影视产业发展迅速，各种作品令人目不暇接。中国五千年连绵不断的历史和无数荡气回肠的历史事件为中国影视产业提供了用之不尽的素材。截下任何一个历史断面，都可以开发出无数的题材和故事。我们的近、现代史也充满了跌宕起伏的故事。这些都是包括好莱坞在内的西方影视文化所难以企及的，所以中国电影人最终超越好莱坞应该不是梦，因为最大的文化资源在中国，最大的观众群体在中国，最大的投资群体最终也是在中国。

中国人本文化衍生出来的餐饮文化、养生文化、休闲文化也是其他文化所难以比拟的。中国菜肴之丰富就是一个例子。中国和法国都有丰富的饮食文化，但中国大的菜系有八个，其中任何一个菜系的丰富性都超过法国菜系。换言之，两者不是一个量级的：一个是国别"文化级"的，一个是"百国之和""文明级"的。中国任何地方的街头餐馆都能做出三四十种菜，而在美国绝大多数的餐馆只有汉堡包加土豆条，能有三四个菜就不错了。欧洲餐馆的菜肴要丰富一些，但也很少超过七八个品种。中国的餐饮文化比西方餐饮文化丰富至少十倍，其实，许多其他文化领域内的差异也类似。唯有一个"文明型国家"的崛起才会有这份精彩，中国文化事业百花齐放的时代已经到来。

5. 独特的语言

我们使用的是历史悠久、生生不息的汉语。汉语是中国源远流长的历史与文化的产物,同时也是把中国庞大的人口和辽阔的国土联系在一起的强大纽带。一个民族的语言文字是本民族文化的精神血脉,也是民族认同的利器。保持了汉语,就保持了中国文化的根。世界上许多发展中国家,在西方殖民化的过程中,失去了自己的语言,结果也就失去了自己文化的根,陷入了今天发展的困境甚至绝境:永远在那里邯郸学步,自己的传统早已丢了,而别人的东西怎么也学不会,结果整个国家就永远听人摆布,人民生活在动荡与贫困之中。

在现代国家的建设中,我们的汉语也与时俱进,从文体修辞到语法词汇,都吸收了大量外国元素。白话文、简化字和汉语拼音等语言方面的创新大大方便了汉语的学习和推广。汉语能够翻译世界上所有人文和科学的著作,能够与现代科技完全兼容,并正在展现出自己的独特优势,如西方语言难以达到的那种简洁度、极为丰富的形象感以及超深厚的文化底蕴。

汉字使中国人获得了取之不竭、用之不尽的文化资源。汉语是世界上使用人数最多的语言,其影响力将随着中国成为世界最大的贸易国、最大的经济体、最大的游客输出国而辐射到全世界。今天世界任何地方的人,只要懂汉语,就更容易谋取到一份工作,而遍布世界各国的"孔子学院"已经表明中国文字将随着中国的崛起而成为中国最大的软实力之一。

我们有些人总是担心中国人缺少宗教情怀。其实只要稍微熟悉一点世界历史的人就知道,人类历史上宗教冲突导致了无数的战争，光是基督教各个教派之间以及基督教与伊斯兰教之间的冲突就有上千年的历史，造成了无数生命遭杀戮的人间悲剧。这些冲突还在以各种不同的形式继续着。我们的老百姓不一定信教，但依我之见，中国人的文化和信仰就蕴藏在中国的文字中。一个中国人，只要学会了中文，能够听说读写，能够使用一二百个成语，中国文化的基本元素往往就融化在他的血液中了，他就学会了许多做人做事的道理，如与人为善、自食其力、勤俭持家、好学不倦、自强不息、同舟共济等。当你走遍世界的时候，你就知道中国文化中的这些基本信条是多么的珍贵。世界上多少民族的文化就是缺少这么一些基本信条，结果是暴力犯罪猖獗，发展毫无起色，一个接一个地成了扶不起的阿斗。我们要做的就是通过文字和文化教育，把这些中国传统价值激发出来，从而使我们的社会变得更加温馨和善。

6. 独特的政治

超大型的人口规模、超广阔的疆域国土、超悠久的历史传统、超深厚的文化积淀也意味着中国政治形态也是独特的，因为治理这样的"文明型国家"只能以自己的方法为主。中国历史上任何一个政府都必须处理好民生问题，解决好天灾人祸问题，应对好人口规模和疆土规模带来的特殊挑战，否则就要失去"天命"。在漫长的历史中，中国人也形成了自己独特的政治文化观。中国人目光比较远大，思维方式更注重整体效果。中国人历来把国家长治久安、国运昌盛放在一个极为突出的地位。很难想象多数中国人会接受每四五年换一个中央政权这种源于西方的所谓多党民主政治。中国历史上比较繁荣昌盛的朝代都与比较强势开明的政府联系在一起。

中国今天的政党也不是西方意义上的政党。中国执政党本质上是中国历史上统一的儒家执政集团传统的延续，而不是代表不同利益群体进行互相竞争的西方政党。"文明型国家"的最大特点是"百国之和"，这种国家如果采用西方多党竞争制度，极易陷入党争而四分五裂。辛亥革命后中国迅速失控，四分五裂，天下大乱，这是我们必须永远记取的深刻教训。西方不少人只认同多党竞争产生的政权合法性，这是十分浅薄的政治观念。我曾遇到美国学者质疑中国政权的合法性，我问他为什么不首先质疑一下他自己国家的合法性：你占了别人的土地，通过殖民、移民、灭绝印第安人，才形成了今天的美国。我请他给我解释这样的国家合法性和正当性在哪里？按照中国人的政治理念，按照国际法，侵略和种族灭绝是不能产生合法性的。最后他只能跟我说，这是历史，换言之，即使从他的角度来看，这也只是一种非常勉强的历史合法性，历史就是这么演变过来的。

纵观人类历史，最常见的合法性就是历史合法性。一个"文明型国家"数千年形成的政治理念和历史传承是最大的合法性来源。中国政权合法性形成的时候，今天西方的绝大多数国家尚不存在。这种历史合法性的最大特点就是"选贤任能"的政治传统和"民心向背"的治国理念，这是中国在数千年历史的绝大部分时间内都远远领先西方的关键所在，是中华民族政治智慧的体现，也是中国模式今天超越西方模式的核心竞争力之一。

我们倒是可以用中国"选贤任能"的理念来质疑西方政权合法性的来源：没有"选贤任能"的理念，一个政权怎么能有资格执政？这样的政权能对国民负责吗？能对世界负责吗？小布什执政八年给美国带来了经济衰退，给伊拉克带来了灭顶之灾，给世界带来了金融海啸，就是一个例子。

中国独特的政治还表现在它具有巨大的包容性。中国历史上的政治制度具有多元包容的特性。我们历史上有朝贡制度、藩属制度、将军都护府制度、改土归流制度、郡县制等，这种制度的多样性和包容性在西方现代"民族国家"的理念下是难以想象的，但在中国这个"文明型国家"中，各种制度可以相处得非常自然。中国可以实行"一国两制"和区域自治制度，现在内地已经和香港特区、澳门特区达成了更紧密的经贸关系安排，与台湾地区的经济合作框架协议也已生效。在改革开放的过程中，中国允许一部分地区先富裕起来，再来带动其他地方，这种思路在一般国家中是难以想象的，而在中国却形成了我们今天看到的1+1大于2的巨大效应。

中国政治文化中的"全国一盘棋""一方有难，八方支援"等理念，其他文化无法产生。我曾和印度学者一起探讨中国模式，他们说从表面看，中国是中央集权，但中国每一项改革实际上都有很强的地方特色，互相竞争又互相补充，所以中国体制要比印度的体制更有活力。长三角的上海、江苏、浙江的发展模式就很不一样：现代市场经济的三元结构——政府、市场、社会的作用因地而异，经济结构也差别很大。实际上整个中国都是如此，各个地方既竞争又合作，共同推动了中国奇迹的产生。

总之，我们学习了西方，已经建立了强大的现代政府体系，但同时又拥有自己独特的政治文化资源，两者的结合使我们更容易克服今天困扰西方民主制度的民粹主义、短视主义、法条主义等问题。随着时间的推移，我相信整个世界都会更多地看到中国政治智慧对人类未来可能产生的积极影响。

7. 独特的社会

中国传统社会是一个以家庭、家族、宗族纽带而形成的社会。它与我们的先民很早就开始从事定居农业有关，在这种农业活动中，血缘纽带发挥了重要的作用。相比之下，以游牧为主的西方民族很早就形成了以个人为中心的、血缘关系比较淡薄的社会。从这个意义上看，中国社会与西方社会属于不同质的社会。中国社会的最大特点是以家庭为基础及其衍生出来的一整套关系和生活方式，而西方社会是以个人为基础而形成的一整套关系和生活方式。长达数千年的中国家庭伦理还衍生出"舍己为家"和"保家卫国"这种"家国同构"的社会传统。"修身、齐家、治国、平天下"的信念又把个人追求与社会目的统一了起来：由个人而家庭，由家庭而社会，由社会而国家，由国家而天下。在中国现代国家形成过程的百年中，这种价值观又转化为强烈的民族认同感和国家凝聚力。

随着中国现代化的巨变，中国社会的深层结构出现了前所未有的变化。过去那种自然经济、社会流动性极低的社会已被一个高速发展、社会流动性极强的社会取而代之。过去三十多年中，中国人的生活方式发生了翻天覆地的变化。中国社会已经完成了一个从封闭的农业社会向开放的工业和商业社会转化的进程，并和西方同步地转向信息社会。在这个过程中，普通老百姓的每一个细胞都被调动起来了，要发展、要挣钱、要自我实现，整个社会充满了活力，充满了机会。不过在这样一个快速变革的时候，也产生了各种社会矛盾和价值失落，这很像一个处在青春期的少年，生机勃勃、充满希望的同时，又带有青春期的风险和问题。但从历史发展的长期合理性角度来看，这恐怕是任何一个社会走向现代化的必经阶段。

在这种现代化大潮的冲击下，很多人以为西方个人为中心的社会价值观将取代中国家庭为中心的社会价值观，中国也会走向西方的那种社会与国家对峙的局面。事实并非如此，现代化带来了许多中国传统价值的失落，但同时又带来了人们对回归传统价值的向往，而且是在一个全新基础之上的回归向往。一首《常回家看看》瞬间唱遍中国大江南北就说明了这个事实：中国人和中国社会深层次的结构仍然是家庭。孝敬父母对绝大多数人仍然是天经地义的事，毕竟三千多年前的甲骨文中"孝"字的写法延续至今。在今天的中国，个人的权利和自由已经比过去扩大了无数倍，但个人仍然愿意为家庭利益牺牲很多东西，这在以个人为中心的西方社会是很难想象的。这也是中国社会的凝聚力远远大于西方社会的重要原因之一。从中国的情况来看，孝敬文化今天完全可以和个人权利并存，丝毫也不落伍。

在政治层面，西方许多人也想当然地认为随着中国中产阶层的壮大，中国也会接受西方对抗性政治模式。但他们今天也发现，今天的中国中产阶层似乎比其他任何阶层都更珍惜中国的政治稳定。中国中产阶层大都受过良好的教育，了解中国历史上经历过太多的动乱，了解西方"民主化"已经给许多国家带来混乱动荡，了解自己辛辛苦苦的财富积累得益于中国三十多年的政治稳定。中国社会数千年的文化基因看来大致决定了中国社会未来演变的大趋势：它不会是西方所希望的"社会与国家"对峙冲突模式，而更可能是"社会与国家"的互动互补模式。这个模式也能使中国社会比西方社会更具凝聚力、竞争力与亲和力。

8. 独特的经济

中国传统意义上的经济学，严格讲不是"市场经济学"，而是"人本经济学"，或者说是一种中国人特有的"政治经济学"，其最大特点是把经济与国计民生联系在一起，与治国安邦联系在一起。多数中国人理解的经济学就是"经世济民"，经济发展是为了百姓福祉，不是资本利润第一。因为有这种民本的思想，我们今天发展经济的口号是"以人为本"和"让老百姓满意"。在中国漫长的历史上，一个政府如果不能发展经济和改善民生，不能处理好大灾大难，就会失去民心的支持，失去"天命"，最终被人民推翻。我们今天的"社会主义市场经济"本质上是西方"市场经济学"和中国传统"人本经济学"在新的历史条件下的结合。光讲市场经济，不讲人本经济，在中国恐怕行不通。反过来也一样，光讲人本经济，不讲市场经济，中国就竞争不过西方。把"市场经济学"和"人本经济学"有机地结合在一起就是今天的中国模式，其激发出来的力量看来超过了西方市场经济模式。

中国传统经济中，一直比较重视"看得见的手"。中国国有部门的作用可以追溯到西汉的"盐铁官营"，甚至更早。后来的洋务运动也是政府推动的。从中国市场导向的改革过程来看，如果没有一个强势政府来进行推动和组织，单靠市场的自发作用，那么市场经济的形成必将是一个漫长而艰难的过程。中国政府在整个市场导向的经济改革中发挥了主导作用。

通过三十多年的改革开放，中国已经形成了自己的"社会主义市场经济"。我们把"数目字管理"和"宏观整合力"结合了起来，从而使中国经济变得很有竞争力。"数目字管理"对于一个现代国家必不可少，但是从全球化发展的趋势来看，"宏观整合力"也非常重要。"数目字管理"是西方擅长的，中国已经大致学会了，不少方面比西方做得更好，而"宏观整合力"是中国擅长的，西方大多数人还没有意识到要学。即使要学，在西方那种个人主义的文化传统里恐怕也很难做到。而我个人认为，在今天这个全球化日益深入和全球性危机日益增多的世界上，仅仅具备"数目字管理"而不具备"宏观整合力"的国家将竞争不过两者兼具的国家。关于中国独特的经济，我下一章探讨中国模式时还会进一步阐述。

总之，中国本身就是一个精彩万分的大世界。如前所述，如果历史上的古埃及文明、古两河流域文明、古印度文明、古希腊文明都能够延续至今，并实现现代国家的转型，那么它们今天也可能是"文明型国家"；如果当初古罗马帝国没有四分五裂，并能完成现代国家的转型，那么欧洲也可能是一个相当规模的"文明型国家"；如果今天数十个国家组成的伊斯兰世界，能完成传统与现代的结合，并整合成一个统一的国家而崛起，那么也可能是一个十亿人口规模的"文明型国家"。但环顾今日之世界，数千年古老文明与现代国家形态几乎完全重合的国家只有一个，那就是中国。

坦率地说，一个五千年绵延不断的文明本身就是人类历史上一份最伟大的物质和非物质文化遗产，我们对此首先要心怀敬意。中华文明是世界上唯一的活着的古老文明，虽然古老，但至今根深叶茂、生机勃勃。它今天所展现出来的一切，绝对不是"先进"和"落后"、"民主"和"专制"、"高人权"和"低人权"这些过分简约甚至简陋的概念可以概括的。中华文明的内涵要比这些概念丰富一千倍、一万倍。凡是能够持续数千年而香火不断的东西，一定有其独特的地方，乃至伟大的智慧，我们切忌简单地拿西方所谓现代性的标准来随意否定自己的文明，而是要像对待一切珍贵的物质和非物质文化遗产那样，认真地呵护，理性地分析，看看它们已经给我们带来了多少成就与辉煌，看看它们还能给我们中国和世界带来什么特殊的意义，其中很多内容可以通过继承发扬和推陈出新而成为我们超越西方模式的最大精神和智力资源。

中国这么一个古老的文明今天以一个现代国家的形态迅速崛起，在人类历史上是绝无仅有的。这种"文明型国家"既是一个国家，又是"百国之和"。作为一个国家，它有世界上最难得的民族凝聚力和宏观整合力，作为"百国之和"，它有世界上最罕见的内部差异性和复杂性，但作为一个历史绵延不断的统一国家，这些差异最终又能"和而不同"地共存，良性互动，相得益彰，造福国人，惠及世界。

新的视角

　　"文明型国家"为我们分析中国和世界提供了一个全新的视角。"文明型国家"意味着中国是一种特别类型的国家。中国更像一个数百名乐手组成的超大型交响乐团，而世界上多数国家则更像一个小号手、小提琴手或者一个室内管弦乐队。人数不同，乐器不同，曲目不同，传承不同，指挥自然也不同，所以中国国家的治理方式也与众不同。中国国家治理的主要方式只能源于自己的文化和历史。

　　在中国模式的指导下，中国"文明型国家"的四大特征——人口、地域、传统、文化都成了我们崛起的最大优势：我们有世界最充沛的人力资源和世界最大的潜在市场，我们有其他国家难以比拟的地缘优势，我们有自己悠久的历史传承和独立的思想体系，我们有取之不尽、用之不竭的文化资源。但是如果我们像一些人所希望的那样，放弃中国模式，转而采用西方模式，那么我们"文明型国家"的最大优势可能很快就变为我们的最大劣势："百国之和"变成"百国之异"，强调和谐的政治变成强调对抗的政治。我们"百国之和"的人口将成为中国混乱动荡的温床,我们"百国之和"的疆土将成为四分五裂的沃土;我们"百国之和"的传统将成为无数纷争和对抗的借口;我们"百国之和"的文化将成为不同文化族群大规模冲突的根源。中华民族崛起的梦想将被彻底断送。

由于"文明型国家"的特性,我们治理自己的国家绝不能套用西方的观念,我们只能采取拿来主义,用中国人的眼光来取舍,任何时候都不要失去自我,不要失去自己的优势。比方说,西方主流观点认为市场经济一定是土地私有化为基础的社会,但中国人多地少,土地问题处理不当就会导致经济和社会危机。中国今天的土地制度结合了土地公有制和个人土地使用权,实践证明这是一个伟大的创新,是中国模式的一种核心竞争力。如果没有这种独特的土地制度,中国怎么可能在这么短的时间内,建设了世界一流的基础设施?怎么可能进行这么大规模的城市改造?怎么可能使中国人的住房自有率名列世界前茅?当然,这个制度也有自己的问题,需要不断改进,但总体前途看好,放弃它将是愚蠢的。

在广义和狭义上,中国和西方都可以在许多方面互相交流、学习和借鉴。中国数十年来也一直在这样做,受益匪浅。但是在深义上,真正民族性的东西是无法改变的,也是不能改变的,因为它是长时间在特殊历史条件下形成的东西,是一个民族精神的载体,是一个民族之所以构成一个民族的关键所在。如果有人硬要改变，最后一定以失败告终。

一个民族的政治传统更要沿着自己的内在逻辑逐步演变。政治浪漫主义代价极高，甚至可能葬送一个民族的伟大前程。其实，连历史远远短于中国的英国，数百年来都一直坚持自己政治传统的渐进演变，从未接受过席卷欧洲的法国民主模式。依我之见，不要说中国，即使是人口只有中国三分之一的欧盟也无法按照欧洲"民主国家"的政治模式来治理，也就是说无法实行多党制和民众直选欧盟首脑。如果欧盟这样做的话，欧盟轻则沦为一个无所作为的象征性的政治机构，丧失整合欧洲不同利益的权威和能力，重则导致整个欧盟分裂解体，尽管欧洲还是西方民主体制的发源地。

"文明型国家"的最大智慧是"求同"。这种智慧首先体现在我们的文字中：凡是与水有关的东西，我们就加上"三点水"，如江、河、湖、海、洋；凡是与金属有关的东西，我们就加上"金"字偏旁，如银、铜、铁、锡。对于所有不同的东西，我们都力求发现它们之间的共同之处。而西方文化的最大特征是"求异"，每一样东西，都要专门创造一个词来进行表述，所以阅读西方的报刊一般需要两万个词汇，而阅读中文报刊，掌握了两三千个词汇就可以，但这两三千个词汇可以形成千变万化的组合，使中文成为世界上表达能力最丰富的语言之一。"文明型国家"的治理也是一个道理。沿着中国文化"求同"的思路来处理中国面临的各种矛盾，效果就会比较好，国家就有希望，无论是地区间的矛盾，还是企业间的矛盾，还是官民矛盾，还是劳资双方的矛盾，只要把重点放在寻求各方的共同利益，效果一定比较好，因为中国人有"求同"的文化基因。反之，如果放弃自己的传统，转而采用西方"求异"模式，则可能造成冲突、混乱和动荡，甚至内战。西方推动的"民主化"给许多国家带来的动乱和战争就说明了这一点。

"文明型国家"也可以促使我们反思许多今天习以为常的观念。比方说，用人均GDP来比较不同国家的发展水平。实际上作为不同质的国家，这种简约化的比较是靠不住的。一个数百名乐手组成的超大型交响乐团和一个小号手、一个小提琴手或一个室内管弦乐队怎么进行比较？如果硬要比较，恐怕先要在质和量方面作一个规范。按照名义人均GDP进行比较，瑞士比中国高很多，但中国至少有上千种瑞士没有的产业。瑞士这个小提琴手再好，也不能产生中国这个交响乐团给人带来的震撼。如果一定要把两者进行比较，恐怕更为合适的方法是把中国这个交响乐团中的小提琴手请出来和瑞士这个小提琴手比较一下。比方说，把800万人口的苏州与700万人的瑞士比一比，这样的比较才更有意义，更容易使人找到感觉。毕竟连举重比赛都不允许重量级和轻量级互相换位的，更何况比举重比赛复杂一万倍的国与国之间的比较呢？

中国实在是太大了，我们的经济空间、社会空间、政治空间、文化空间、地理空间与绝大多数国家的差别都太大了。如前所说，中国的人口是美国的四倍多，理论上，中国的各种问题比美国多四倍也应属于合理范围。其实美国的问题不少于中国,一个例子就是美国监狱囚犯总数超过中国,尽管美国人口少于中国的四分之一。中国发达板块与美国的可比性很大,前面谈到的上海超越纽约就是这样的比较,中美两国居民家庭净资产的比较也属这一类比较。

再比方说,有人用出境人次的统计来反映生活水平的变化。2009 年,中国出境人次是 6 000 万,这已经是个了不起的成就,但中国是个"文明型国家",一国等于"百国之和",你跨省旅游的距离和费用就超过中小国家的跨国旅游。你从奥地利经过斯洛伐克到匈牙利、到捷克,大概就等于上海到南京,中间在苏州、无锡下来走走。如果要用出境人次来反映生活水平的变化,那你至少要把中国国内坐飞机和坐高速火车的人数都算进去,才能作出更为准确的判断。韩国 2009 年的出境人次为 3 000 万,但韩国国土面积狭小,一上飞机就出国了,所以出国更为频繁。从表面看,中国出境人次只是韩国的两倍,而实际上中国具有出境实力的人是韩国的许多倍。

同样,当你把西方国家不再作为单个国家来看,而是作为另一种文明的组成部分来看时,你便获得了一个更宽广的历史感、文化感和现实感,从而也能更准确地把握这个文明与生俱来的长处和短处,更好地了解如何与之打交道,并可以大大增加自己的民族自信心。你可以比较西方文明和中华文明演化的不同历史特征,比较西方国家崛起与中国崛起的路径和代价。比方说,你会发现西方文明的崛起过程不仅仅是一个工业化、城市化、全球化、民主化的过程，而且也是一个奴隶制、殖民主义、种族灭绝、法西斯主义、世界大战爆发、以强凌弱、从全世界贪婪吸金的过程。你会发现信奉西方政治文明的国家中既有像芬兰这样腐败比较少的北欧国家，也有腐败十分严重的希腊和黑社会势力超强的意大利，更有一大批陷入饥荒战乱的第三世界"民主国家"。你还可以发现中西方文明此长彼消的长期趋势：我们曾领先西方上千年，但从17世纪开始我们又落后于西方，现在我们又开始赶上并在不少方面超越西方。

中华文明是世界上唯一没有中断的文明，中华文明似乎可以把西方文明的绝大多数内容全部吸收过来丰富自己，但绝不放弃自己，就像印度佛教变成了中国佛教、马克思主义也中国化了一样。中国涌现了全世界前所未见的英语学习潮，出现了前所未见的出国留学潮，也成为世界上引进外资最多的发展中国家。中国发行量最大的报纸是以翻译海外新闻评论为主的《参考消息》，中国每年出版物的20%是翻译作品。麦当劳在世界各地都遇到抗议，但在中国却得到鼓励。好莱坞电影《阿凡达》广受中国人喜欢。但中国人的目标似乎一直很清楚，凡是好的东西我都想学，然后力争在学习的基础上进行创新和超越，尽管这些努力并不一定都能成功，但这种努力从不会中断。在某种意义上，我们甚至可以说：过去三十多年的改革开放就是把整个中华文明推入国际大竞争，看一看中华文明能不能站住脚。结果发现，中华文明不但站住了脚，经受了考验，我们文明的很多内容还被迅速激活。我们通过取长补短、兼容并蓄，促使中国成了世界上进步最快、活力最大的国家，并开始深刻地影响整个世界的未来走向。

重新认识中国

　　与西方相比，中华文明有"三人行，必有我师"的传统。西方没有这种传统，而更多的是"三人行，我必为师"的传统，但随着中国的迅速崛起，谈论重新认识中国、甚至向中国学习的观点开始多了起来。2009年1月18日，诺贝尔和平奖获得者、芬兰前总统马尔蒂·阿赫蒂萨里（Martti Ahtisaari）在布鲁塞尔主持了一场非洲危机治理的研讨会，提出帮助非洲要有新思维。他的机构邀请我去讲解中国发展模式。我讲完后，阿赫蒂萨里说我讲的内容给这个会议带来了一些"震动"。当天晚上，芬兰驻欧盟大使为与会者举行了一场小型的工作晚宴。阿赫蒂萨里作了个单刀直入的发言，他说："非洲很多问题的解决，需要新思路。我想了一下张教授今天下午讲话的内容。我觉得中国的政治体制也许可以这样来概括：中共的政治局就像一个董事会，总书记就像是董事长，总理就像CEO，中国治理国家的方法很像治理一个公司的方法。"他随即让我作个回应。我说："我们确实思考过这个问题，那就是为什么没有一个公司通过一人一票选CEO，因为这样做的话，公司就要破产。所以政治体制的设计一定要考虑国家的治理。民主的核心是体现人民的意志，实现国家的良好政治治理，而不是为民主而民主，为选举而选举。"

坐在我边上的英国资深战略学者罗伯特·库珀（Robert G. Cooper）有点不以为然，问我："难道中国不接受林肯提出的'民有、民治、民享'原则吗？"我说："我们很重视这些原则，但我们还有自己的政治文化传承，这种传承的一个核心是'民心'的理念，即'得民心者得天下'；另一个核心是'选贤任能'的理念，即治理国家必须靠人才。"阿赫蒂萨里接着说："我多次访问过中国，而且也告诉我见到的朋友：中国是个历史悠久的文明国度，中国与苏联是不一样的国家。中国人做起事情来有自己的思路和方法，我们要善于汲取中国人的智慧。"在场的埃及前驻美大使哈加格说："我年轻的时候曾在开罗见到过来访的周恩来总理。他当时对埃及领导人提出的忠告，我今天都记忆犹新。"来自中非共和国的资深学者萨瓦纳说："我也认为治理国家关键是要有优秀的领导人，而我们最大的问题就是没有优秀的领导人。我们国家有个笑话说：中非的自然资源非常丰富，引来了所有邻国的妒忌。他们就去问上帝：为什么您创造世界的时候把最好的东西都给了中非？没想到上帝是这样回答的：你们不用担心，我虽然给了他们资源，但没有给他们好的领导人。"大家都笑了。一场晚宴就这样你一句我一句地成了一场探讨重新认识中国的朋友聚会。

随着中国的崛起，海外关于如何认识中国的文章也越来越多。

2009年11月13日的美国《时代周刊》发表了一篇谈美国向中国学习的文章。文章说"拥有五千年历史的古老中国在经济危机中仍然保持活力，而'年轻'的美国却显得年迈虚弱，经济陷入不景气的泥淖中"，并提到了今天的中国有五个方面值得美国学习。这五个方面是：

1. 明确大的发展目标，以举国之力投资基础设施建设。文章指出"美国政府财政方面已接近破产，今年的预算赤字超过一万亿美元"。美国"显得缺乏远见，没有向未来投资的长远战略……而且即使美国想搞基础设施建设，也会遭到反对"。文章引用美国驻华商会前会长麦健陆（James McGregor）的话："我们可以从中国学到的重要一点就是确定目标、制订计划并动员全部力量来推动国家发展。"

2. 投资教育，注重人才的战略性培养。虽然中国应试教育问题严重，产生领军人才和创新人才的机制不畅，但这篇文章注意到中国整体劳动力基础教育的迅速发展，以及对数学和科学教育的重视。文章称："我们也需要这样做。中国的小孩已经走在我们子女的前面。"

3. 尊老养老的文化使得中国社会有很强的凝聚力。中国文化中"父母培养子女，子女反过来照顾年迈父母的模式千百年来一直在持续，已经变成一个文化传统"。文章提到，这种传统给中国社会带来许多好处：老年人帮忙带孩子，孩子长大了也照顾父母，使中国的家庭和社会更有凝聚力和亲和力。文章指出：美国是个人主义社会，老人很孤独，美国疗养院系统现在不堪重负。

4. 健康的储蓄习惯。文章提出美国人应学习中国人的储蓄习惯。金融危机其实已经开始改变美国居民的储蓄习惯。美国家庭储蓄率已从0提高到了4%左右，而中国的相应比率则超过20%。文章认为个人财务稳健使中国国家银行体系拥有更雄厚的财力，可以确保国家建设所需要的大量资金，而资金可以创造就业机会。

5. 民众通过自己的努力改变自己命运。文章感叹中国改革开放三十年改变了无数普通人的命运，从农家孩子到软件工程师，从一贫如洗到千万富翁的例子比比皆是。

细看这五个方面，其实都是中国"文明型国家"的特征：举国之力实现大目标的背后是我们强势政府的传统；注重教育是中国儒家的核心思想；尊老爱幼是中国孝敬文化的延续；储蓄习惯反映了中国人勤俭持家的生活方式；努力改变自己命运更是中国人"天行健，君子以自强不息"精神的体现，也涵盖了中国举贤才不分高低贵贱的儒家传统。

美国《纽约时报》专栏作家罗杰·科恩（Roger Cohen）也于2010年1月21日发表了一篇题为"一党民主制度"的文章，谈到他不再嘲笑"一党民主制度"。他认为这有几个原因：一是中国人有很强的家庭观念。在中国，"你能看到祖父母和孩子们之间那种最自然的关系；你能听到在沿海城市工厂里的年轻女工在谈论把她们一半的薪水寄回家里，也许在四川农村的父母正等着这些钱给盖第二层楼呢"。他承认自己受到了震动："我的钱也是我家里的钱，这个概念对我很新鲜。在目睹了美国社会原子般的分化之后，我感觉中国人是凝聚在一起的，因为在美国老人通常会被子女'遗弃'而不得不自己照顾自己。"二是中国今天能专心致志地做事，能不分心地做大事。三是中国的经济前景灿烂。中国的城市化才开始不久，"中国计划在未来5年新建97座机场和83个地铁系统"。四是"一党民主制度"看似很矛盾，但看到中国今天的成绩，"我不会再嘲笑这个理念了，'和而不同'毕竟是中国的一个古老思想，无数个中国家庭每天都在实践这个思想"。他还说其实美国两党竞选在初选阶段也是一种"一党民主制度"。

2009年12月美国总统奥巴马来华访问，英国《金融时报》发表了一篇很有意思的评论，标题是"低调的超级大国"，文章说：

美国总统行程安排有一个巧合之处，在与中国国家主席胡锦涛3个小时的会面结束后，美国总统巴拉克·奥巴马被安排参观北京故宫，在其参观北京故宫的同时，捷克居民正在庆祝开启天鹅绒革命（Velvet Revolution）的学生抗议二十周年。如果说1989年柏林墙的倒塌与东欧共产党统治的瓦解，迎来了一个无与伦比的美国主宰时代的话，那么二十年后奥巴马的首次访华，可以说标志着又一场一代人的全球强权政治革命。此时此刻，一切都变得毋庸置疑：全球正转向一个真正的多极世界。十年后，让历史学家感兴趣的，将是此次行程的实质内容，而非基调。奥巴马实际上邀请中国政府成立一个两国委员会，借此推动双方在应对全球最重大问题方面形成共同立场。没有其他任何国家接到这种邀请，也不太可能得到这种待遇。上周在北京，奥巴马正式承认，在当今世界，没有中国的帮助，美国能办到的事情相当有限。

为什么没有中国的帮助，美国能办到的事情相当有限？这是因为中国经济和综合实力的迅速增长及其产生的全球影响。今天亚洲国家的最大贸易伙伴都是中国；日本和韩国走出经济衰退主要靠中国市场的拉动；中国还迅速取代了美国成为拉美主要国家（巴西、智利等）的最大贸易伙伴，进而也带动了拉美经济的发展。2008—2009年拉美与其他地区的贸易量纷纷下跌，唯有与中国的贸易额迅速增长。中国在非洲的贸易和投资都在飙升。2010年外向型经济的德国开始成为带领欧洲复苏的火车头，但这期间，中国成了德国产品的最大进口国，促进了德国经济的率先复苏。一个"文明型国家"的影响力将是全方位的：经济、政治、外交、文化、军事等无所不包。西方正在重新认知中国，但这个过程才刚刚开始。我们也希望这种新认知越多越好，越客观越好，我们也鼓励西方的这种努力，但我们亦了解西方的局限，所以也不抱太多的幻想。西方能理解中国固然好，若还是秉持偏见，那也没办法。中国还会继续走自己的路，走向更大的辉煌，一个"文明型国家"可以有这份自信。

第四章

一种发展模式的崛起

危机带来的思考

中国崛起的背后是自己独特的发展模式。从"文明型国家"的角度来看，我们可以说东亚国家和地区都曾受到了中华文明，特别是儒家文明的辐射（我们甚至可以用"儒家文明圈"或"筷子文化圈"来形容东亚的这些国家和地区）。中国发展模式自然与"东亚模式"在很多方面一脉相承，也可以说是"东亚模式"的一种独特的延伸。所谓"东亚模式"主要指的是亚洲"四小龙"在相似的历史、文化背景下，采取了具有现代化导向的政府干预，实行赶超战略，尽管也存有不少问题，但这些社会大致实现了经济和社会的现代化。2008年起源于美国的金融海啸又给了我们一个机会来重新审视"东亚模式""中国模式"及其相关的一些问题。与"四小龙"相比，中国也实现了现代化事业的起飞，同时还完成了由计划经济向社会主义市场经济的深刻转变。中国是一个13亿人口的世界性大国，所以中国崛起的模式自然具有"四小龙"无法比拟的规模效应，对整个世界的影响也将更为深广和久远。

　　"东亚模式"曾因1997年亚洲金融危机爆发而备受争议，这种争议也包含了对"中国模式"的批评，因为该危机使泰国、韩国、印度尼西亚、马来西亚等国遭受重创。在分析亚洲金融危机的原因时，不少人都把重点放在"权贵资本主义"上，即政府过多地主导经济引起了利益集团与政客勾结，造成信贷膨胀、钱权交易和泡沫经济。但我认为有必要作一个区分：上述国家中，除了韩国外，其他国家都不属于严格意义上的"东亚模式"。他们试图学习"东亚模式"，但没有实现质的飞跃，其政府干预的前瞻性、连贯性和科学性等方面远逊于"四小龙"，后来又茫然跟进美国金融自由化的主张，加上权贵经济等因素，使这些国家最后深受危机之害。但当时很多东亚的学者也指出：亚洲金融危机的主要原因并非"权贵资本主义"，而是"赌场资本主义"（casino capitalism），即缺乏监管的国际金融市场使美国和西方的金融炒家可以兴风作浪，大发横财。现在回头一看，如果当时美国金融监管部门能听取这些忠告，今天美国的金融海啸也许可以避免。

　　"四小龙"中受1997年危机影响最大的是韩国。韩国的政府干预型发展模式可以追溯到1960年代，当时韩国的银行成了政府经济政策的影子，金融机构按照政府官员的"明言"或"暗示"贷款给和政府关系密切的大公司，但韩国银行资金的滥放似乎与1987年开始的民主化成正比，随韩国民主化而来的是经济民族主义的迅速抬头，政府盲目扩大对韩国企业的投资，1990年代初又实行了资本市场自由化，政客们忙于党争，经济监管严重失控，使得韩国成了危机的重灾区。

但即使这样，韩国在1997年危机之前已通过"东亚模式"实现了经济上的质的飞跃，韩国和坦桑尼亚的发展轨迹可以说明这一点：五十年前，坦桑尼亚的人均收入还略高于韩国，但现在两个国家有天壤之别。韩国可以算是一个中等程度的发达国家，而坦桑尼亚还是一个典型的发展中国家。换言之，"东亚模式"虽然有其弱点，也遇到过挑战和危机，但是在提高人民生活水平、实现经济和社会现代化方面，战后其他发展模式与其还无法相比，"东亚模式"的历史地位也因此而得以确立。

1997年亚洲金融危机爆发后，美国和西方一些主流学者试图全面否定"东亚模式"，进而也否定"中国模式"。美国主流观点当时替亚洲国家开了两个药方。一是推动全面市场化，反对政府干预拯救经济（与美国现在自己的做法截然相反）；二是推动全面民主化，以解决"权贵资本主义"问题，诺贝尔经济学奖得主阿玛蒂亚·森（Amartya Sen）甚至说：这场危机"是对不实行民主国家的一系列惩罚"。

具有讽刺意味的是，今天比亚洲金融危机严重无数倍的金融海啸竟起源于美国这么一个"民主典范"国家，而且美国这么"优越"的民主制度竟然对危机的爆发毫无察觉，对危机处理不当之处也比比皆是，真不知道阿玛蒂亚·森先生现在该怎么解释这一切。依我之见，美式民主体制中资本力量影响过大就是这次危机的主因之一。我甚至可以套用阿玛蒂亚·森的句式这样说：这场危机是对信奉市场原教旨主义和民主原教旨主义者的一系列惩罚。实际上，市场与民主都是人类文明的产物，所有国家都可以结合自己的国情加以采用，但一旦某些人把某种特定的民主模式和市场制度推向了唯一和极端，这就与宗教原教旨主义无异，其信徒会失去理性，结局自然不好。今天世界上很多问题，从美国的金融危机到小布什"大中东民主计划"的惨败，其深层原因都在于此。

有意思的是，亚洲"四小龙"中的韩国和台湾地区，在采用"东亚模式"实现了经济起飞之后，转而采用美式民主模式，结果却令人跌破眼镜。2009年的亚洲政经风险顾问公司的报告认为台湾地区的腐败程度高于大陆，虽然台湾地区有人不服这个排名，但台湾地区"民主化"之后，黑道和金钱大规模介入政治，民主制度迅速市场化是不争的事实。马英九现在力求通过与大陆的经贸合作来扭转台湾地区经济下滑的颓势，这是一个正确的选择，否则台湾地区经济无路可走。韩国"民主化"之后的许多问题也与台湾地区类似，还不幸地成为1997年和2008年金融危机的重灾区。韩国今天主要是靠中国经济的带动才走出危机的。

"权贵经济"问题不容忽视，需要我们认真解决，特别要注意从制度上来解决。但这次金融危机也使我们看到美式金融腐败对美国本身和整个世界造成的祸害。美式金融腐败可被看作是"第二代腐败"的典型。如果说第一代腐败指的是那种"回扣""走私""红包"之类的"不文明"的腐败现象，那么第二代腐败则比较隐蔽、比较"文明"、比较道貌岸然。它与第一代腐败的关系有点像现代武器和传统武器的关系："不文明"的腐败，像传统武器，用大刀砍人，鲜血淋淋，给人感觉很野蛮；而"文明"的腐败，很像高科技战争中使用的现代兵器，展示在电视荧幕上的只是一个坐标和几个闪烁的亮点，很文明的精准打击，使不在战场的人会忘记这些亮点下现代武器对生命的摧残力其实超过了传统武器。

"第二代腐败"有几个特点。一是高欺诈性。华尔街投资银行竭尽想象力，操纵金融杠杆包装各种衍生金融产品，推出各种奇异的"创新组合"的"金融魔术"产品，只要产品可以上市并能骗来超额分红就好。二是美式的政商勾结，钱权交易。最典型的例子就是像"两房"这样的大公司可以砸重金"游说"美国国会议员，以获得"游戏规则"上的好处，而议员则可以打着推动"居者有其屋"的旗号而获得更多的选票和其他好处。三是大规模的监管套利（regulatory arbitrage）。监管系统和信用评估系统都成了可以发金融财的地方，许多金融机构的舞弊行为被"选择性忽略"，无数的劣质金融产品被评为了3A级金融产品，再推销给各国投资者，结果祸害全世界。四是钻法律上的一切空子，利用可以利用的一切法律灰色领域来牟取暴利，损害公众的利益。光是那些逃避法律责任的诡诈营销手段就使多少受害者倾家荡产，却又欲哭无泪，因为他们都在自己也看不懂的"金融魔术"合同上签过字（这也说明，我们千万不要低估法条主义可能造成的危害）。五是支撑这一切的"利润归自己，代价归社会"的贪婪理念。

美国布鲁金斯学院学者丹尼尔·考夫曼（Daniel Kaufmann）对这一类腐败作了研究，当他把政治献金、金钱游说等因素也包括进去，对世界102个国家的腐败情况重新进行排名，结果发现美国不是"低腐败"国家，而是排在第53位的比较严重的腐败国家。如果从金融腐败本身及其给全世界带来的灾难性后果来看，美国金融腐败可以稳拿"金牌"。美国家庭中位净资产也因此而缩水了25%，跌到了2004年的9.3万美元的水平，这已经低于中国发达板块的多数家庭的净资产。正是这种有诸多缺陷的体制使美国公众对美国的体制产生了信心危机。根据美国芝加哥大学最新的"普遍社会调查"（General Social Survey），美国人中对体制"很有信心"者原来就不高，现在则一路走低：

	2000	2008
1.对政府行政主管部门"很有信心"者	14%	11%
2.对国会"很有信心"者	13%	11%
3.对银行"很有信心"者	30%	19%
4.对大公司"很有信心"者	30%	16%

（资料来源：2009年3月28日《经济学人》）

美国诺贝尔经济学奖得主保罗·克鲁格曼（Paul R. Krugman）2009年12月28日在《纽约时报》上也撰文指出："1999年的时候，

美国决策层几乎都认为美国有诚实的公司会计，这使得投资者可以作出正确的决定，并迫使管理人员采取负责任的行为，结果形成一个稳定的、运转良好的金融体系。所有这一切有多少是真实的呢？真实占多大的百分比呢？结果是零。"克鲁格曼感叹这种自欺欺人的盲目自信使美国过去十年的"就业增长为零，百姓收入增长为零，股市增长为零"。

国内一些学者喜欢谈论经济和政治的"转轨"，而其中一些人心中"转轨"的参照系就是美国的经济和政治制度。但美国的金融海啸以及美国公众对自己体制的信心危机说明：美国体制本身的改革任重道远。有些人把美国的制度吹得天花乱坠，还要中国去效仿这种公众信任度如此之低的体制，这何以服人？中国体制有自己的缺点，但一直在进行改革。正因如此，走遍中华人民共和国960万平方千米的大地，也找不到一个十年内就业增长、百姓收入增长、股市增长均为零的地方。但有些所谓精英就是中了那个邪，怎么也自信不起来，眼睛里只有美国模式。中国有句古训"取法乎上，得乎其中"，如果你的标准就是美国这个有诸多缺陷的政治和经济制度，那你最后得到的恐怕连他的一半都没有，还会把自己的优势全部丢光。从这个角度来看，中国经济和政治体制改革的任务就是取百家之长，超越美国模式，发挥自己的优势，不断推动符合中国民情国情的制度创新。

中国模式可能胜出

1987年10月，匈牙利社会主义工人党总书记卡达尔（János Kádár）来华访问，邓小平与他会晤。当时东欧和苏联的动荡已经初现，邓小平向他提出忠告：不要照搬西方的做法；不要照搬其他社会主义国家的做法；不要丢掉自己制度的优越性。我想卡达尔本人是赞成邓小平观点的，但他党内的同事与他意见迥异，主张在匈牙利进行"彻底的政治改革"，使匈牙利变成"民主社会主义的实验室"。结果就有了后来的政治和经济的"两个激进"疗法，即政治上激进转型，由原来的共产党体制迅速转变为西方式的多党制；经济上采用激进的"休克疗法"，由原来的计划经济迅速地转向私有化、市场化。

二十年过去了，匈牙利的情况怎么样呢？ 2008年，世界知名的GFK公司在匈牙利做了民调，结果是：62%的匈牙利人认为现在的生活不如二十年前的卡达尔时期；只有14%的人认为现在是"最幸福的时期"，而60%的人认为卡达尔时期是"最幸福的时期"。我1989年访问过匈牙利，二十年后又去了一次，我的所见所闻可以印证这个民调。关于匈牙利和东欧的情况，我在第七章中再详谈。

现在看来，邓小平当初对卡达尔讲的三条意见，就是对中国模式总体思路的一个很好概括：不照搬西方，不照搬其他社会主义国家，也不放弃自己的优势。在这"三不"的基础上大胆探索体制创新，大胆学习和借鉴别人的长处，同时也发挥自己的优势，逐步形成了自己的发展模式。在应对席卷世界的金融海啸中，中国又展现了强大的宏观调控能力，使中国经济率先走出了金融危机的阴影，难怪美国金融家索罗斯最近多次感叹：中国是全球化的最大受益者，也是这场金融危机的最大受益者。为什么中国能够成为最大受益者？我认为最主要的原因就是中国通过自己的大胆探索和试验，已经形成了自己独特的发展模式。

中国模式主要有八个特点，即实践理性、强势政府、稳定优先、民生为大、渐进改革、顺序差异、混合经济、对外开放。这些特点也是我对过去三十多年中国改革开放经验的总结，而这些特点的基础是中华文明，特别是人口、地域、传统、文化这四个"超级因素"。这些因素大致规范了中国发展道路的独特性，规范了中国改革开放的路径依赖，规范了中国模式的所有特点。过去三十多年中，中国也有人尝试着跳出这八个特点，但最后在实践中又总是被拉回来，可谓"万变不离其宗"，追究其原因，大概就是"文明型国家"的超强基因带来了某种规范：一旦我们不照这个基因图谱生长和发展，中国的发展就容易遭遇挫折和失败。

1. 实践理性

中国模式的哲学观主要是实践理性，也就是在"实事求是"的思想指导下，一切从实际出发，不搞本本主义，不断总结和汲取自己和别人的经验教训，推动大胆而又慎重的体制改革和创新。这种哲学观和中华文明拥有世界上最强的入世文化有关。中国文化中对人生、对现实、对社会的关注总是第一位的。中国没有西方意义上的神学传统，中国今天的实践理性背后是中国文化的世俗性。

实践理性可以追溯到先秦时期的"名实论"。"名实论"的一个原则就是"名有待于实"，或曰"名副其实"，其中"名"指的不只是名称，而是指一切关于事物的价值判断都有赖于"做"。学者赵汀阳曾这样概括中国哲学传统的一个特点：哲学一般关心的问题是"to be"（即关心"存在""是什么"的"存在论"）和"ought to be"（即关心"应然""应该是什么"的"规范论"），而中国人有重视实践的文化传统，它更关心的是"存在即做事"（to be is to do）或者叫"做什么因而是什么"（to do thus to be），也就是以"做""干""实践""试验"为基础的"实践论"。

中国人不满足于西方那种"存在论"和"规范论"的推演，而是把"实践论"放在首位。中国改革实践者也不满足于西方话语中对"市场经济是什么""市场经济应该怎样""民主是什么""现代性是什么"等论述，而是力求通过自己的"做"和"实践"来"格物"，来对现有的各种观念作出自己独立的评判。也就是说，中国模式的成功不是靠"价值真理"本身的推演，而是把"实践真理"置于"价值真理"之上，并通过自己的成功实践，颠覆了西方的一些所谓的"价值真理"。

　　大概是由于这种哲学观上的巨大差异，西方主导的改革总是从"修宪"开始，然后是修改法律，修改有关规定，最后才落实到行动。中国的做法正好相反，中国总是从"试验"开始，改革措施先在小范围内试点，成功了再推广，然后再制定相关的规定、法律直至修宪。我们使用的更多是"归纳法"，而非"演绎法"，即从试验和实践中总结经验产生理论。我们承认理论对于实践有一定的指导意义，但不认为现实必须遵照理论，而是认为现实发展有其自身的规律，我们要做的是通过实践来逐步发现这些规律。我们也不接受现实必须适应理论这种政治浪漫主义的观点，这很大程度上也是我们汲取了过去政治浪漫主义的深刻教训。中国模式的这种政治文化逻辑使中国避免了一个又一个政治和经济陷阱，特别是避免了震荡疗法、全盘私有化、金融危机、伪"民主化"导致的国家解体等重大陷阱，实现了中国今天的全面崛起。

2. 强势政府

　　中国有一个比较中性的、强势的、有为的政府，它有明确的现代化导向，能够制定和执行符合自己民族长远利益的战略和政策。中国政府在发展经济中的作用，从本质上看，也是人口、地域、传统、文化这四个"文明型国家"的"超级因素"所决定的。自秦汉以来，在中国这个超大型的国家里实行的就是大一统体制，所谓"百代多行秦政治"，地方上搞的就是郡县制，官员由中央通过考试考绩来选拔任命，而不是像欧洲那样的世袭贵族政治，应该说中国的文官制度领先了欧洲上千年。欧洲是到了启蒙运动后才从中国借鉴了文官制度。

中国超大型的规模也意味着国家治理的复杂性和艰巨性。古代的治水防灾、戍边征战等需求使这种强势有为政府的传统延续至今。这个传统与中国人口众多、地域广阔的国情密不可分。以中国每年的"春运"为例，老百姓春节就要回家团圆，要探亲访友，这本身就体现了中国文化传统。每年一个短短的春运就有超过20亿的人次上路。2010年春运的客运流达到25亿人次。25亿是个什么概念？这意味着把美洲、欧洲和非洲的人口在一个月内都挪动一下。除了像中国这样一个比较高效运转的政府体制外，没有任何一种体制可以处理这种挑战。

在过去三十多年的改革开放中，中国历史中形成的政府权威，长期革命和建设中形成的政党权威都被用来推动中国的现代化事业，用来组织落实各种改革措施，用来对改革中出现的各种矛盾进行协调。纵观整个发展中世界，凡是采用了西方模式的国家，它们面临的最大问题就是诺贝尔经济学奖得主缪尔达尔（Karl Gunnar Myrdal）所说的"软政府"问题。"软政府"的执行能力极弱，政府被各种既得利益绑架，政客们没完没了地扯皮，往往连修建一条公路的共识都难达成，更无法推动计划与政策，结果是国家的现代化事业举步维艰，人民生活迟迟得不到改善，更不要说赶超发达国家了。

在过去三十多年中，中国完成了人类历史上最大规模的工业革命和社会革命，但这个过程自然也是矛盾和冲突增加的过程，一个比较中性的、强势的、有为的政府使我们成功地防止了不少国家变革中出现的那种社会失控和国家解体，减少了改革中不同利益的矛盾与冲突。中国通过政府动员和劝导，大大降低了解决复杂矛盾的代价。中国今天具有世界上最强大的行政组织能力，这从举办奥运会、世博会，应对金融海啸的过程中可见一斑。这种能力对于中国最终成为一流的发达国家至关重要。

当然，从国家治理的角度来看，各级政府自身的改革任务也不轻。在如何进一步调整好政府与企业、政府与社会关系的问题上，在如何确保对政府工作的有效监督等问题上，我们还要不断地探索和创新。政府在经济事务中应该有所为，有所不为，有所抓，有所放。但是在中国特定的政治文化中，政府职能的转化与弱化也要靠政府来推动，中国改革开放过程中政府主动地、大范围地放权就是一个例子。

3. 稳定优先

我们较好地处理了稳定、改革和发展三者的关系。中国是一个人口众多、人均资源有限的国家，这就容易引起围绕资源的竞争，造成不稳定。另外，"百国之和"形成的巨大版图使中国有着比一般国家复杂百倍的地域文化差异和民族文化差异，稍处理不当就容易引起各种矛盾甚至冲突。中国的稳定至今还受到内部分裂势力和外部敌对势力的挑衅。多少西方势力都在期盼着西藏独立、新疆独立、台湾独立、内蒙古独立，期盼着中国会像原苏联和前南斯拉夫那样解体。但中国强势政府的传统、中国人源远流长的"大一统"情结以及正在形成的世界最大的统一市场等因素决定了西方这种企图终会落空。

"文明型国家"的超大型规模也意味着其国内的不稳定因素一定多于一般国家。这种不稳定因素可能造成的破坏性也更大，所以"稳定压倒一切"是改革开放最高领导人邓小平留给国人的伟大政治遗训。他说过，"中国的问题，压倒一切是需要稳定。没有稳定的环境，什么都搞不成，已经取得的成果也会失掉"。邓小平在1992年南方谈话中还深有感触地说过，"历史给予中国发展的机会不多，国家垮起来可是一夜之间啊，垮起来容易，建设就很难""乱了十几年都恢复不过来"。这是邓小平凭借自己丰富的政治阅历，对中国历史和世界历史的经验教训总结后得出的深刻结论。

我自己也作过一个粗粗的计算，从1840年鸦片战争到1978年改革开放的近140年间，中国最长的稳定时间没有超过八到九年，农民起义、外敌入侵、军阀割据、内战连绵、政治运动，结果国无宁日，经济停滞，百姓遭殃。最后，正是邓小平这位中国最高领导人下了决心，以非常强势的姿态来保持政治稳定，改善民生，我们终于实现了人类历史上罕见的跨越式发展。在坚持稳定的前提下，大力推动改革开放和经济发展，这是中国模式成功的关键。在中国这样一个超大规模的"文明型国家"里，没有稳定，什么事都做不成。

但是，反过来看，"文明型国家"也展示了这样一种文化传承：只要国家保持政治稳定，并执行比较开明的政策，人民就会丰衣足食，社会就会繁荣富裕，因为中国人有世界上最强的勤劳致富的传统。无论在国内还是在海外，只要有了稳定，大多数中国人都能通过辛勤劳作，逐步富裕起来。中国文化中把"太平"和"盛世"联系在一起，就点出了这个道理。只要中国稳定了、发展了，很多存在的问题都可以在发展中逐步解决。当然我们有必要指出，稳定优先不是回避或掩盖矛盾，而是通过稳定来创造条件，从而更加有效地解决矛盾。

4. 民生为大

中国历史上有数千年的民本经济传统，有"民惟邦本，本固邦宁"的古训，也就是说，人民是国家的基石，只有巩固国家的基石，国家才能安宁，而民生问题解决得好坏，将决定一个国家的前途命运。在过去漫长的自然经济状态下，"民以食为天""人人有饭吃"一直是中国历代政府面临的头等大事。改革开放初期最大的压力也是如何解决广大人口的吃饭问题，后来提出的实现

"温饱"和"小康"目标，也是这种民本思想的延续。

中国过去三十多年的一条重要经验就是：一个发展中国家一定要以民生为大，把消除贫困、改善民生当作核心人权来推动，因为贫困，特别是赤贫，损害了人起码的尊严和权利。从这样的理念出发，中国大力推进民生的改善，特别在消除贫困方面，取得了举世瞩目的成绩。据联合国统计，过去二十年中，中国脱贫的人数占世界脱贫人数的70%。世界上仍然有约一半人口生活在贫困之中，而西方模式解决不了发展中国家最基本的民生问题，大量的人力、财力、物力都被政客用于搞政治，搞互相争权夺利的所谓"民主化"。结果是"大象打架，草地遭殃"，弄得民不聊生。

从"民生为大"的理念来看，即使一个国家推动政治改革，也应该着眼于在更高、更广的层次上提升民生的品质，政治改革不应与改善民生脱节，改善民生本身也有利于创造政治改革所需要的条件，而政治改革最终一定要落实到政府能为百姓提供更为优质的服务，能让人民过上更安全、更自由、更幸福、更有尊严的生活。西方推动"民主化"压倒一切，结果造成了政治改革与民生改善完全脱节，造成了非西方国家无穷的动荡和战乱。实践证明如果一个发展中国家的政府不能凝聚社会共识于改善民生，而是把解决各种问题的希望寄托于激进的政治改革，毕其功于一役，其成功概率为零。激进的政治改革使人民产生过高的期望，导致政治参与爆炸，经济社会陷入混乱和人民更大的失望。这种激进的做法在人口不足300万的蒙古和人口不足600万的吉尔吉斯斯坦都成功不了，更不要说中国这种13亿人口超大规模的国家了。

5. 渐进改革

对于中国这样一个人口众多、地域辽阔、情况复杂的国家，决策者面临的最大挑战是信息不足，信息不足也意味着决策风险很大，所以中国决策者在推动改革开放过程中，倾向于减少风险，使政策可能产生的消极影响处在可控范围之内。在这样的情况下，中央政府比较注意发挥条条块块的积极性，比较鼓励各种各样的试验，试验成功了再推广。中国的一些传统智慧，如"摸着石头过河""欲速则不达"等，也被用来引导中国的渐进改革。

另外，由于地大人多，即使在改革开放前，中国也没有形成像苏联、东欧那样一种非常完整严密的计划经济体系，这使得中国在改革的初始条件上比苏联、东欧更加领先一步。即使在当年的计划经济体制下，中国仍然保持着许多自发、分散和无组织的活动，地区差异和部门差异都很大，随着改革开放放松了控制，市场因素比较容易地自发成长起来。这些情况再通过中央政府的观察和认可，逐步上升到改革开放的战略层次，推向全国，这个过程也是渐进的。

渐进改革与以"休克疗法"为代表的激进改革不同。激进改革是以政治多元化为前提，结果造成了政治参与突然爆炸，完全破坏了原有的政治秩序；而渐进改革则是以维护政治秩序的稳定、确保政治体制的相对集中为前提的。我们拒绝了"休克疗法"，推动了渐进改革。我们不是放弃现有不完善的制度，另起炉灶，而是尽可能利用现有不完善的体制来运作，并在这个过程中，逐步改革这个体制本身，使之为现代化事业服务。改革不求十全十美，但求持续渐进，不断纠错，最后通过渐进改革的积累来完成改革大业，实践证明这是一条行之有效的成功之道。这里要补充的是，渐进不一定就是慢。恰恰相反，我们改革开放的总体战略是渐进的，但各项具体措施往往是立竿见影的。比如说，我们对外开放从建立四个沿海经济特区开始，在总体战略上，这是渐进，但就建立特区本身而言，我们很快作出了决定，很快开始了实施，效率非常之高，体现了渐进改革战略指导下的中国速度与效率。

6. 顺序差异

我们确立了比较正确的顺序差异。改革不求一步到位，而是分轻重缓急。过去三十多年的改革开放形成了先易后难的清晰格局。我们总体上把改革看作是一个整体过程，在这个过程中，有先有后，一般的做法是先从成本较低的改革做起，形成增量，这样阻力比较小而受益面比较大，这一步迈出后，再来处理存量改革。例如，我们的改革事业先从比较容易的农村改革开始，企业改革先从比较容易的扩权让利入手，使受益方大大地超过受损方。这样先走一步的改革为其他改革创造了必要的条件，积累了经验，减少了阻力，而且带来了连锁反应。农村改革的成功为城市提供了广阔的市场、充足的劳动力和良好的示范效应，也推动了城市改革的开始。同样，民营经济的迅速发展，创造了增量，创造了竞争的市场环境，也推动了国有经济存量的改革。

这种顺序差异的背后是中国人整体思维和辩证思维的传统。在世界所有文明中，中国人的整体思维和辩证思维能力大概是最强的。中国人认为解决任何一个问题都要有整体观，不能头痛医头，脚痛医脚。这使我们做事情比较有战略眼光，能分轻重缓急。过去三十多年改革开放也因此而形成了一个清晰的顺序格局：先农村改革，后城市改革；先沿海后内地；先经济改革为主，后政治改革。绝大多数改革并不谋求一步到位，甚至出现进两步、退一步的情况，但总体上我们保证了改革的持续性，出现的问题得以逐步纠正，最后通过逐步积累来完成改革大业。这种方法符合中国人口众多、幅员辽阔、内部差异巨大的国情。

7. 混合经济

中国现在的经济体制是"社会主义市场经济"，这种经济体制本质上也是一种混合经济。它是"看不见的手"与"看得见的手"的混合，是市场的力量和政府的力量的混合，是"市场经济学"与"人本经济学"的混合。

总体上看，我们已经确立了社会主义市场经济体制，既发挥市场经济支配资源的高效，也确保社会主义宏观整合的长处，同时拒绝市场原教旨主义。比方说，有人认为土地要素需彻底地市场化，国家应该放弃对土地的控制权，这才是市场经济。但中国人均耕地面积是世界上最低的国家之一，土地私有化带来的最大可能就是土地迅速向少数人集聚，造成广大农民失地而陷入贫困。中国历史上的传统是"普天之下，莫非王土"，历代革命者的理想都是"耕者有其田"。我们现在没有效法西方的主流模式，而是把土地的所有权与使用权分开，把宏观整合与市场机制结合起来，结果形成了世界上最大的城市化进程、最大的房地产市场、最大的高速铁路网和世界第二大高速公路网，实现了高于发达国家的住房自有率，绝大多数农民的居住条件也大为改善。

随着"温饱""小康"目标的实现，中国日益现代化，并和世界经济融为一体。在这个过程中，我们已经基本掌握了西方的"数目字管理"，有些方面比西方做得更好。与此同时，中国还发展了自己的"宏观整合力"。这种"宏观整合力"的基础包括了国家对土地、金融、大型骨干企业的控制权，包括了"集中力量办大事"的能力和宏观调控能力，也包括了大力推动民营经济实现跨越式的发展。

改革开放三十多年中，中央政府发挥着对这个超大型国家提供宏观指导和保证稳定平衡的作用，而各级地方政府通过税收、土地和政策等资源，吸引投资，推动了地方的就业收入和社会繁荣，最后促进了整个国家的迅速崛起，可以说中央政府和地方政府都是推动中国经济发展的发动机。这种中央和地方政府的互动关系也可以追溯到秦汉的"郡县制"，追溯到王安石的垂直控制的

"郡县"思路和司马光的地方与地方乡绅互动，追溯到毛泽东提倡的"两条腿走路"。中国人口众多，幅员辽阔，一个省的人口往往就等于欧洲十来个国家，所以中国形成了世界上最庞大的地方政府体系。正因如此，如何调动地方政府的积极性，又保持整个国家的宏观稳定，一直是中国"文明型国家"治理成功与否的关键。

经济学家张五常认为中国经济奇迹的最大秘密就是地方政府之间的竞争，特别是"县际竞争"，因为土地使用权的决策主要在县一级的政府，"通过承包责任合约的扩张……政府机构与私人企业之间的合约安排，佃农分成于层层承包的串联"，产生了"令人敬畏的经济力量"。经济学家史正富也认为中国的"三元主体"（中央领袖、部门科层、地方政府）良性互动是中国经济成功的关键所在。他认为原苏联和东欧国家只有"二元主体"（中央领袖和部门科层），结果造成了部门科层出于既得利益总是抵制改革，最后改革事业全部半途夭折。相比之下，由于中国版图如此之大，地方政府也成了经济发展的利益主体，从而突破了"二元主体"带来的僵局，实现了中国经济的高速发展。

当然"三元主体"也有自己的缺点，特别是如何解决政府"寻租"和地方保护主义等问题。但不容否认，"三元主体"对中国整体进步所发挥的积极作用远远大于其缺陷所产生的消极影响。我们应该在肯定"三元主体"成就的前提下，对之进行完善。我们不要削足适履去迎合西方经济学和政治学教科书上的教条，而是要通过对中国模式的考察和研究来改写西方的教科书并撰写自己的教科书。实践证明，中国各级政府的作用本质上是中国核心竞争力的一部分，但这种作用也应该有更为清晰的边界，其存在的缺陷也应该在今后的实践中不断得到修正。

作为一个"文明型国家"，中国似乎总需要有某个东西，比市场经济学站得高一点，比公司站得高一点，比个人站得高一点，才能把这么个"文明型国家"的政治和经济事务治理好，才能把方方面面的积极性调动起来，才能实现中国经济"让人民满意"这种中国特有的目标。这个东西大概就是邓小平所说的那种"踱踱方步"，那种中国人特有的整体考量和战略思维能力，以及与之匹配的了解"民心向背"的比较中性和强势的政府。如果"文明型国家"没有这一切，如果中国模式失去了这一切，那么中国的经济和政治发展的前途就不容乐观，甚至在全球竞争中优势丧尽、全盘皆输。

8. 对外开放

从历史传统来看，中国自秦汉一直到明代郑和下西洋都是相当开放的。开放、互动、交流极大地丰富了中华文明，也向世界传播了中华文明。但是郑和下西洋之后的明朝皇帝下令封海，从此中国走向了封闭。如果当时中国保持对外开放，中国至少不会错过工业革命，那么整个世界的历史恐怕就要改写了。

邓小平推动的中国全方位对外开放战略独具特色：先是沿海开放，后来是沿江开放、沿边开放，然后是整个内地的开放，现在中国已经形成了东西南北中全方位开放的格局。"冷战"时期，美国有意识地把苏联阵营排除在世界市场之外，而斯大林推行的"两个世界市场体系"（社会主义市场体系和资本主义市场体系）正中了美国下怀。邓小平的战略不一样，他认为中国近代落伍的主要原因就是闭关自守，所以他大力推动中国全方位开放，融入国际市场，参加国际竞争，在国际竞争中改进自己、发展自己，并有选择地适应外部世界，有选择地学习别人的经验，但以我为主，绝不盲从。

这种高度开放政策背后的自信心也来自中国的历史传承：中华文明只要对外开放，就可以焕发活力，推陈出新。历史上是这样的情况，今天还是这样，今后还会是这样。对外开放激活了中华文明的所有要素，使中国这个"文明型国家"通过国际互动、借鉴、碰撞、竞争而面貌焕然一新。与此同时，对外开放也使我们更好地了解了外部世界存在的种种问题，使我们确立了更多的政治自信和文化自觉，中国智慧可以为人类作出自己的贡献。

中国独特的发展模式对外界的吸引力显然已经越来越大。我们做到了既能顺势发展，又能逆势前进。俄罗斯经济学教授波波夫（Vladimir Popov）在2006年9月就这样评论过中国模式："中国的发展模式对所有发展中国家具有无法抗拒的诱惑力，因为这种模式引发了世界经济史上前所未有的一轮增长，这种模式与美国开出的西方民主和新自由主义处方可谓背道而驰。"塞内加尔总统阿卜杜拉耶·瓦德（Abdoulaye Wade）也指出："虽然西方国家抱怨中国在推进民主改革方面步履缓慢，却无法掩盖中国人比批评者更具竞争力、更有效率、更能适应非洲商业环境的事实。不仅是非洲需要向中国学习，西方也有很多需要向中国学习的地方。"美国前财长萨默斯也感叹：再过两三百年，历史学家会发现，"9·11"事件、伊拉克战争都不重要，21世纪唯一重要的事件就是中国的崛起。

当然，在看到中国模式取得巨大成功的同时，我们也要保持清醒的头脑，因为中国模式本身还在发展之中，也衍生出不少问题，有些还相当严重，非认真解决不可。例如，我们的政府干预过多，造成某些市场发育不足；我们某些领域的政治改革相对滞后，导致一些行业的垄断和寻租腐败；我们的贫富差距问题、生态问题、教育问题、医疗问题等，都引起许多不满。但是只要我们头脑清醒、意志坚定、集思广益，这些问题最终都能找到解决的办法，甚至可以成为我们下一步发展的良机。中国改革的一条重要经验就是把所有的问题都当作更上一层楼的机遇。

从某种意义上，我们也可以说中国模式是一种最不坏的模式，也就是说，这个模式虽有缺点，有些还相当严重，但它比其他发展中国家和转型国家的发展模式要好得多，特别是你把中国过去三十年的发展与那些执行西方主导的发展模式的国家相比：西方20世纪八九十年代曾在非洲推行了一个所谓"结构调整方案"，大力削减公共开支，结果导致非洲国家经济和社会危机恶化。美国在俄罗斯推行了"休克疗法"，今天被很多俄国人称为俄罗斯历史上出现的第三次"浩劫"（前两次分别是13世纪蒙古铁骑的入侵和"二战"中德国纳粹的入侵）。"华盛顿共识"要求发展中国家，不管条件成熟与否，都推动资本市场自由化，结果引来了1997年亚洲金融危机和后来的阿根廷金融危机，不少国家的经济倒退二十年，美国今天也尝到了市场原教旨主义给它自己带来的灾难。回想起来，如果中国没有自己的主张，未能坚持自己的发展道路而是盲目地跟随西方，后果将不堪设想，甚至对中国可能是灭顶之灾。

过去三十来年，中国已经大体上摸索出了一条自己走向现代化的路径。在一个人口比欧盟、美国、日本、俄罗斯之和还要多的国家，进行这样一场翻天覆地的工业革命、技术革命、社会革命，国家保持了稳定，大部分人的生活水平有了显著提高，还成功地避免了1997年亚洲金融危机和2008年开始的金融浩劫。纵观世界任何国家，能够取得其中一项，就已经很了不得了，但我们几乎全部实现了，这就是中国模式成功的证明。

中国模式是在大规模国际互动与竞争的过程中形成的，所以它充满了生命力和竞争力。中国模式的具体做法在世界上不一定具有普遍意义，但其背后的一些理念，如"实事求是""民生为大""和谐中道""整体思维"等对世界很多国家都会有启迪，对解决许多世界性的问题都会有帮助。这一点我在下一章中将探讨。

高铁奇迹与中国标准

　　1978年10月，邓小平访问日本时乘了一回新干线，亲身体验了一下这种像风一样飞驰的高速列车。他深有感触地对周边的人说："这就像推着我们跑一样，我们现在很需要跑。"可以告慰邓小平的是：三十年来，中国一直在跑，在追赶发达国家，取得了举世公认的成绩。三十二年过去了，邓小平乘坐过的日本的新干线还维持在时速250千米，而中国自己开发的高速铁路已经跑出了每小时394千米的速度，中国高铁总里程也很快超过了欧洲和日本，成为世界第一。这种跨越式的发展给世界带来了震动。美国总统奥巴马在2010年国情咨文中相当不安地说："我们没有理由让中国拥有最快的铁路。"他想以中国的迅速崛起来激励美国人的奋斗精神。

　　从现代化发展的历史角度来看，速度无疑是人类文明发展和生活水平提高的一个重要标志。西方历史书上把1848年到1875年这段速度大提高的时期称为西方的"经济革命"时期：钢铁产量剧增，铁路横跨欧洲和北美，苏伊士运河开凿，新兴大都市不断涌现，上千万的移民，英国工业革命达到顶峰，美国、法国、德国工业革命一波接一波地展开，西方确立了领先世界的地位。今天，当中国高铁伴随着人类有史以来最大规模的城市化进程，当中国的三大世界级经济圈通过四五个小时的高铁连成一片的时候，当"四纵四横"的高铁网络把大半个中国都连成一体的时候，它带给中国的绝不只是速度的改变，而是中国人时空观念的转变和生活方式的革命，是世界上最大的统一市场的形成，是全球现代化进程中中国标准的逐渐出现。

中国高铁发展的思路某种意义上也体现了中国模式背后的基本思路。我们建设高铁的指导方针是："引进先进技术、联合设计生产、打造中国品牌。"我们先是利用中国巨大的国内市场优势，通过谈判让世界四大公司转让部分高铁技术；然后是组织自己十多万科研人员对引进技术进行消化、整合、创新，最终形成了超越西方水准的新技术和新标准，创造了中国品牌，使中国得以引领今天世界的"高铁时代"。纵观中国过去三十多年的发展，这也是中国模式的战略思路：既学习别人之长，也发挥自己优势；在对别人之长进行学习、消化与整合的过程中，大胆创新进而形成自己独特的东西，实现对西方标准的超越，并最终影响世界。

我前面提过的中国古代田忌赛马的故事在这里也适用。总体上，西方比我们强大，我们要追赶西方，如何做到呢？我们采用了田忌的办法，即在自己总体实力不如对手的情况下，认清自己的相对优势并把它发挥到极致，最后取得了比赛的胜利。《孙子兵法》上说"凡战者，以正合，以奇胜。故善出奇者，无穷如天地，不竭如江河"，也是这个道理。在"敌强我弱"的情况下，中国的逻辑就是既向自己的对手学习，也不放弃自己的优势，并在这个过程中创造对我们对手的局部的非对称优势，并通过这种不对称优势逐步扩大战果，最终在比较多的领域中赶上甚至超越西方。中国高铁的发展过程就是这样一路走来的。这种以我为主、整合创新的思路在中国各项事业中都有所体现：

我们学习了西方的市场经济之长，推动中国市场经济的发展，发挥市场支配资源的效率，但在这个过程中，我们结合中国强势政府的传统，提出了富有创新精神的"社会主义市场经济"，既有市场支配资源的效率，也有社会主义保证宏观平衡的优势，从而使中国经济出现了长达三十多年的持续增长。

我们学习了西方的"数目字管理"，大大改进了我们各行各业的管理水平和运行质量，但我们也发展了中国的"宏观整合力"。我们的宏观整合与调控既在经济形势严峻的时候进行，也在经济发展顺利的时候进行，从而使我们较好地避免了1997年亚洲金融危机和2008年开始的金融浩劫。

我们学习美国提高了经济竞争力，但也力求避免美国体制过分依赖资本驱动所带来的弊病。我们学习欧洲注重社会公平，但也力求避免欧洲模式存在的缺乏活力等弊病。虽然在这个问题上，我们还在探索之中，但总体思路已经形成，那就是创造一种能够兼顾效率与公平，既能避免美国病，又能避免希腊病，符合中国民情国情的经济与社会发展模式。

我们学习了西方私营企业的活力，从无到有推动了中国民营企业的迅速发展，同时我们也推动国有企业的改革，清晰产权，明确权责，创造了多种体制互补的多元经济。国企与民企的关系的总体思路是既分工又合作，既竞争又协作。虽然"国企"和"民企"也时有矛盾，但我们的总体思路既不是"国进民退"，也不是"国退民进"，而是"国进民进"，大家一起有分有合，各自把自己做大、做好、做强，也把中国经济做大、做好、做强。

我们学习了西方的法制优势，制定了比过去任何时候都多的法律，大致形成了依法治国所需要的比较完整的法律框架和执法机制，但同时我们也注重开发自己的政法资源，形成了从民事调解到综合治理等一系列中国特色的政法机制。虽然中国在落实法治社会方面还面临诸多挑战，但我们的总体思路已经明确：继续推动依法治国，同时也力求避免西方法条主义带来的弊病，力争建设一种比西方更公正、更高效、成本更低廉的新型法治国家。

我们学习了西方个人自由和权利的理念，极大地扩大了个人的自由和权利，但与此同时，我们力求继续发扬中国人注重家庭和谐和集体权利的传统，使得今天的中国社会既有个性张扬的活力，又不失中华文明特有的家庭亲和力和民族凝聚力，这种中西文化的结合使我们较为顺利地克服了许多其他国家难以克服的挑战。

总之，中国模式的基本思路是回归实践理性，回归中国人慎思明辨、兼收并蓄、和谐中道、综合创新的传统。沿着这种思路，推进各种改革和创新的成功概率就大。虽然中国还面临许多重大的挑战，但正确的思路意味着成功的一半。作为一个"文明型国家"，在中国试验成功的东西都有其深厚的文化和历史背景，都有其成功的必然性。西方开始可能不承认你，但当你最终能证明你比他干得好，就像你的高铁建设得确实比他快、比他好，他最终只能对你刮目相看，他也不得不承认你，并向你取经。

这里还要提及当年国内关于优先建设铁路还是公路的争论。一些人曾认为随着汽车时代的到来，只要能够建成四通八达的高速公路网，大家出行一定会首选高速公路，而铁路的作用将逐渐式微，因为汽车的优势是可以实现门到门的对接，远比铁路方便。他们引用的例子是在美国、英国等发达国家铁路客运都在萎缩，一些地方甚至开始拆除铁路，中国为何不未雨绸缪，一步到位，直接把建设重点投向高速公路呢？各级地方政府建设高速公路的积极性也大于建设铁路，因为高速公路沿线更容易带动包括房地产在内的招商引资，从而刺激地方经济的迅速发展。经过十多年的努力，中国已经建成了覆盖全国大部分地区的高速公路网络，高速公路建设也确实对地方经济起到了积极的推动作用。

但与此同时，我们也看到我们的铁路没有衰落。恰恰相反，中国迎来了新一轮铁路特别是高速铁路的建设高潮。到2020年，覆盖全国的高速铁路网络将基本形成。回忆这场争论无非是要说明研究中国的问题一定要立足于中国的国情和民情。中国的人口是美国的四倍多，光是每年春运的人数就超过美国、欧洲和非洲的人口总和，所以汽车＋高速公路可以解决美国的交通问题，但解决不了中国这个超大型国家的交通问题。中国的交通发展必须发挥各种手段的作用，形成自己独特的交通运输体系。

中国高铁模式的成功还使我们看清了一点：一个事情，特别是涉及一种标准的确立，只要能在中国做成，就可以产生巨大的国际影响。今天美国、俄罗斯、巴西、沙特等大国都与中国洽谈高铁合作就是一个例子。说到底，当今世界最激烈的竞争是标准的竞争，无论是经济、科技还是政治标准，都是如此。标准竞争有三种战略，一是追随者战略，即采用别人的标准，跟在后面生产，这是价值链中最低端的；二是参与者战略，即参与国际标准的制定，这明显优于前者；三是领导者战略，就是在国际标准竞争中成为领导者，让人家按照你的标准走，这是利益最大化的办法。一个"文明型国家"的最大特征之一就是它具有巨大的标准原创能力。在国际政治中，西方一贯奉行领导者战略，一直在全球范围内推动"西方政治标准"，为自己的战略利益服务。因为西方有话语权，即使把别的国家弄得民不聊生，它也不用道歉，因为它推动的是所谓"普世价值"。在世界政治标准的竞争中，中国也将采取参与者和领导者战略，这就是中国高铁模式成功给我们的一个重要启示。今后十几年将是中国这个"文明型国家"成为世界最大经济体的关键时期，也是"中国标准"形成和发展的关键时期。所有真正关心中国和世界未来的人都应为"中国标准"的发展作出努力。

第五章

一种政治话语的崛起

迷信西方话语的代价

　　一位俄罗斯学者曾对我说过，1980年代后期，俄罗斯绝大多数的知识和政治精英都认同了西方话语。一些人甚至公开说，让美国把苏联变成美国的殖民地都没有关系，因为让美国来殖民，苏联就可以转变成美国的政治制度，并迅速成为一个发达富裕的国家。苏共当时思想严重僵化，干部队伍暮气沉沉，政治体制毫无活力，经济困难危机四伏，整个国家人心思变。所以西方首先在心理上胜过了苏联。

　　我曾读过原苏联资深外交官阿达米辛（Anatoly Adamishin）写的一本回忆录。阿达米辛在"冷战"后期负责苏美之间的人权对话，但他一边和美国人对话，一边从心里感到美国人有理。他向苏共领导人戈尔巴乔夫汇报了自己的想法，发现戈尔巴乔夫的观点与他高度一致，他也认为苏联可以通过美国的帮助改善人权，并较快地融入西方主流文明。苏联的垮台有种种原因，没有令人信服的话语体系无疑是一个主要原因。不过后来的结果却是他和戈尔巴乔夫都没有预料到的：苏联经济走向崩溃，国家走向解体。

戈尔巴乔夫亲自呼吁美国提供200亿美元的贷款以帮助苏联渡过难关，但这个要求被美国婉拒，随后就是苏联的轰然崩溃。但接下来的俄罗斯领导人还是迷信西方，并在美国专家指导下推动"休克疗法"，结果换来的是一场人类历史上罕见的经济社会浩劫，俄罗斯腐败也因此变得一发而不可收。

我们一些知识精英有点像戈尔巴乔夫和阿达米辛，执迷于西方政治话语，至今还认为西方标准代表了历史的终点。他们认为我们要做的无非是不断地学习、接近，最终达到西方标准。这些人最需要的是解放思想，从西方僵化的政治话语中解放出来。他们希望中国能尽快融入西方国家代表的所谓主流文明。一个主流文明，如果是中国参与形成的，比如联合国宪章所代表的国际法体系，这没有问题。但如果不是中国人一起参与形成的，我们则要谨慎对待。看一看原苏联的经历就知道了：苏共下台了，国家分裂了，但西方还是不放过，继续压缩俄罗斯的战略空间。难怪俄罗斯驻北约大使干脆发飙：北约先是要借你的车库，然后要借你的卧室，最后要和你夫人睡觉，所以"我们不再容忍了"。他的话俗了些，但反映出了俄罗斯人今天对西方的情绪。戈尔巴乔夫今天依然在西方受宠，但他在俄罗斯的支持率始终超不出1%。

南斯拉夫的解体过程也类似。在西方推动的"民主化"浪潮冲击下，南斯拉夫知识和政治精英完全接受了西方的政治话语，天真地以为只要实行所谓多党制、言论自由、私有化，南斯拉夫面临的所有问题就会迎刃而解。结果却是内战全面爆发，国家迅速崩溃，二十多万人丧生，数百万人流离失所，酿成了二次大战以来欧洲最大的人间悲剧。实际上，这不是一党制与多党制孰优孰劣的问题，而是在南斯拉夫特定的国情下，推动西方希望的政治变革必然导致国家的解体和战争，但大多数南斯拉夫的知识和政治精英当时都没有看到这一点。

中国这种"文明型国家"，如果采用西方政治模式，自己的优势就会消失得无影无踪，最后整个国家就会走向崩溃。当然世界上很多人，包括藏独势力、疆独势力、台独势力、西方的所有反华势力，天天都在盼着这一天。不过他们会失望的，中国"文明型国家"的崛起将会是人类现代化历史上最精彩的一幕。

西方文明有其长处，也有其短处，而最大的短处大概就是唯我独尊的倾向，缺少一点中国人"和谐中道"的理念，一些西方人真以为人类历史将终止于西方模式，西方将绝对主导世界的未来。世界历史的发展怎么可能会终止于西方政治模式？我走访了100多个国家之后得出的结论是：非西方国家照搬西方模式，基本上是照搬一个，失败一个。当今世界上不同民族探索自己发展道路的努力正方兴未艾，人类对政治制度的探索和认识还远远没有穷尽，西方自己的体制改革也任重道远。西方世界今天经历的一场又一场危机背后都有政治制度的原因。

我由此而联想到欧洲历史上的启蒙运动。启蒙运动用理性主义代替了蒙昧主义和绝对主义，这总体上是历史的进步，推动了西方的工业革命。但随着时间的推移，西方又把自己的政治和经济模式及其话语推向绝对，形成了一种新的蒙昧主义和绝对主义，并全力向非西方世界推销，其失败的结局自然是预料之中的。随着伊拉克战争和"颜色革命"陷入困境，随着金融海啸暴露出西方制度的弊病，我们可以说"西方话语"现在处境非常不妙。"后西方话语"时代已经开始。

中国崛起触动了这个世界的许多敏感的神经，也远远超出了西方政治话语的诠释能力。在这个大变局中，中国的作用举足轻重。中国知识分子不能再以西方话语为马首是瞻，而应该独立思考，本着自己的良知、学识和爱国精神，在吸收世界智慧的同时，摒弃西方新蒙昧主义和绝对主义，共同探索和建构"后西方话语"时代的中国话语和战略，为世界新秩序的形成作出自己的独特贡献。

可能影响世界的中国理念

一个国家的政治话语非常重要，而政治话语的核心是理念。中国迅速崛起虽然引人注目，但中国崛起背后的理念似乎没有引起人们足够的重视。不少人甚至认为中国虽然在经济上取得了巨大的成就，但中国并没有产生大的理念，更有人认为中国还处在过渡阶段，最终还是要全盘接受西方理念，融入西方文明。而我认为，中国这种"文明型大国"的崛起过程就是一个不断产生理念的过程。

我曾于2009年10月1日为美国《纽约时报》《国际先驱论坛报》撰写了一篇题为"中国成功背后的八个理念"的评论。文章发表时，《纽约时报》的编辑特地加了一个题注："西方最好还是研究一下中国戏剧般崛起背后的理念。"（"The West would do well to study the ideas behind China's dramatic rise."）西方虽然对中国仍怀有难以摆脱的偏见，但一些有识之士已开始关注中国理念了。中国学人对中国理念的研究更应该有一种紧迫感和使命感。没有理念上的崛起，一个民族是无法真正崛起的。

我梳理出的八大中国理念是：实事求是、民生为大、整体思维、政府是必要的善、良政善治、得民心者得天下与选贤任能、兼收并蓄与推陈出新、和谐中道与和而不同。虽然中国理念还有很多，但我认为如果能够把这些理念阐述清楚，我们就可以大致勾勒出中国迅速崛起背后的关键思想以及它们对世界可能产生的影响。

1. 实事求是

"实事求是"理念最早见于《汉书·河间献王传》，指一种做学问的诚实态度，后来的明清时代又形成了"实学"，强调通过对事物本身的探索来发现规则，英文则把这个概念翻译成"从事实中寻找真理"。毛泽东把这个理念定为中国革命成功的思想精髓。1978年，邓小平再次提出这个理念，并把"解放思想、实事求是"确立为中国改革开放的指导思想，强调实践是检验真理的唯一标准。

这个理念使中国摆脱了东、西方教条主义的束缚，开启了改革开放的伟大进程。这个理念与欧洲启蒙运动提倡的"理性至上"有共通之处，双方都因此而摆脱了僵化意识形态的束缚，突出了人的理性精神，并都推动了各自划时代的工业革命。但两者也有差异："实事求是"是中国古老文明与现代文明互动的产物，避免了过去西方理性主义所包含的种族主义和唯我独尊等历史局限，强调了一切理性活动都需要通过社会实践来检验，而检验的标准是这些活动是否有利于人民的整体利益。正因如此，在"实事求是"指导下的中国崛起是和平的崛起，没有像欧洲崛起那样给世界带来战争，而是带来了和平与发展的大量机遇。这个理念使中国成了世界上意识形态偏见最少的国家之一，使中国能大胆地借鉴别国在现代化建设过程中的一切经验，从而大大推动了中国方方面面的进步。

中国人从对事实的检验中发现：在发展中国家实现现代化方面，苏联集权模式没有成功，西方民主模式也没有成功，因而决定大胆地探索自己的路，改革束缚中国发展的各种制度和做法，借鉴人类文明创造的一切成果，并逐步摸索出了一条有中国特色的发展道路。这条道路并非完美无缺，但在消除贫困和实现现代化方面，确实取得了比其他国家更大的成就。

"实事求是"对于世界的意义在于：它提醒世人务必保持清醒的头脑，不要人云亦云，不要相信教条，而是要理性地、客观地、准确地看待并探索一切问题。比方说，西方这么多年在世界各地推动了所谓的"民主化"，表面上看"民主化"怎么会有问题，但仔细看一看事实，人们就不得不质疑：为什么南斯拉夫一推行西方的"民主化"就崩溃了？为什么苏联这样做就解体了？为什么戈尔巴乔夫在西方那么受宠，却被本国大多数民众所鄙视？为什么台湾地区现代化起飞了之后转学西方模式，结果经济滑坡了，贪腐更严重了，社会也分裂了？为什么韩国"民主化"之后的情况也和台湾地区类似，还不幸地先后成为1997年和2008年两次金融危机的重灾区？为什么东欧"民主化"已二十年了，但其民主品质，按照欧洲权威机构的评估，属于最差的地区之一，其经济命脉也大都落入外国手中。为什么整个第三世界都找不到一个通过西方民主化而变成现代化强国的例子？总之，信奉"实事求是"的人，头脑是清醒的，他们知道西方制度的长处和短处，也知道自己制度的长处和短处，也知道一旦有人把西方民主模式推到了极端，就会变成民主原教旨主义，其结果只会是失败，甚至是灾难。

2. 民生为大

如前所述，中国人有"民惟邦本，本固邦宁"的古训，也就是说，人民是国家的基石，只有巩固国家的基石，国家才能安宁，而民生问题解决得好坏，将决定一个国家的前途命运。中国人还说，悠悠万事，民生为大。中国过去三十多年改革开放的一条重要经验就是：一个发展中国家一定要全力消除贫困，努力改善民生，这是一个政府重中之重的工作。正因如此，中国在消除贫困、改善民生方面，创造了人类历史上的奇迹。

中国"民生为大"的理念纠正了西方人权观念长期存在的一个偏差，即只重视公民政治权，不重视民生权。追溯其历史原因，我想大概是因为欧洲18世纪启蒙思想家提出自由、平等、私有财产权等人权的时候，他们所代表的是当时新兴的有产阶级。在他们那个年代里，种族主义、殖民主义、奴隶贸易都是合法的，最悲惨的贫困发生在殖民地，不在欧洲。今天世界已经进入21世纪，但世界人口的一半还生活在极端贫困之中，继续这种偏差是说不过去的。

"民生为大"还意味着在所有人权中，应该优先推动与民生有关的权利。美国从不认为消除贫困是人权问题。欧洲最多把消除贫困看作是消除享受人权的障碍。而对于中国，这不仅是一个人权问题，而且是一个核心人权问题，更重要的是，中国在实践中已经这样做了，而且还将继续这样做。中国模式在消除贫困方面的成绩大大好于西方主导的发展模式，其主要原因就是双方在认知上的这种巨大差别。

世界上仍然有约30亿人饱受战乱、赤贫、饥饿、基本生活品匮乏的煎熬。采用西方政治制度的发展中国家大都无法解决好民生这一基本问题。在这个背景之下，我们也许更能理解中国模式来之不易。随着时间推移，我认为越来越多的发展中国家会从中国模式中取经。坦率地说，不是中国模式非常好，它有自己的代价，而是西方模式在发展中国家的表现实在太差，使大多数老百姓根本看不到脱贫的希望。

3. 整体思维

中国人的整体思维和辩证思维能力比较强，所以中国人做事情比较有战略眼光，能分轻重缓急。中国人反对头痛医头、脚痛医脚，主张统筹思考，辩证认知，标本兼治。整体思维的出发点是整体包含了部分，但整体大于部分之和。由于这种整体思维观，中国早在1980年代初，就制定了七十年分三步走的现代化战略，并一步一步地实现着这个战略。

中国人的整体观也涉及如何才能更好地实现人的安全、幸福、自由、尊严这些价值。这些价值在西方几乎完全属于个人价值范畴，但是在中国文化中，这些价值往往与国家安康的信念紧密相连。中国历史上经历了太多的战乱，人民把确保"天下太平"和"国泰民安"看作是任何一个称职的政府都不可推卸的天职。中国长达数千年的家庭伦理又衍生出"舍己为家"和"保家卫国"这种"家国同构"的传统，使得今天大多数的中国人都把自己国家的强盛和尊严看得很重，并认为这与个人安全、幸福、自由、尊严密不可分。

中国过去三十多年的相对成功表明，一种历史形成的传统，不管是东方的还是西方的，总是有利有弊，关键是要学会趋利避害。中国这种把国家与个人看作一个整体的理念只要运用得当，可以比西方模式更有效地促进个人价值的实现。西方人做什么事都喜欢从个体入手，因为它有个人主义的传统。如果我们也用这种方法，可能只能永远在西方后面爬行。我们发挥了自己的长处，从整体入手来促进个人利益更好地实现。我们创造的奥运模式不仅使我们取得了辉煌的奥运战绩，而且也推动了无数中国人热心地参与到体育、健身和公益事业中。我们举办残奥的模式也推动了无数中国残疾人个人权利的改善。我们主办世博会的模式也是如此。我们通过以整体为出发点的努力，既带动了城市建设理念的跨越式进步，又使无数个人更好地了解了什么是低碳环保的城市生活。

　　总之，在推动个人价值的实现上，中国采用从整体出发，推及个人的方法，似乎比西方通过个人主义的理念和方法更为有效。我甚至可以说，两种方法在效果上的差别大概就是邓小平的方法和特蕾莎（特蕾莎修女在印度做了许多扶贫善事，并因此而获得了诺贝尔奖）的方法之间的差别，邓小平的方法是从整体入手，逐渐惠及个人，特蕾莎的方法是从个体入手，逐渐感动整体；邓小平的方法使近4亿个人脱离了赤贫，获得了更多的尊严、自由和幸福，而特蕾莎的方法拯救了很多个人，也感动了无数的人，但是整个印度扶贫事业迄今却没有多少起色。发展中国家特别需要较强的整体思维能力，因为它们的资源紧张，不可能同时实现所有发展目标，如果没有一种整体出发的、分轻重缓急的发展战略，它们的现代化事业很难成功。

　　西方哲学强调个体，中国哲学强调整体，两者本来完全可以互补，就像看到树木也要看到森林，看到森林也要看到树木，这样可以深化我们对世界事物的认识。中国已从西方强调个人的理念中获益匪浅，西方其实也可以从中国强调整体的理念中学到很多东西，因为西方民主制度面临的一个巨大挑战就是政客短视的问题。西方政客往往只关心部分选民的短期利益，而忽视民众和世界的整体利益；往往只关心自己的选票和任期之内的事，而忽视更加长远的问题。如果这种短视继续有增无减，那么处理包括金融危机在内的全球性问题就会非常困难。在当今世界，全球治理的问题越来越多，我们需要更多一些的整体思维，才能解决好这些问题。中国人做事讲究通盘考虑，讲究一个度，讲究动态平衡，讲究解决问题的最佳火候和时机。这些智慧对于解决西方面临的许多棘手问题，对于解决全球治理面临的许多难题都有积极的意义。

4. 政府是必要的善

西方历史上由于强政府带来过诸如宗教迫害、极权主义等问题，所以很多西方人都把政府看作是一种"必要的恶"（necessary evil），中国情况则不同，中国历史上最繁荣的时代往往都和强势开明的政府联系在一起，中国传统中人们往往把政府看作是不可缺少的"善"。历史上，由于幅员辽阔，自然灾害频发，需要一个比较强势的政府来协调和治理；幅员辽阔还意味着中国各种地方和部门利益比一般国家复杂百倍，这也需要一个比较中性的中央政府来协调。

中国从秦始皇时期开始就实行了郡县制，各级官员由政府任命，而非世袭，科举制度也有上千年的历史，这些都比欧洲早了1 500、1 600年，无疑是当时世界上最先进的政治制度。中国强势政府有其内在的动力，有数千年历史的传承，也有数千年的实际操作经验，是中国政治文化传统的一部分。一个传统一旦形成，就有其相对稳定性。强势政府的优缺点都很明显：优点是可以集中力量办大事，弱点是容易导致专断。

中国邓小平比苏联戈尔巴乔夫棋高一着的地方就是他认为没有必要放弃强势政府的优点，而是要对其进行改革并使之转型，从过去为实现乌托邦理想而奋斗的政府，转化为一个为实现现代化而服务的政府。实践证明这种方法比另起炉灶，重建一个新的政治制度要有效得多。一种新政治制度从建立到运作，谈何容易，俄罗斯为此付出了惨重的代价，直到普京上台，才开始理出一点头绪。即使像波兰这样转型比俄罗斯更为顺利的国家，转型二十年后的今天尚未能够把总统和总理的权限划分清楚。中国的做法虽有不足，但总体上是一种利大于弊的选择，中国在一个具有现代化导向的强势政府领导下迅速崛起。在金融海啸的冲击下，连美国这样一个一贯怀疑政府作用的国家，也开始实行大规模的政府干预，难怪有人戏称：美国开始走美国特色的社会主义道路了。

在一个游戏规则完全由发达国家制定的世界上，不通过强势政府来推动经济，参与国际竞争，一个发展中国家根本就发展不起来，恐怕最多也只能跟在发达国家后面爬行。一些学者书生气十足，整天在那里谈论要实现教科书中那种没有政府干预的完全竞争的市场经济。他们似乎不了解今天这个世界上存在着无数个虎视眈眈的西方投机大鳄，从石油到粮食，到一切可以想象得到的领域，他们都在那里兴风作浪，究竟在多少领域有"完全竞争的市场"？稍有不慎，整个国家的经济都可能被他们吞噬。强势政府使中国的社会和市场有了一个比较有效的保护层。

　　不久前，欧盟环境专员斯塔夫罗斯·迪马斯（Stavros Dimas）在谈到如何应对气候变化问题时承认：考虑到减少温室气体排放的巨大要求，解决气候变化问题就等于是打一场战争，政府须发挥更大的作用。回顾中国改革开放三十年，中国政府的作用和作为，很像指挥一个接一个的战役，我们打了农业改革的战役，打了建立特区的战役，打了沿海城市开放的战役，打了浦东开发的战役，打了加入世贸组织及其相关的体制改革与创新的战役，打了奥运会和世博会的战役，现在正在打经济转型的战役，正是这一连串战役的胜利奠定了中国今天崛起的基础。

　　当然，从国家治理的角度来看，中国各级政府自身的改革任务也不轻。在如何解决好廉洁自律的问题上，在如何进一步调整好政府与企业、政府与社会关系等问题上，在如何确保对政府工作的有效监督等问题上，我们还存有许多问题，仍需不断地探索和创新。但"政府是必要的善"这个理念对中国和世界的意义，特别是对于发展中国家的意义，是毋庸置疑的。

5. 良政善治

　　关于"良政"或"良政善治"（good governance），国际社会还没有形成普遍接受的定义。一些西方国家想垄断这个概念的定义，但笔者认为回归常识判断就能理解这个概念。中国人讲的"以人为本""励精图治"，其实就是中国人理解的"良政"，每一个中国老百姓都懂得这个概念，外国人理解也不困难，其基本含义就是要想尽一切办法，作出一切努力，为了人民的利益把国家治理好。

西方很多人总喜欢强调所谓"民主与专制"的对立。不少中国人也喜欢套用这个概念来分析政治问题，这个概念可以解释一部分现象，但同时又明显地缺少诠释力，因为这个观念显然把千差万异的世界政治形态过分简约了：这个世界只剩下民主与专制的对立，不是民主就是专制，民主是好的，专制是坏的，而民主和专制的概念又是西方界定的。如果世界真可以这么简单分类，那么民主制度选出了希特勒该怎么解释？西方认为不民主的那个新加坡，其国家治理水平远远超过所有第三世界"民主"国家，又该怎么解释？

如果一定要找到一个更为中性、更有诠释力，同时又能把世界政治简化为两大类的概念，我认为只有良政（good governance）与劣政（bad governance）。2008年，我在印度谈中国模式时，一位印度学者曾问我："您是不是想证明'专制'比'民主'更有效率？"我说："不是'专制'比'民主'更有效率，而是'良政'比'劣政'更有效率。中国模式的相对成功表明：不管什么政治制度，最后一定要落实到'良政'才行，落实到中国人讲的'以人为本''励精图治'才行。'良政'可以是西方政治制度，如瑞士，也可以是非西方的政治制度，如新加坡，中国在这方面虽有不足，但远比绝大多数发展中国家做得好；'劣政'可以是西方政治制度，如海地、伊拉克、菲律宾、刚果、格鲁吉亚，也可以是非西方政治制度，如缅甸。"

换言之，中国人从自己"实事求是"的理念出发，强调从"内容"和"结果"来判断一种政治制度的质量，这对于只强调"形式"和"程序正确"的西方"民主与专制"话语是一种颠覆、一种范式变化（paradym shift），这也更符合我们这个世界的现实。中国人认为无论是什么制度，最终都必须体现在是否能够实现良政上，体现在自己人民的满意和认同之上，并认为这才是民主的实质。西方的主流观点往往认为形式正义就会自动产生实质正义，这不符合我们所观察到的事实。中国认为实现民主的最佳途径是由实质正义衍生出适合每个国家具体情况的程序正义。在当今这个世界上，只要能够放弃"冷战"思维，我们就不难发现，绝大多数的情况下，国家治理早已不是一个民主与专制的简单问题，而更多的是一个自由与集中的辩证关系。自由和集中孰多孰少，都是国家治理的手段，关键是如何使得人民得到更多的实惠。

中国人的这种理念也从本质上否定了那种十分幼稚的"历史终结论"。世界各国都在根据本国国情进行各种体制创新。第三世界体制创新的任务固然繁重，但发达国家这方面的任务也不轻：冰岛和希腊都破产了，不政治改革行吗？美国这么庞大的金融体系弊病丛生，金融危机到了爆发前夕，美国政府几乎毫无察觉，结果给美国和整个世界带来了巨大灾难，这种政府及其体制不改革行吗？总之，我的观点是"以人为本""励精图治"的"良政"，应是包括美国和中国在内的世界各国都要争取达到的目标。

6. 得民心者得天下与选贤任能

中国"文明型国家"的政权合法性的论述也是独特的：中国政权的合法性来源于"民心"，即"得民心者得天下，失民心者失天下"，而"民心"并不等同于"民意"。中国人讲"民意如流水"，但讲"民心大于天""民心向背"就是这个意思。"民心"指的不是一时一刻的"民意"，而是指实现人民的整体和长远利益。这种跨长度的历史眼光和整体思维能力是中华文明的独特产物。正因为有这么一种不同于西方的合法性论述，绝大多数中国人很难接受每四五年换一次中央政权这种从西方发源的所谓多党民主政治。中国人把国家长治久安、国运昌盛放在一个更为显著突出的地位，而这种政治文化传统的一个主要源泉就是中国历史上长期实行的通过考试来选拔官员的科举制度和"为官一任，造福一方"的从政传统。

中国历史上朝代更替经常是一个暴力的过程，而中央政权的每次更替往往给中国社会带来巨大的生命和财产损失，所以一般老百姓都不希望看到频繁的政权更替，人们普遍憎恨动乱，希望国家长治久安，国运长盛不衰。政权更替一般发生在中央政权彻底失去"民心"之际。否则的话，期待国家长治久安、渐进改良总是民意的主流，这与我们"文明型国家"幅员辽阔、人口众多、人均资源相对紧张而形成的民族文化传承有关，这也为我们今天全面超越西方模式奠定了良好的政治文化基础。

　　有些人认为，采用西方政治制度才能保证国家的长治久安，这不符合历史事实。中国历史上两百年到三百年的中央政权延续是常见的现象，而西方文明在过去两三百年中经历了多少跌宕起伏？从无数次殖民战争到大规模的奴隶贸易到灭绝印第安人，从法国大革命到"宪章运动"到美国南北战争，到几乎使西方文明毁于一旦的两次世界大战，都说明了这一点。此外，我们还有"民可载舟，亦可覆舟"这种警示统治者的传统，统治者唯有勤政敬德才能保持自己统治的合法性，这种警示统治者的政治传统也是中华文明中的宝贵政治资源。

　　学者潘维有一个很好的论述：中国历史上，一个开明的皇帝代表一个朝代，具体做事的是一个儒家执政集团，好的朝代延续数百年之久，远远超过美国的整个历史，一个朝代及其儒家执政集团代表的是"天命"，如果退化腐朽，丧失民心，老百姓揭竿而起，朝代更替，然后是一个新朝代与新的儒家执政集团，天命的时间跨度一般都是上百年。中国今天的执政党也是以复兴中华为己任的"天命"执政集团。中国共产党不是美国的共和党或者民主党，也不是英国的保守党或者工党，中国执政党继承的还是中国古代代表人民整体利益的儒家政治传统，而不是代表某一部分民众利益的西方意义上的政党。中国政治文化中普遍反感结党营私，而是认为"君子不党"，君子不拉帮结派。

　　中国"民心"的理念对于西方推动的所谓民主化模式是一个巨大的挑战。西方国家把本应该是内容丰富、文化深厚、操作精致的民主大大简化，连经济发展、教育水平、法治社会、公民文化、人才素质这些优质民主的基本要素都变成了可有可无的东西，唯有多党制和一人一票的"程序民主"才代表真正的民主，才赋予一个政权合法性，选出什么人反而不重要。这种做法直接导致了第三世界劣质政府层出不穷，他们的国家也因此频频陷于动荡甚至战乱之中，经济凋敝，民不聊生。

2006年，我参加了在布鲁塞尔欧盟总部举行的一个关于中国政治改革的研讨会。一位欧洲学者当时直截了当地问我，中国政府的产生不是通过多党竞争和普选，怎么能有合法性？我则反问他："如果你这种话语也能够成立，那么是不是美国的开国元勋都没有合法性？因为他们根本没有经过任何选举就自称代表了美国人民。泰国采用了西方民主制度，但选来选去，选出来的人的威望从未超过泰国国王，泰国国王的合法性从哪里来？美国最不受公众信任的政治人物是谁？是美国国会议员，可他们是选出来的。整个西方都是在现代化实现了之后才实行了普选，我们是否可以推论：实现现代化以前的西方各国政府都没有合法性？美国黑人和妇女权利的获得，不是通过民主制度，而是在强大的民权运动推动下，最后由司法判定而确定的。从历史上看，如果靠一人一票，美国根本废除不了奴隶制度，奴隶制度是通过战争废除的。你们这个欧盟也不是选出来的，怎么就有了合法性？"他无言以对。

中国数千年形成的"选贤任能"的政治传统和"民心向背"

的治国理念是今天中国模式超越西方模式的核心竞争力。法国汉学家西里尔·雅瓦里（Cyrille J-D Javary）曾这样说过："中国两千多年来，被单一政党领导。"以前中国的领导层是通过选拔产生的"文人儒臣"，现在是通过选拔产生中共领导层。中国在政治改革的探索中已经把"选拔"和"选举"结合起来，这是个好思路。在过去三十多年中，我们已经在整个体制内推行了以政绩合法性为基础的"选贤任能"制度，大致形成了能够致力于民族长远和整体利益的精英团队和梯队。虽然从全国范围来看，在落实政绩合法性上仍有诸多偏差和不足，需要不断改进，但从总体上看，中国把扶贫、环保（现在开始变得日益重要）等指标列为官员晋升的关键标准，这是中国取得巨大成功的一个重要原因。

有人认为政绩合法性的困境在于万一政绩不好，比方说出现了经济危机，合法性就会丧失。其实事情不那么简单。中国人的主流是公道的，你过去有政绩，现在也在认真做事，人民理解你，即使犯了错误，也可以改正。其实，努力克服各种危机的过程本身就是政绩合法性的一部分，甚至是巩固政权合法性的最好时机。从这个角度来看，中国人的这种合法性观念对于自己的领导人的要求明显高于西方人的理念，因为其特点是程序与政绩都很重要，而且两者相比之下，政绩更为重要，这也反映了中华文明高度务实的文化特点。

把程序合法性放到了至高无上的地步，很像学生上课报个到就是好学生，学习成绩好坏反而是无所谓的。但中国政绩合法性的理念要求这个学生报到上课，他还必须不断通过考试，而且必须是高分通过，否则就得退学。从长远来看，一个只了解"民意"的政治制度将竞争不过一个既了解"民意"又懂得"民心"的政治制度；一个只知道"选举"的国家也将竞争不过一个能够把"选拔"和"选举"结合起来的国家。这也正是中国"民心"理念和"选贤任能"理念的国际意义所在。

7. 兼收并蓄与推陈出新

中华民族是一个热爱学习的民族，因为我们有"三人行必有我师"的千年古训，我们有程门立雪、悬梁刺股、囊萤夜读等无数传说典故。但在我们历史的某些阶段，由于某些特殊的原因，我们闭关自守和闭门锁国，结果导致了国家的落后和衰败。但从1978年开始，我们又重新打开国门，走上了全方位开放之路，中国人很快就向全世界展现了巨大的学习能力和适应挑战的能力。

中国的口号是建立学习型社会、创新型国家。上至中央政治局的定期学习制度，下至无数职员忙着给自己"充电"，都展示了中国人好学不倦的学习精神。中国人兼收并蓄，从善如流，好的东西我都要学。中国在几乎所有领域都有选择地借鉴别人的经验：从经济特区的建设到市场经济的形成，从企业管理到政府运作，从股票市场到证券市场，从科技研发到文化产业，从高速公路到高速铁路，可以说在我们所有的行业、所有的领域、所有的部门，都借鉴了其他国家的好经验、好方法，并结合中国的实际进行了消化和创新，这一切推动了中国方方面面的进步。

更为宝贵的是在学习别人的过程中我们没有失去自我，而是用自己的眼光来判断，博采众长、兼收并蓄、推陈出新。比方说，在金融改革这个领域，我们学习了很多西方的经验，但我们保持了国家对主要银行的控股，我们在开放资本市场问题上采取了谨慎的态度，结果是我们成功地进行了国有银行体制的改革，同时避免了国际金融浩劫。我们拥抱了信息技术革命并成为这场革命的佼佼者。我们把加入世界贸易组织的进程变成了一个大规模的学习、适应和创新的过程，使中国的经济和贸易规模很快上了一个新的台阶。

相比之下，西方故步自封了。西方不少人真以为自己的一切都代表了历史的终点，结果骄傲使人落后，特别是美国，连续八年国运直线下降，并陷入了世界二次大战以来最严重的金融危机。欧洲多数国家也面临体制僵化、严重缺乏活力等难题。许多发展中国家也不具备学习和创新能力，只知道跟着西方话语走，结果导致各种政治经济社会危机不断，从菲律宾到泰国，从伊拉克到阿富汗，从乌克兰到格鲁吉亚都是这样。在当今这个竞争空前激烈的世界上，一个民族唯有不断地学习、兼收并蓄、推陈出新，才能立于不败之地。这就是中国理念对当今这个世界的启迪。

8. 和谐中道与和而不同

"和谐中道"与"和而不同"也是重要的中国理念。中国古书

《周易》中最早提出了"中道"概念，而"和谐"由"中道"观念衍生而来。"和谐中道"不是消极的妥协，而是有原则地"求大同、存小异"，达到"和而不同"的境界。这种理念使中国避免了欧洲上千年的连绵不断的宗教战争，这些战争曾几乎把西方文明毁于一旦。中国过去三十年发展道路的最大特征就是不偏激，不走极端，而是走一条告别折腾的稳健改革之路，中国也因此而迅速崛起，崛起当然也产生了新的矛盾和问题，这些矛盾和问题再多，大多数中国人认为还是用"和谐中道""和而不同"的理念来解决更好。这也是历史上中国人治理庞大而错综复杂的社会时所信奉的理念。

中国拒绝西方的对抗性政治，并大力强调不同利益之间的共同之处，极力化解社会迅速变革带来的各种矛盾。西方模式强调社会不同利益的博弈，喜欢斗争哲学；而中国经历了百年动荡，现在更强调社会不同利益的共生，喜欢和谐哲学，最后就是看解决问题的实际效果如何。西方模式在第三世界成功率极低，而中国模式在中国的效果还不错，所以中国会继续坚持自己"和谐中道""和而不同"的理念，当然也会汲取其他国家的一切好经验。

"和谐中道""和而不同"的理念无疑具有国际意义。随着全球化的发展，全球治理的难题日益增多，从反恐到全球变暖，从环境治理到消除贫困，从防止流行性疾病到国际金融体制改革等，唯有世界各国以和为贵，通力合作，取长补短，才能应对这些挑战。柏林墙虽然倒了，但世界穷国富国之间的墙、强国弱国之间的墙、不同宗教之间的墙、不同文明之间的墙却越来越高了。这很大程度上是由于西方民主与市场原教旨主义话语造成的，但是随着伊拉克战争困境和美国经济危机的深化，人们也日益了解了这种原教旨主义的不智。中国人今天要做的就是通过"和谐中道""和而不同"等理念去影响这个世界，揭示"唯我独尊"思维可能会给人类带来的灾难，点破意识形态偏执狂的愚昧，给西方话语霸权画上一个句号，从而为世界赢得更多的公正、繁荣与和平。

如果不走这条道路，而是走西方喜欢的"价值观外交"之路，能解决问题吗？我看很难。这样做的话，西方和伊斯兰的文明冲突的问题就解决不了，世界贫困问题也解决不了，全球环境问题也解决不了。西方以基督教传教士的精神来改造其他文明已被证明是一条只会引来更多文明对抗的道路。另外，在西方民主制度下，一个政客只对本国的部分选民负责，而不对其他国家的人民负责，为消除世界贫困而主张减少本国农业补贴的政客在自己国家里得不到选票；为世界环保而推动给本国汽油加税的政客也得不到选票，靠这种过分的以自我为中心的价值观和制度安排，怎么可能解决治理世界的这么多难题呢？解决这些难题需要中国智慧。中国从全世界，包括从西方，汲取了大量的智慧，所以才有中国今日之崛起，才会有明天更多的辉煌。但同时我也认为今天任何一个全球问题的解决，光靠西方理念已经不够了，坦率地说，造成今天诸多全球问题的主要原因往往就是西方的一些理念和实践，从全球变暖到文明冲突，再到金融危机，都是这样。这是西方需要认真反省的，否则西方自己的前途、整个世界的前途都不容乐观。13亿中国人通过三十多年实践证明的理念是站得住的，对于解决当今世界的许多棘手问题也是有帮助的，对于西方自己认定要进行的那些改革也有参考意义。中国理念丰富了世界的智慧，构成中国政治软实力的重要组成部分，而中国政治软实力的崛起，对中国和世界实在是件非常好的事情。

不被西方话语忽悠

美国大作家马克·吐温说过一句名言：对于一个手中只有榔头的人，他所看到的问题都是钉子。西方手里就只有一把榔头，它的名字叫"民主、自由、人权"，当然其定义只能由西方一家来界定。西方用这把榔头到处敲打别人，想以此摆平世界，实现自己政治、经济等战略利益的全球整合。只是一路敲打过来，被击倒者无数，但砸到中国这根钉子的时候，他的榔头折了。为何折了？一是因为这把榔头本身的质地不行，钉子还未砸下去，榔头却裂开了；二是这根钉子太硬，是五千年历史铸成的，还吸收了不少西方的稀有金属。这根钉子就是中国模式和中国话语，就是作为一个"文明型国家"的那份底蕴和自信。其实民主、自由、人权都是好东西，但如何界定这些概念，中国人有话要说，不能随便被西方忽悠。

我曾在比利时一个国际论坛介绍中国对民主建设的探索。当时，一个美国学者不容置疑地对我说："实行民主，就要采用一人一票的竞选，否则就不是民主国家。"我回应他："如果您这个观点能够成立的话，那么美国1965年黑人获得投票权之前还不是一个民主国家。"他表情有点惊讶，显然从未思考过这个问题。我说："其实，我担心的并不是您对民主的这种过分狭隘的解释，而是担心您这种民主教条主义的态度。难道您不知道小布什的'大中东民主计划'是怎么破产的？难道您不知道民主教条主义给世界带来多少灾难？"他不服气，问我："丘吉尔说过一句名言'民主是最不坏的制度'，您不知道吗？"我说："丘吉尔这番话是他1947年在发达国家的语境中讲的，他本人则一贯捍卫与民主背道而驰的大英帝国法统。他一直反对印度独立，更不要说支持印度采用西方民主制度了。"

如何界定民主，世界上一直很有争议。西方主流话语一般把民主界定为"程序民主"。例如，在讨论所谓"第三波民主化"时，西方学者和政治人物几乎没有例外地把民主界定为多党选举制度。只是二十多年过去了，人们发现这些"民主国家"的民主品质普遍低劣，选来选去，选出来的几乎都是投机政客，没有优秀的政治家。这些国家有了名义上的"宪政"和"三权分立"，但无法遏制腐败，民生得到改善的也不多，陷入混乱动荡的国家则很多，西方国家对这波"民主化"也大失所望。

美国在世界各地推动"民主"，但美国自己的民主离理想的民主也相差甚远。比方说，民主怎么要花这么多钱？花这么多钱还能是民主吗？花这么多钱不就成了"钱主"吗？不就是资本驱动的民主吗？这不就是美国金融危机的深层次原因吗？资本开路，其他统统让路，这样的民主品质怎么能有信誉？美国民主的商业化（铺天盖地的广告）、庸俗化（一味讨好选民）和金钱化（竞选之昂贵，绝非一般人可以想象）的程度令人叹为观止。连奥巴马总统在其《希望的勇气》（*The Audacity of Hope*）一书中也坦承："竞选需要电视媒体和广告，这就需要钱，去弄钱的过程就是一个产生腐败影响的过程，拿了钱，就要照顾供钱者的利益。虽然也可能使用政府的钱（但这个钱很有限，不足以应付竞选，可能还会附带很多条件）。"这种美国模式搬到其他地方往往很快就演变成黑金政治，在韩国和台湾地区，我们都看到了这种情况，更不要说第三世界了。以笔者之见，美国政治体制无法制衡强大的资本力量正是美国这次金融危机的深层次原因。

此外，把民主简化为"程序民主"实际上是民主异化的表现，这导致了许多颇为荒谬的情况。比方说，冰岛人投票选出了哈尔德政府，但这个政府治国无方，把国家搞得破产了，这是不是代表了冰岛人民的意志？希腊的情况也一样，民选的政府只知道花钱，搞民粹主义，结果国家也破产了，这是不是也代表了希腊人民的意志？陈水扁执政八年贪腐泛滥是不是也代表了台湾地区人民的意志？法国思想家卢梭两百多年前对这一类民主曾作过这样的评述："英国人民自认为是自由的；他们是大错特错了。他们只有在选举国会议员期间，才是自由的；议员一旦选出之后，他们就是奴隶，他们就等于零了。"但是卢梭自己提出的民主设计也过于理想化，实践中难以操作。

持平地看，比较理想的民主应该是"实质民主"和"程序民主"的结合，但首先是"实质民主"，即体现民主的内容及其所要服务的价值，民主的内容就是要体现人民的意愿，民主的价值就在于实现国家的良好治理和人民高品质的生活，而民主的程序和形式应该由各国根据自己的民情和国情来探索，这个探索的进程远远没有结束。正是在这个意义上，中国今天进行的政治探索将具有世界意义。

我把采用西方民主制度的非西方国家大致分为两类。一类是从希望到失望的国家，如泰国、蒙古、菲律宾、格鲁吉亚、乌克兰、吉尔吉斯斯坦；另一类是从希望到绝望的国家，如刚果民主共和国、肯尼亚、海地、伊拉克、阿富汗。出现这样的结局有诸多原因，其中一个主要原因就是许多发展中国家还不是西方意义上的"民族国家"，非洲大部分国家至今还是部落国家，即人们对自己部落的认同高于对国家的认同，而多党选举制度产生的结果往往是强化部落冲突，导致族群分裂，甚至杀戮。阿富汗也是这样，"民主"选举出来的中央政府形同虚设，人们对自己部落的支持远远高于对中央政府的支持。伊拉克人对教派（什叶派与逊尼派）和族裔（如库尔德人）的忠诚也超过对中央政府的忠诚。伊拉克是一个只有2 300多万人口的国家，但这场以推动"民主化"为名义的战争已造成了至少十多万平民丧生（美国至今拒绝公布多少伊拉克平民丧生，一个"民主"国家怎么会如此缺少透明度呢？）、八分之一的百姓流离失所，美国自己的阵亡人数也早已超过4 000，美国鼓噪一时的"大中东民主计划"最终也偃旗息鼓、烟消云散，但留给伊拉克人民的是流血和灾难。

"橙色革命"后的乌克兰，内斗不断，国无宁日，在金融海啸的冲击下，国家经济濒临崩溃，2010年，被"橙色革命"推翻的亚努科维奇重新上台，标志着这场橙色革命黯然褪色；"玫瑰革命"后的格鲁吉亚为了南奥塞梯问题竟贸然开战，迄今尚未从战败中喘息过来；"郁金香革命"后的吉尔吉斯斯坦政坛陷入了无休止的党争，国家南北分裂加剧，民生非常艰难。2010年4月的暴动和内战又使这个500多万人口的小国前途不定。海地也是一个例子。海地曾被"民主"的法国殖民，又被"民主"的美国统治了二十年，过去二十年又实行了美式"民主化"，但最后成了一个一贫如洗的"失败国家"。海地2010年大地震带来的伤痛绝不只是肉体的，也是政治的。环顾整个发展中世界，我根本找不到一个非西方国家通过实行西方模式而成为现代化强国的例子。

正因为这个原因，我认为光说"民主是个好东西"是不够的，这就像说汽车是个好东西，因为汽车比马车跑得快，谁都懂这个道理，但我们还要了解道路的状况，泥泞的小路汽车就没法开。另外，比汽车跑得更快的交通工具还有很多，如高速火车、磁悬浮列车、飞机等，人类还会有新的创新。所以"民主是个好东西"后面还应加上一句"优质民主才是真正的好东西"，这样我们对民主的认识才能变得更为深入和全面。中国人要实现的民主是能给中国带来国运昌盛、人民幸福的优质民主，而不是那种使中国四分五裂、生灵涂炭的劣质民主。

还是回到开头的那场讨论吧。我说中国要大胆探索建立新型的民主制度。这位美国学者则坚持民主国家就要遵循美国政治学家罗伯特·达尔（Robert Alan Dahl）提出的六个要素（选举产生官员、自由定期选举、言论自由、多种信息来源、独立社团、公民参与），否则就不能算民主国家。我说："您这叫民主教条主义，南斯拉夫这样搞，国家就解体了；苏联这样搞，国家也解体了；东欧这样搞，失望多于希望；第三世界这样搞，一个比一个糟糕……中国的民主建设会参考西方的经验，包括这六个要素，但也会大力发掘自己的政治资源，包括在中国有数千年历史的'选贤任能'制度。"他问："你所谓的新型民主制度指的是什么？"我说："我们还在探索，但是其核心内容应该是逐步建立一流的人才选拔机制、一流的民主监督机制、一流的社会协商机制。"他摇头说："西方不会承认这种民主。"我笑了，并对他说："这没关系。中国经济改革已经走到了今天，西方还是不承认中国是市场经济，是不是要等到中国成了世界最大经济体的时候，你们再来承认？在民主问题上也一样，中国是一个大国，在中国试验和实践成功的就是真理。恕我直言，到时候还真不知道谁承认谁呢。"

"游戏民主"还有没有戏？

　　西方多党民主制度的另一个理论基础是社会存有多元的利益，这些利益应该通过不同的政党来代表，它们在法治的条件下进行博弈竞争，但是这种强调不同利益之间的差异和斗争的西方模式，在发展中国家成功率极低，因为这种模式所需要的法治传统、游戏规则、庞大的中产阶级、比较宽容的政治文化等条件，在发展中国家基本不存在。这种"斗争哲学"往往加剧了这些国家的社会矛盾和冲突。盲目采用西方制度，犹如打开潘多拉盒子，后患无穷，整个社会可能因此而陷入永无休止的党争和内耗。而西方的一贯做法是只支持它自己青睐的那个政党，只要这个政党不上台，你就不是民主国家，它就要进行干预，最终可能使你的国家永无安宁之日，现代化事业化为乌有。

　　如前所述，从国家治理的角度来看，我们应该思考一个更为本质的问题：为什么没有一个公司采用一人一票来选CEO？因为这样做，公司就要破产；为什么没有一支军队采用一人一票来选最高指挥官？因为这样做的军队就打不了仗；那么一个国家搞一人一票会不会破产呢？这样做而破产的例子在第三世界国家比比皆是。古希腊哲学家柏拉图两千多年前对此是这样解释的：这种制度预设人不分良莠，均行使同样的权利，结果就是"暴民"政治，要么选出了坏人，要么无法容忍好人。一些发展中国家因为整体文化和教育水准低下，政客往往只需与黑社会勾结就可以掌控多数票源，最后遭殃的还是普通百姓。

那么为什么西方国家搞一人一票还不破产呢？其实冰岛已经破产，希腊也破产了，还有不少国家处在破产的边缘。那些还没有破产的国家过去也不搞一人一票，它们在现代化的过程中没有一个是搞普选的。英国是18—19世纪的超级大国，到20世纪初城市人口已占总人口90%以上，还是不搞一人一票。英国搞一人一票是第一次世界大战以后的事情了，而且在相当长时间内还是对选举权设置了很多限制，例如妇女要到30岁才能投票，牛津剑桥的毕业生有双重投票权等。

现代化完成后的西方发达国家形成了几个特点：一是政治与经济已基本分开，谁上台都不大会影响经济，不大会影响普通百姓的生活；二是这些国家享有了比发展中国家多几十倍的人均资源，也就是说，国家有资本去承受政治内耗了；三是中产阶级已经成了社会主体，中产阶级倾向稳定；四是西方精英阶层通过数百年的政治历练，已经获得了掌控国家主要资源和权力（如国会、金融、媒体等）的能力。这些条件满足后，西方国家才开始搞一人一票的。

　　西方民主的基础主要是"斗争哲学"，其特点是先把社会分裂成不同的派别，然后通过政党政治再来进行整合，但是在非西方国家，一个社会一旦分裂之后就再也整合不起来了，只会变得越来越分裂，甚至走向崩溃。中国政治文化的基础则是"和谐哲学"，其特点是"少分裂，多整合"，寻求尽可能广泛的社会共识。我在《中国触动》一书中曾这样说过："一般认为，中国属于社会共识比较容易形成的社会，这和我们的文化传统有关，这在很大程度上是我们的长处。一个容易形成共识的社会，是成熟的社会，没有必要为了所谓'民主'，去人为地强化对立。自然形成的共识文化是非常宝贵的政治资源，在这个基础上探索协商民主的道路，对中国更有意义。那种认为搞民主就要学美国，就要搞党派对立，就要为反对而反对，就要你死我活，是非常片面的，甚至是愚蠢的。能够形成共识的民主是好民主，能够形成共识的社会是好社会。"

　　西方多党民主制度在很多地方已经演变成了一种"游戏民主"，其特点是把民主等同于竞选，把竞选等同于政治营销，把政治营销等同于拼金钱、拼资源、拼公关、拼谋略、拼形象、拼演艺表演；政客讲的话无需兑现，选民对此也表示理解，因为这是"竞选语言"，只要有助于打胜选战就行；选个演艺明星，选个美女，毫无政绩可言，也都顺理成章、无可非议。

　　"游戏民主"使许多社会变成了空耗大量资源的"选举社会"。以台湾地区2009—2012年的选举为例，先是连着几个"补选"，后是2010年年底的五大"直辖市"以及"立委"选举，然后是2012年3月的大选。这些选举的关联度很高，都具有政治指标意义，所以即便是县一级的选举也需要全台湾力量的总动员。有学者估计，在台湾领导人马英九的政治日程上，四年任期内只有一年七个月的"无选举阶段"。更多的人则干脆把台湾称为一年365天都在选举的"选举社会"。

"游戏民主"使许多国家的民主品质迅速走向平庸化和劣质化。欧盟惊讶整个东欧二十年民主化竟然没有选出过一位政治家；第三世界的所谓"民主国家"里，贪官污吏通过贿选当政易如反掌，国家也往往因此而陷入冲突和战乱。即使在西方发达国家，美国的小布什连任两届总统，领导无方，结果美国的国运便直线下降，还成了金融海啸的发源地和重灾区，世界也迅速进入了"后美国时代"；南欧的"笨猪四国"也相继出现了财务危机，一个主要原因就是政客们只知一味讨好选民，结果耗尽了国库，最终恶果还是要老百姓来买单。这些国家一度都相当风光，但仅仅一代纨绔子弟就把国库弄了个精光。

亚洲两个摆脱了这种政治平庸化的政党是新加坡的执政党和中国的执政党。它们的特点都是能够超越党派之争和拒绝平庸化。现在看来，这两个政党应该是世界上行政组织能力最强的政党，所以才创造了新加坡和中国这两个世界奇迹。而按照西方标准改造的亚洲政党都毫无例外地政治平庸化了，只能代表社会的部分利益和部分派系，都不具备整合社会整体利益的能力。西方民主制度也普遍出现了政治平庸化和高度资本驱动的问题。不少西方有识之士对此忧心忡忡。

美国《华盛顿邮报》专栏作家哈罗德·迈耶森（Harold Meyerson）于2010年3月31日发表了一篇题为"存在缺陷的美国政治模式帮助了中国"的文章，表示了他对西方民主制度退化和中国模式挑战的担忧。他这样写道：

在参议院，多数派的决定总是遭遇阻碍。最高法院已经裁定，大笔金钱能以前所未有的方式主宰我们的选举。你以为边境之外没人会注意到这些吗？参议院的共和党人可曾意识到，我们现在的劲敌中国正在嘲笑我们的民主没有能力创造就业岗位来恢复经济，并且将这作为威权主义优越性的证据。《中国日报》本月援引中国全国人大常委会法制工作委员会副主任李飞的话评论了我们政治体系的缺陷。李飞说，西方式的选举是富人的游戏，他们受到候选人能够利用的资源和资金的影响，设法赢得大选的人很可能站在他们党派或资助人的立场上行事。李的观点是有力的，因为它相当——尽管不是完全——正确。美国很多保守派的行事方式似乎是在急于证明这些话的正确性。最高法院1月份的一项裁决允许各个企业可以无限制地投资于选战。这听起来似乎是有意要验证李的观点。参议院出现机能失调，导致多数派的决策屡屡受挫。这是在全世界面前对我们民主价值观的嘲弄。在同中国的激烈角逐中，我们首要的任务是表明民主依然奏效。如果我们不这么做，那么，中国将会赢。

美国政治学者、《世界邮报》主编内森·加德尔斯（Nathan Gardels）则使用了"消费者民主"这个概念来形容今天美国民主的特点。所谓"消费者民主"指的就是一种极为短视的"减肥可乐式的文化"，一种"既要甜味又不要卡路里；既要消费又不储蓄"的民主制度。这个概念与我提出的"游戏民主"有异曲同工之处。内森·加德尔斯承认美国这种民主制度已无法适应中国崛起带来的挑战。2010年1月27日，他在美国《基督教科学箴言报》上这样写道：

现在我们生活在消费者民主制度之中。在这种制度下，从政客、传媒、市场反馈的所有信息，都引导社会获得即时的自我满足。这种制度缺乏长期思考、策划，缺乏持续统治的政治能力，远远无法回应中国的崛起。新的现实环境要求增强政府的统治能力，设计更好的管理体制——既有更多的制约，又更能平衡各方利益。这种体制不仅能够抗衡新媒体时代"一人一票"的短期暴政，而且能够抗衡定期选战接近时的种种压力。这些压力都是政党策划和电视即时新闻排斥民主协商所造成的恶果。

没有被统治者的同意，统治制度不能够维持下去。但正如从孔夫子、柏拉图到美国"宪法之父"麦迪逊的每一个政治智者都明白，当公众的贪念否定了治理，结果则是两败俱伤。大家都可以看到美国加利福尼亚州直接民主的极端例子——公众的支配力量，已经证明是毁灭性的。加州的危机显示，减肥可乐式的文化——既要甜味又不要卡路里；既要消费又不储蓄；既要现代化基础设施和良好的学校，又不想纳税——是行不通的。加州的管治失灵，只不过是美国整体政治问题暴露出的一角。在中国，当企业家的能量被自由市场解放出来时，统治者保持着极大的政治治理能力。他们借助新儒家政府强有力的手，以社会和谐和长远发展的名义，调节着发展所释出的利益。

内森·加德尔斯提到的加州政府破产的例子颇能说明美国体制的问题。政客的民粹主义短视政治导致了竞相减税，先是减少财产税，后是取消汽车税，最后加州政府陷入了破产的境地。州政府后来想恢复汽车税，但州议会又从中作梗，结果使加州的财政陷入恶性循环。今天去美国的人都会发现，美国的各种基础设施老化失修的情况极为普遍，其实美国的政治体制也老化了，尽管许多美国人似乎还没有察觉到这个问题，还以为美国真可以以不变应万变。美国的政治制度设计，严格地说，还属于前工业时代的设计，非改革不可，否则美国将难以避免走向衰落。包括美国在内的西方政治制度面临的最大挑战是缺少整合力与竞争力，没有很强的人才观念。"三权分立"根本无法预防金融危机，因为"三权分立"只限于政治领域，而西方不少国家的政治被资本力量绑架了。我认为现代社会需要另外一种平衡才行，也就是超出政治领域的三种力量之间的平衡，即政治力量、社会力量、资本力量之间的平衡。这样一个国家才能运作得更好。

今天的时代已是全球化、信息化、后工业化时代。新的时代对政府和政治家的要求比过去任何时候都苛刻，因为国际竞争空前激烈。任何决策错误都可能造成比过去任何时候都更为沉重的代价。坦率地说，在今天这个时代，一个只满足于"游戏民主"或者"消费者民主"的国家将竞争不过一个致力于制度创新的"非游戏民主"的国家；一个只知道"选举"而不知道"选拔"的制度安排，将竞争不过一个能够把"选拔"与"选举"结合起来的制度安排；一个只知道吃老本，视民主为游戏，而不知如何建立"学习型政府"和"学习型社会"的国家，在国际竞争中将越来越力不从心；一个不知"宏观调控"为何物的体制在今后的国际竞争中可能要出局。

"游戏民主"或者"消费者民主"很像一个被宠坏的孩子，如果他有祖上留下的家产，如美国和西方主要大国那样，他自然可以继续"游戏"和挥霍，但在这个竞争日益激烈的世界上，这种情况将越来越难以为继，而对于那些没有祖上留下家产的发展中国家，一旦成了宠坏的孩子，则无药可救。

日内瓦激辩人权

人权国际电影节暨人权论坛于2010年3月在日内瓦举行，主办人与我联系是否可以参加关于中国人权的辩论。我知道这个电影节和论坛已举行多次，对中国人权一贯持批评的态度，但我还是接受了邀请，因为我确实有话要说。在人权问题上，西方已经习惯了当全世界的法官，喜欢教训别人。其实，西方的人权观，无论是在理论上还是在实践中，都存在大量的问题，值得好好辩一辩。辩论于3月9日晚上7点半举行，大家先看了一部法语的纪录片《南京的女孩》。应该说这部片子总体上还算客观，几乎没有正面提及人权问题，而是用写实主义的方法记录了南京师范大学一群女大学生的日常生活，从体操军训到上法语课，从上党课到谈恋爱，从卡拉OK一展歌喉到远足西藏长途旅行，很有生活气息。我对观众说，从这个电影中，你们可以看到中国社会从来没有像今天这样开放。

不过，这个电影只是前菜，中国人权本身的辩论才是正菜。参加这场活动的人大多是自称关心中国人权的西方非政府组织人士和当地一些对中国有兴趣的人，也有不少外交官，从主席台看过去，黑压压的一片，坐得满满的，总有300多人，举手发问一直没有间断。应该说我们争论得相当激烈，虽然观点不同，但大家还是保持了必要的克制和礼貌。辩论会结束后，一部分听众又围着我，继续讨论了近一个小时。我不能说我说服了所有的听众，但不少人承认他们对中国人权有了一些新的认识。一些喜欢指责中国人权的人也承认他们遇到了一个强劲的对手。下面是我发言的主要内容：

大家就中国人权提了一些问题，我也谈谈自己的看法。主持人刚才提到"中国崛起对国际人权的挑战"，但我的看法正好相反，我认为没有中国在人权和人的自由方面的巨大进步，中国的这种崛起是不可能的。一个人权被不断侵犯的民族是不可能如此迅速崛起的。您不妨问一问您在中国或者世界任何地方见到的中国人：中国的人权究竟是好了还是坏了？我想大多数中国人的回答是现在更好。

中国是世界上变化最大最快的国家，欧洲三百年的事，中国压缩到了三四十年，这个过程自然会出现各种矛盾，包括不少人权问题需要逐步解决，但多数中国人对自己国家的发展方向是满意的，美国皮尤研究中心就此作过跨国民调，2008年中国人的满意度是86%，美国人是23%。所以讨论中国人权，应该先问中国人，而不是美国人和欧洲人。

　　奇怪的是西方总认为自己比非洲人更了解非洲，比俄罗斯人更了解俄罗斯，比中国人更了解中国，这肯定是有问题的。以非洲为例，西方总认为非洲的民主化必须压倒一切，但你们至少应该问一问非洲人自己是怎么考虑的。我走过很多非洲国家，我可以说，非洲人最想解决的人权问题首先是吃饭问题，然后是疾病问题、就业问题、治安问题，但你们硬要人家把民主化放在第一位，结果多少非洲国家陷入了动乱和饥荒？

　　世界上没有一个国家能同时实现所有的人权，所以一定要有轻重缓急。中国人没有按照西方的逻辑去做，我们把消除贫困作为核心人权，实现了近四亿人脱贫。如果按照西方的标准做，消除贫困根本就不是人权，美国至今连经济、社会、文化权利都不承认，所以我们不等西方觉醒了，我们已经这样做了，而且效果不错。

　　刚才有人问为什么中国不参加西方对一些非洲独裁国家的制裁。这里又涉及一个理念上的巨大差别。从中国人的理念来看，帮助非洲国家脱贫本身就是实现一项核心人权，任何国家都不能找借口侵犯这项人权。这有点像国际红十字会的人道主义救援活动，它是不分敌我的，它是从人道主义角度出发进行的。如果要制裁一个国家，那需要联合国授权来共同进行，而不能只是几个西方国家说了算。西方在非洲什么都按照自己的标准行事，简直成了政治勒索，受援国家怎么可能发展起来？西方国家自己也有很多的人权问题，比方说，绝大多数西方国家至今都未实现男女同工同酬，这无疑是侵犯人权，是不是联合国应该对西方实行制裁呢？

民主是普世价值，但西方的民主制度不是普世价值，这两者是不能混为一谈的。民主的核心是要体现人民的意志，实现良好的政治治理。一党制也好，多党制也好，无党制也好，能够实现良政的才是好制度，不能实现良政的就是坏制度。环顾整个世界，我根本找不到一个非西方国家可以通过采用西方的政治制度而变成一个发达国家的先例。

西方自己也应该反省自己的政治制度。美国的金融危机是怎么发生的？南欧的"笨猪四国"是怎么形成的？这些危机与西方民主是什么关系？这些危机侵犯了多少人权？为什么美国三权分立既不能预测金融危机，也不能有效地对付危机？我想关键是仅靠政治系统内部的三权分立解决不了问题，现代国家更需要整个社会的平衡，特别是政治力量、社会力量、资本力量之间的平衡。中国得以避免金融危机，与中国模式的这个特质有关。如果美国民主制度无法平衡资本力量，那还会有新的危机。

至于死刑问题，我想多数中国人不同意废除死刑，这种民意要尊重，这是民主的前提。我倒是在琢磨一个与此相关的问题：如果西方那么尊重生命，包括尊重杀人犯的生命，那么你们为什么不能再往前走一步，直接宣布：和平是普世价值，除非联合国授权，任何国家都不能发动战争？美国发动的伊拉克战争杀害了总有十几万平民吧？这不等于是对十几万无辜者执行了死刑吗？

这不是大规模地侵犯人权么？

人权很重要，但许多传统价值也同样重要，一个社会的良性运作需要多种要素的有机组合。像所有国家一样，中国也有贪官，有坏蛋，有刁民，但我们总体上保持了淳厚朴实的民风，这种民风的形成得益于中国数千年形成的传统文化。最近海地和智利大地震后都发生了大范围的抢劫，而中国2008年发生的汶川大地震，没有出现这种情况，尽管我们受灾的人数是智利的十倍。为什么？我想中国的传统文化起了作用。这是一种人本文化，人要将心比心，救人于危难之中，不能趁火打劫，那是要遭天谴的。

前几年，中国有一首流行歌曲，叫《常回家看看》，很受欢迎，结果却引起了一些争议。因为歌词中唱道：领着孩子常回家看看，带上笑容带上祝福，陪同爱人常回家看看，妈妈准备了一些唠叨，爸爸张罗了一桌好饭，生活的烦恼跟妈妈说说，工作的事情向爸爸谈谈。一些女权主义者认为这首歌歧视了妇女，但大多数中国人不这么认为。他们认为现代化进程导致了过分忙碌的生活，但再忙我们也不应该忘记自己的父母。这首歌唱出了中国人的文化传承，这是一种令人感到温馨的人文传统。每一个社会都有自己的文化传统。中国的文化传统比西方人权理念的出现要早得多。世界上的事情不能什么都套用西方形成的人权标准。世界人权事业的未来方向应该是更多地包容不同的文化和智慧，从而丰富人权的理念。说到底，我们更要防范的不是刚才主持人提到的所谓文化相对主义，而是文化绝对主义，那种把自己的文化说成是普世价值，把人家的文化说成是落后习俗，然后把自己的东西强加于人的做法。

过去我学英文，我的英国老师告诉我，英文中"我"是大写的，表明了个人在社会中的重要地位。中文没有大小写，但是如果有的话，我想中文也会把"你""你们""我们"等都大写。人有不同的社会角色：你是一个儿子，是一个丈夫，是一个父亲，也是一个别人的同事。中国文化中"我"的权利和义务是联系在一起的。我实在觉得中国的人本文化可以丰富西方以个人自由为基础的人权观。我也认为中国的古老文明其实是非常后现代的，对于解决西方社会今天的各种问题，对于解决全球治理的难题都有益处。

至于中国持不同政见者问题，坦率地讲，这些人似乎一直期盼中国出现一场"颜色革命"。但是"颜色革命"给乌克兰带来了什么？灾难。给格鲁吉亚带来了什么？灾难。给吉尔吉斯斯坦带来了什么？灾难。这些人的榜样是捷克《七七宪章》和波兰团结工会。其实，他们的这些要求在海地共和国得到了全部的实现，但海地是个彻底失败的国家。世界已经进入21世纪了，世界已经经历了苏联解体、南斯拉夫崩溃和"颜色革命"一个接一个的失败，但这些人还是在那里谈论抽象的民主，照搬西方模式，何以服人？这些人还可以问一问自己：为什么长期生活在西方的绝大多数海外华人也不支持他们？

我四年前去波兰访问，顺便查了一下美国皮尤中心的民调，那一年，中国人对自己国家的满意度是 72%，波兰是 13%，您说谁该向谁学习？我建议您去团结工会的发源地格但斯克看一看，去华沙看一看，再去上海看一看，您就知道世界的未来在哪个国家了。中国历史上曾经上千年领先西方，后来我们骄傲自满了，闭关自守了，结果就落后了。中国现在一直认真学习别人的一切长处，包括西方保护人权的有益经验，但也不放弃自己的优势，所以中国进步很快，一年等于西方十年，中国人今天的目光也已超越了西方模式。西方如果还是以自我为中心，只知道教训别人，不知道向别人学习，终有一天会后悔的。

西方人权话语体系看起来头头是道，其实存在着一些基本缺陷。第一个缺陷是无法在政治、公民权利与经济、社会和文化权利之间取得一种平衡。例如，美国的人权概念中就没有经济、社会、文化权利。要是美国能够从人权的角度来反思自己的医疗保险问题，那么它那 4 000 多万美国公民没有医疗保险的问题就能更容易地解决。

第二个缺陷是法条主义问题。西方把人权问题基本都看成是法律问题，认为只有法庭可以受理的人权问题才能算人权问题，这在法制不健全、律师力量不足的国家里很难操作，也非常昂贵。例如，印度政府解决贫民窟居民住房权的做法是只补偿在贫民窟有产权的人，这看似是一种法治，而实际上贫民窟里绝大部分人都是没有产权的"租客"，结果法不责众，印度的贫民窟问题反而越来越严重。我个人认为在非西方国家里，更好的办法是在推动法治建设的同时，通过政治手段来促进人权，这样做更容易取得成效，这是中国促进人权的一条重要经验。法条主义还导致了昂贵的诉讼费用，其实这往往是一种变相的腐败，一种合法化了的腐败，导致了司法不公：有钱人总能聘请到更好的律师，造成法律体系失去公正性。法条主义强调程序正确，结果一般的刑事案件拖了很多年都审不完，造成了大量的案件累积。

第三个缺陷是个人的权利超越集体权利的困境。西方强调人权是个人的权利，有其一定的道理，因为他们担心集体权利会被滥用，成为损害个人权利的借口，但这种担心也有不合理的一面，因为个人权利的滥用也会导致集体权利的损害。比方说，丹麦漫画家一个人的言论自由权，可以损害十亿穆斯林的宗教自由权。一个理想的人权保护体系应该能够兼顾个人和集体权利，兼顾自由与责任。在这方面，我以为中国人的哲学思路将更适应全球化时代人权发展的趋势。

第四个缺陷是人权体系中没有优先顺序的概念。其实，没有一个国家可以同时实现所有的人权。西方在整个发展中国家推动人权的方法要么是政治权力压倒一切，要么是头痛医头、脚痛医脚。这么多发展中国家在西方的指导下，尝试了政治权优先，而不是消除贫困优先，结果很糟糕。在一个充满贫困的国度里，去搞西方式民主，结果就出现了海地这样的烂民主：饿肚子导致暴乱，暴乱导致无政府状态，无政府状态又使所谓的民选政府形同虚设，最后只能靠联合国维和警察来维持基本秩序。错误的优先顺序，效果往往不好。中国抓住了基本面，这个基本面就是经济发展，经济发展了，社会变化了，其他权利的改善就有了强大动力和物质基础。在人权问题上一定要实事求是，对于一个发展中国家，有限的资源决定了它必须权衡利弊，确定资源使用的优先顺序。像刚果、阿富汗这样的国家，首先是恢复公共秩序和发展经济的问题，如果国际社会能在三五年内帮助刚果、阿富汗做好这一事情，那已经是很了不起的人权成就了。

当然在讨论人权时，我们也要指出，有些人权属于核心人权和普世价值，也是所有人类文明都必须接受的共同底线。这些权利是任何时候、任何情况下都不能被侵犯的，比方说，禁止酷刑、禁止奴役制度、人有思想的自由、人不能被任意逮捕等。在这些问题上，我们和西方的主流观点没有分歧。美国对关塔那摩监狱的一些犯人实行了酷刑，引起全世界的反感，就是因为其做法触犯了人类文明的共同底线。但我们和西方也有不同之处，其中之一就是西方把普世价值界定得过宽，而且是以西方的意愿来界定。西方认为什么是普世价值，什么就是普世价值，整个世界都要跟着它走，这是没有道理的。

在处理人权问题上，如果各国都能真诚交流经验，取长补短，携手并进，这将是值得称道的。我们的世界丰富多彩，各国的人权理念都有自己的特点。在西方世界的内部，人权观都有很大的差异。比方说，瑞典的经济制度是建立在高税收基础之上的，这种高税收在美国就会被认为是损害了私有财产权。英国至今还有国教，而且是学校里的必修课，这在经历过法国大革命的法兰西是难以想象的。但法国政府对电视台的垄断权一直持续到1982年，这在美国则又是难以想象的。同样，法国禁止穆斯林女生在教室里戴头巾，这在中国也是难以想象的。

我在《中国触动》一书中谈过这么一个观点：全球化已经给整个世界带来了许多挑战，这种挑战需要各国之间的通力合作才能应对。现在发达国家消费的人均资源是发展中国家的32倍，美国消费的人均资源是中国的11倍，但西方迄今为止的人权观决定了：我的就是我的，半点儿也不能少，因为这是所谓的"天赋人权"，也就是所谓造物主赋予的"追求幸福的权利"，而你如果想享有同样的权利并使用相应的资源，他就要和你较劲，甚至围堵你。西方的民主制度也只对本国部分选民负责，不对别国人民负责，如此自我中心的西方人权观和民主观，怎么可能解决包括气候变暖、贸易保护主义、消除赤贫等全球性的难题呢？世界人权事业发展的进程无人可以垄断。中国要向世界各国学习保护和促进人权的一切有益的理念和做法，同时也要为世界人权事业作出自己的贡献。中国有丰富的"人本文化"，这可以丰富西方以个人自由为基础的"人权"理念：人权应以人性为基础，人权可以和先人后己的责任感结合起来。中国在人权领域内也会不断探索和创新，从而使中国的人权事业更上一层楼，同时也为世界人权事业的发展注入更多的中国元素。

言论自由与井底之蛙

　　英国是最标榜自由的国家之一，但英国今天成了世界上闭路电视监控密度最高的国家。美国也是最标榜自由的国家之一，但是美国机场的安全检查已是世界上第一个采用"全裸"仪器的国家。美国的《爱国者法案》更是允许政府相关部门窃听电话、查询电子邮件等活动。尽管英国和美国有很多人强烈不满这些侵犯个人隐私和自由的政府行为，但大部分人最后还是接受了这些措施，因为他们也意识到国际恐怖主义对自己生命所构成的威胁。从这个角度看，英、美这样的所谓自由主义国家也已进入了"后自由主义"时代。

　　其实，这个世界从来没有绝对的自由，自由与责任总是联系在一起的。但是战后的西方主流自由主义思潮则认为让人自由发展就是高于一切的，社会也会因此变得日益完善。至今西方持这种观点的人还不少。但这种观点忽视了人性本身的特点：人性中既有善的一面，也有恶的一面，恶的一面不加以遏止的话，就会给社会带来巨大的破坏。不加节制的人性可以非常贪婪，并给整个世界带来灾难。西方社会普遍的毒品泛滥和2008年金融海啸，都是极端自由主义带给我们的教训。

历史上，人们对"自由与责任""个人与集体""权利与义务""整体利益与个人利益"这些问题的论述总体上还是辩证的。例如，《联合国公民政治权利公约》中对自由的论述是既强调自由，也强调责任的。从中国人的哲学来看，这些概念都是一个问题的两个方面，两者之间取得某种平衡才好。但在美国主导的话语中，讲自由、个人、权利等就是正确的，讲责任、集体、义务就是压制民主。这种政治观点实在是非常肤浅。自由与责任中，一味强调责任确实会被独裁者滥用，但反过来一味强调自由，也会被各种政客和犯罪分子滥用。

西方的一些大哲学家也是辩证地看待这些概念的。例如，康德是反对政治与道德分离的。洛克认定独立的个体是社会契约的前提，但他强调道德的重要性，他不能接受"违背文明社会道德准则"的人。依我之观察，美国的个人主义理念与道德的分离，结果越来越多地损害了美国的整体利益。今天美国社会的毒品、枪支和暴力泛滥，美国还有哪个大城市的居民天黑以后可以平平安安地上街散步？美国人口还不到中国的四分之一，但监狱囚犯人数却超过了中国。中国理念强调自由与责任的统一有利于扭转当前西方世界过多强调个人主义、普遍主义和国家中立的立场。实际上，你只要看看长期居住在西方的华人，绝大多数华人都不能接受把自由推到极端的那种论述。即使是那些高度欣赏自由主义的海外华人，他们真正喜欢的还是过去那种经典的、伦理化的自由主义论述，他们很难接受今天西方社会那种极端自由主义。华人在西方的相对成功与他们既长于学习西方文化的优点，又能坚持自己民族的文化价值是分不开的。

西方不少有识之士也对这类问题进行着深刻的反思，如英国前文化大臣克里斯·史密斯（Chris Smith）和作家理查德·科克（Richard Kirk）就撰文"西方文明面临严酷的选择"，指出："西方文明已经走到一个十字路口，沿着一条路走下去，是愤世嫉俗、侵略、冷漠、新保守主义和极端的自由主义。另一条路是……建设一个个人通过自我完善、孜孜以求、乐观向上、理性、同情心、平等和相互认同而凝聚在一起的社会。"美国历史学家施莱辛格也指出美国社会已在走向"巴尔干化"，即极端个人主义使西方社会走向不断的分裂。德国政治学家沃尔夫冈·朔伊布勒（Wolfgang Schäuble）在《面向未来》一书中也指出："今天广泛存在的个人主义、以自我为中心、谋求自我实现的生活方式，导致连人究竟还有没有能力履行当父母所应有的任务和义务都成了问题。"

中国模式的相对成功某种意义上就是要把被西方主流观点颠倒的东西重新颠倒过来。比方说，在很多国家，维持社会稳定本身就是保护人权的最重要条件。中国的现代化需要百年稳定，非洲的现代化至少需要二百年的稳定。没有稳定，根本就不可能有发展，人权也迟早要落空。但只要你讲维持稳定，美国就说你要搞专制，这实在是荒谬的。稳定可以是专制独裁的结果，但也可以是良政善治的结果，一个国家是否实行了良政，应该由这个国家的人民自己来定，不能由美国人来界定。西方政治权利压倒一切的人权观背后往往是自己战略利益的考量，结果把很多国家搞得四分五裂，最后只能由西方从自己的战略利益出发来收拾残局。其实，中国过去三十年改革开放的最大特点就是人的自由度前所未有地扩大了，从就学择业到饮食男女，从住房买卖到养生休闲，从媒体言论到文化生活，中国人的自由度从来没有像今天这么宽广。对于多数中国人来说，这是一个显而易见的常识判断，任何一个不怀偏见的人都会承认这一点。当然，我们应该面向未来，思考我们在自由的问题上如何比西方做得更好。

2009年6月，世界经济论坛邀请我介绍中国变革的理念与战略，其中一个核心话题是言论自由和新闻自由。一位学者问我中国新闻业以后会不会像西方一样开放。我说："其实，任何一个国家的新闻开放都有一个度。比方说，美国不允许播放本·拉登的讲话，英国不允许歌颂希特勒，日本不允许批评天皇，泰国不允许开国王的玩笑，所以在新闻自由的问题上，各国的差异主要是一个度的问题。也许中国媒体在某些方面开放度还不如你们，但总体上中国的新闻自由度越来越大，而且这种开放度还会随着国家自信心增强而越来越大。但是面对未来，我们要问的问题是中国的新闻自由是否要以西方模式为标准，我认为不会。西方媒体有不少自己的长处，值得中国学习和借鉴，但在几个关键问题上，似乎处理得并不理想，所以我们要超越西方模式。"

　　首先，西方媒体如何解决自己被商业利益过多控制的问题。西方的媒体几乎都被大公司掌控，结果产生了不少问题。比方说，美国的电视节目，甚至在播放精彩电影的时候，一刻钟就打断一次。我希望这种情况永远不要在中国出现。另外还有涉及公益事业的报道，比方说，中国媒体以与报道奥运会几乎同样的篇幅来报道残奥会，这对于促进中国残疾人事业具有非常正面的意义。但是这样的做法，在西方是不可思议的，因为残奥会的商业价值远远低于奥运会。西方媒体报道中，残奥会几乎不存在，对它的报道大概连奥运会的万分之一都不到。我个人认为中国这样做是对的，因为它大大促进了中国普通民众对残疾人事业的了解，也使更多的残疾人增加了自信心。在这类事情上，恐怕是西方要向中国学习的问题。

　　其次，从西方对中国的报道来看，我觉得西方媒体始终未能解决一个价值偏见的问题。以英国广播公司和美国有线电视台为例，凡提及中国的政治新闻，主持人总不忘提醒受众中国是一个"专制国家"或者"共产党国家"。坦率地说，这还是中国"文化大革命"时期报道西方的水平。那个时候新闻一提到西方，总要加上"资本主义"之类的形容词，结果大大影响了受众对西方的真实了解。

　　我本人并不反对西方媒体着重报道中国的消极面。讲句公道话，西方媒体报道自己国内新闻时，也是以消极报道为主的。但我感到西方媒体报道本国消极面的时候，比较注意核对事实，而报道中国时，则显得粗糙得多，甚至忽视了一些起码的职业操守。比方说，西方媒体报道2008年的拉萨暴乱，都采用了尼泊尔警察殴打藏民的照片和画面，然后说中国军人在殴打藏人。为什么报道前不能多作一些核查呢？为什么报道错了之后，绝大部分媒体也未表示歉意呢？我觉得这里恐怕还有个文化傲慢的问题。

第三，我把西方对中国的报道方法概括为"只见树木不见森林"，也就是说，你们对中国某一事件的报道和描述可能还算准确，但你们对中国各种报道综合起来给人的总体印象往往是谬误的，或者说与大多数中国人对自己国家的感受差别极大。为什么你们的新闻自称是客观的和自由的，但最后造成的总体印象会如此荒谬呢？这里恐怕有个哲学理念上的差异，中国人的哲学观总是从整体出发来看个体，西方哲学观一般只注重个体，结果就造成了认知上的巨大差别。2008年北京奥运会之前，英国广播公司对英国和美国的电视观众作了调查，结果发现60%的观众认为中国人民是"受压迫的人民"。我真是挺可怜这些英国广播公司的受众，他们无法获得关于中国的客观与全面的资讯。我说亏得中国今天有强大的国防力量，否则美国就要派大兵来解放中国人民了。这个例子至少说明西方主流新闻报道的水准还远远没有达到理想的水平。我建议，作为第一步，凡是派驻中国的记者一定要懂中文，否则怎么可能真正理解一个不同的文化？第二步，报道一定要既看到树木，也看到森林，特别是了解多数中国人对各种事情的感受，以避免误导西方受众。

　　第四，从新闻自由的理念来说，消极报道、批评性的报道似乎是西方推崇的新闻理念。但新闻的客观性应该体现中国人讲的"实事求是"，也就是说，好的就说好，坏的就说坏，又好又坏的，就说又好又坏，为什么一定要偏向消极面呢？即使报道坏的新闻，为什么不能也报道光明的一面呢？这就像一个人生了重病，你可以从消极角度对他说，你可倒霉了，你快死了；但你也可以从积极角度说，好好养病，既来之，则安之，争取早日康复。这也就是西方谚语所说的，当一个杯子里有半杯水的时候，乐观者看到有水的半杯，悲观者看到没水的半杯，这是一个价值判断问题。西方媒体给人感觉似乎心理有点阴暗，总喜欢强调没水的半杯（现在国内一些媒体也有这个问题），为什么选择没水的半杯就是客观报道呢？一位英国朋友对我说，英国人脾气古怪者多，除了与英国太阳少有关，恐怕也和媒体"消极报道综合征"有关，我不知道这是否属实。当然如果多数英国人都是这种价值偏好，我不持异议。但中国人一般喜欢阳光一点的性格，绝大多数中国人喜欢乐观豁达的人，中国人看电影也大都喜欢给人以希望的结局，甚至大团圆的结局。这不是价值孰优孰劣的问题，而是历史形成的集体价值偏好。这也许是"文明型国家"的独特智慧，因为从历史大趋势来看，有乐观向上性格的民族似乎更有未来。中华文明成为世界上唯一连绵不断的伟大文明，与这种集体性格有关。

　　第五，谈到新闻自由，我还想到了一个很有意思的问题，就是中国与西方两种不同的新闻观产生了截然不同的结果。英国现在发行量最大的报纸是带有裸体女郎照片的小报《太阳报》，中国发行量最大的报纸是时政类的《参考消息》。就我个人而言，《参考消息》比《太阳报》质量高无数倍。一位比较了解中国的英国学者也对我说，这个例子可以说明，英国将竞争不过中国。实际上，早在18世纪的时候，法国大哲学家伏尔泰就感叹过英国式自由主义带来的媒体低俗化问题。伏尔泰一方面高度赞赏英国的自由经济制度和股票市场，他认为股票市场比许多国家的法庭起的作用还要好：不管是什么信仰的人，一到这里，大家就好像都信奉同一宗教（在他的故乡法国，宗教迫害当时还是一个大问题），但同时他多次表示自己很难接受英国媒体的低俗化。

第六，与媒体低俗化相关的还有一个问题，那就是自由主义价值观对媒体教育功能的否定。自由主义倾向于否定政府在价值教育方面的作用，尽管英国今天还是西方世界中为数不多的有自己国教的国家。自由主义假设任何价值观都有其存在的价值，价值上没有孰高孰低之分，所以不能在一个社会强行地推行某一种价值观，而是要确保价值多元化。我则认为，现代社会的特征确实是社会多元化带来了价值多元化，但每个社会都有自己的历史和文化传承，都有自己文化传统形成的关于良知的共识。政府也好，社会也好，父母也好，提倡这种传承和共识符合社会大多数人的愿望，也符合民主的精神。

俄罗斯大作家赫尔岑在19世纪后期曾对自由主义价值观作过颇为经典的评价。他在《往事与随想》中是这样评论英国经济自由主义的："政府竭力避免干涉的嫌疑，以致听任人们每天饿死，也不敢限制济贫院的自治权，还可以允许整个村子的人民在劳动中累死，或者变成呆小病患者。"赫尔岑不认同这样的观点，即政府的干预越少，一个国家的言论和精神就越独立。他认为在英国，政府越不干预，民众就变得越不能容忍异己，社会偏见就越是顽固。他说："你的邻居，你的肉商，你的裁缝、家庭、俱乐部和教区，随时都在监视着你，对你履行着警察的职责。"赫尔岑甚至挖苦说："在一个保存着清教徒排斥异己传统的国家里，教育和良心的自由能达到多高的水平呢！"赫尔岑这番见解有助于我们更好地了解为什么在苏东剧变之后，前社会主义国家的种族歧视、民族偏见、极端主义都变得更加严重了。我可以想象在2009年新疆"7·5事件"的时候，如果维吾尔族的媒体只替维吾尔族人讲话，汉语的媒体只替汉族人讲话，那么更激烈的民族冲突将难以避免。南斯拉夫就是这样解体的：媒体自由演变成了民族厮杀和国家解体的催化剂。此外，凡是在西方生活过的人，也都熟悉西方那种无处不在的"舆论的奴隶"，整个社会的大多数人往往是媒体和舆论的顺民（conformists），有独立思考能力的人不多。

　　台湾地区媒体自由化以后出现的情况也可以说明这一点。严肃品位的报纸破产了，花边小道的《苹果新闻》畅销了。媒体在市场力量左右下的这种结局令人感到诧异。有人说，如果台湾地区过去是政治权威，现在是市场权威，那么市场权威比政治权威覆盖的面更广，台湾媒体也从"威权时代的哈巴狗变成了民主时代的疯狗"。实际上在整个东欧，自由派知识分子在东欧剧变后的最大失落往往就是媒体的低俗化。不少受西方价值观影响较深的中国知识分子到了西方，特别是美国，最大的失望也是发现所谓民主国家的媒体原来是如此低俗。

西方所谓自由媒体对中国形成的偏见是根深蒂固的。我甚至认为无论中国人做什么努力都很难改变这种偏见，因为很多东西是历史形成的，比如，西方孩子从小学的课本中就读到：中国占领了西藏，尽管所有西方政府都承认西藏是中国的一部分。2010年把诺贝尔和平奖颁给异见人士刘晓波无非又是这种偏见的一次表现，背后还有一种对中国崛起和中国模式崛起的极度不安和恐惧，因为这种崛起已势不可挡，西方话语霸权也可能因此而走向终结。

这还使我想起了2009年在法兰克福国际书展时，一位德国汉学家对我叙述的一件事：他编译了一本中国作家的短篇小说集，想在德国一家主要报纸上发一篇评论文章，介绍这本书。但报社的编辑告诉他，除非是中国不同政见者的作品，否则德国读者不会有什么兴趣。这位汉学家很惊讶地说：可这些作家在中国有无数读者呀？那位编辑还是摇头，认为德国读者不会有兴趣。

这里就产生了一个问题：中国人说"孤掌难鸣"，也就是说，理解是双向的事情，如果只有一方想解释，另一方根本不愿意听，那么理解之桥永远也不可能建成。这里关键是西方有没有了解不同民族及其文化的意愿，然后是这种意愿的强度如何。依我之观察，西方希望了解中国的愿望长期以来远远低于中国希望了解西方的愿望。正因如此，过去三十多年中，中国有 4 亿人学习英文，中国每年的出版物中 20% 为西方翻译作品，在西方国家这个比例不到 2%，中国先后有 160 万青年学子去西方留学深造。

但话又说回来，这对中国就一定是坏事情吗？我想不。我甚至觉得如果西方愿意选择把自己蒙在鼓里，就让他们自己继续蒙在鼓里吧，因为我们信奉的是"知己知彼、百战百胜"。由于我们对西方的了解远远大于西方对我们的了解，所以我们得以趋利避害，博采众长，学习了西方的很多长处，壮大了自己，而西方一直飘飘然，真以为历史发展到了终点，结果却陷入了越来越大的政治和经济困境。他们好像最近才突然发现中国的竞争力竟是如此强大。一位欧盟官员曾多次对我说过：我们与中国人接触时总发现，中国人非常清楚地知道自己想从欧洲得到什么，而我们对能从中国得到什么从来都没有清晰的概念。

当然，随着中国的迅速崛起，西方人希望了解中国的愿望正在迅速上升，学习中文的人也越来越多，中国也越来越不在乎西方媒体的偏见了。你该说的坏话都说过了，该造的谣都造过了，连在非洲的中国工人是监狱囚犯、中国人民解放军在玉树没有救灾而是藏传喇嘛在救灾——这样的谣言都出现了，但中国没有被说倒，而是越来越强大了。西方国家最终是承认实力的。你发展起来了，西方就会开始想方设法地了解你。所以我们可以把理解中国的任务逐步交给西方，让西方人自己来做，我们可以潇洒一点。比方说，我认为没有必要派代表团去西方国家介绍西藏问题。英国人从来不派团来中国解释北爱尔兰问题，法国也从来不派团来中国解释科西嘉问题，美国也从来不派人来中国解释夏威夷群岛的归属问题。他想了解西藏，可以自己来中国做调研。西方媒体还会继续贬低中国，但我们对此不必太在乎。十年后再看吧。如果十年还不够，那就二十年，最后后悔的不会是中国。

法国学者高大伟（David Gosset）2009年2月在《亚洲时报》曾发表一篇评论文章，把拒绝客观地看待中国的西方势力比作是井底之蛙。他是这样写的：

中国公民正在向世界公民转变。这一转变影响深远。……中国人对世界的浓厚兴趣并不意味着他们忘掉或者舍弃自己的传统。相反，对绝大多数的中国知识分子或中国的世界公民来说，对外国文化的开放旨在重新解读中国自己的传统。实际上，中国对外部世界的好奇，与回归中国传统和反思中国特性都是同时发生的事情。中国在向世界开放的同时，西方能不能也向中国的文艺复兴开放呢？如果西方认为自己没必要向中国学习，没必要学习中国古老的智慧、美学和价值观，如果面对中国模式的全面成功，西方还是拒绝质疑自己对经济和政治现代性的臆断，那么西方真可能成为最后一只井底之蛙。

第六章

西方模式的困境：我看印度

贫民窟带来的震撼与思考

　　谈中国崛起，总要有国际比较才好。我的基本结论是尽管中国仍然存有许多问题，但是中国在过去三十多年的表现，特别是在消除贫困和实现现代化两个方面的表现，明显好于世界上其他发展中国家，也好于过渡经济国家。为了更好地了解中国，我们需要进行国际比较。印度这些年发展速度比较快，也是大家谈论较多的国家，印度崛起的说法也不断出现在国内外媒体中。应该说，印度近年在软件业、制药业、外包业等方面，表现引人注目，取得了大多数发展中国家难以企及的成绩。但依我之观察，印度与中国的差距还相当大，我估计二十年后印度恐怕也难以达到中国今天的发展水平。这里我可以谈谈我访问印度的感受和思考。

　　我最近一次访问印度是2008年12月。就在我抵达孟买的前一个星期，也就是11月26日夜，孟买经历了它自己的"9·11"。10名恐怖分子袭击了孟买10多个目标（包括著名的泰姬陵饭店、孟买中央火车站、犹太教活动中心等），而印度特种部队姗姗来迟，花了4天才平定了这场袭击，击毙了9名恐怖主义分子，活捉1人。

整个袭击造成了近200名无辜者死亡，近300人受伤。由于恐怖袭击的缘故，一时来孟买的人锐减，我坐的飞机上一半座位都空着。我过去抵达孟买都在夜间，对这个城市没有多少"空中印象"。这次我选择了白天抵达的航班，还挑选了一个靠窗的座位，期待从空中一睹这个印度的传奇城市。上午11点20分，飞机徐徐下降。我眼睛紧紧地盯着地面，我看清了，也震惊了，我看到的不是一个现代大都市的壮丽城郭，而是一望无边、密密麻麻的贫民窟。我早就知道这个1 400多万人的大城市中60%左右的人至今还住在贫民窟，但从空中看到贫民窟如此巨大的规模，于我也是第一次，只能用"触目惊心"四个字来形容。

出了机场，四个汉子一起涌上来要帮我推行李，我让看上去比较面善的那位帮我推，随后给了他50卢比的小费，坐上了一辆没有空调、没有收音机的"大使"牌出租车。可我没想到，此时六只手同时敲打起出租车的玻璃窗，没有替我拿行李的那三个人也问我要小费。我的司机大声对我说"别理他们"，一踩油门就把车开走了。我从车窗往后一看，那三个汉子正抓住收我小费的那位不放，显然耍从他那儿分出一杯羹来。印度的竞争看来真残酷呀。

坐上出租车，行驶在通往市中心的大道上，司机问我，过去来过印度吗？我说："来过，二十年前。"他问："你觉得印度变化大吗？"我往窗外一看，大道的两边还是贫民窟，客气地说："有些变化，你们的机场正在扩建。""一直说这条机场大道要拓宽，"他说，

"但几年过去了还没有拓宽。"我问他为什么，他说："两边的居民不同意。"我后来才了解到大路两边的贫民窟居民，已经被高度政治化地动员了起来，坚决抵制道路扩建。

在旅馆安顿下来后，我马上赶去火车站。我乘坐了孟买那种无门的城轨列车，从市中心的第一站Churchgate上车，一直坐到孟买城北的终点站Borivali，纵贯整个大孟买城区，但我一路上看到的竟然还是大量的简陋屋和贫民窟，某些地段也有一些新建的楼房，象征了渴望崛起的印度，但它们大都被包围在汪洋大海般的陋宅之中。第二天，我约了印度朋友S君一起走访了一个叫达拉维（Dharavi）的贫民窟，据说这是亚洲最大的贫民窟，居住着100万人，紧靠着孟买金融中心。坦率地说，这里的居所哪能算是房子，它们是暗无天日的窝棚，人均居住面积只有2至3平方米，平均1 400多人一个厕所（另一说法是上万人一个厕所），苍蝇乱飞，老鼠乱窜，各种传染病频发。这个贫民窟还是孟买最大的废品处理场：我看到无数打工者（很多是童工和低种姓者），他们把各种各样的废塑料、废电脑、废瓶子、废罐头、废纸箱一一加以分拣，重新处理，这些人没有手套、口罩等最起码的劳动保护用具，连焚化废锡铁皮的炉前工也不戴口罩和眼镜。S君告诉我这里大部分劳工每日工作12小时，日均收入不到1美元，周末也不休息，自己还要管吃。

孟买贫民窟里有很多非政府组织，其中一部分是真心诚意地为贫民做好事，如办学、行医等，但另一部分则是黑社会组织，在贫民窟里呼风唤雨，甚至控制了供水（这个贫民窟每天只有3个小时的自来水供应）、供电（经常停电），他们还与政客勾结，使孟买的贫民窟成为一些政客的稳定票仓。

血汗劳动、童工奴隶、专横的黑社会，这一切不是发生在印度的穷乡僻壤，而是发生在这里，发生在印度的经济、金融和文化中心，发生在"印度的上海"，发生在光天化日之下。在这个所谓世界最大的民主国家里，人们对这类事情似乎已经麻木，原因大概有三：一是这类事情太多，数不胜数，法不责众，大家都睁一眼闭一眼；二是这里的劳工大都属于低种姓，其他种姓的人很少关心他们的命运；三是这里很多的政府部门和官员腐败成风，早被雇主收买了。

我问S君政府为解决贫民窟做了些什么？他告诉我，1995年政府制订了一个计划，五年内要改造孟买90万户贫民窟"住房"，但五年过去了，一共完成了6 000户的改造（户均5人，改造后的户均居住面积为21平方米）。我怕自己听错了，又问了他一下，他干脆用笔把这句话完整地写在我的笔记本上。在《中国触动》一书中，我曾写到自己过去访印的观感："你可以开车从北京或上海市中心出发，往任何方向开，只要不开到海里去，不开出国境线，开20个小时，你会看到很多的农村和城市，你把你一路所看到的贫困现象加在一起，可能会少于你从印度的孟买、德里、加尔各答市中心往城外开2个小时所看到的贫困。这些印度城市及其周边地区还是印度相对比较发达的地区，但你仍不时可以看到中国绝大多数地区已经绝迹的那种赤贫：几十万人居住的大片的贫民窟，那种衣衫褴褛、无家可归的赤贫。通过三十年的改革开放，中国赤贫人数大幅下降，而印度还远远没有做到这一点。"这次访印之后，我认为这些话一个字都不用改。

印度有一大批长于空谈的政客，他们在竞选时总是胡乱地向选民开空头支票，什么"五年后让世界忘掉上海，只谈论孟买"，以我对印度的观察，孟买二十年后也达不到上海今天的水平。坦率地说，在这个印度最发达的城市，今天一半居民的居住条件还不如中国大部分的农村地区，还不如我们汶川地震灾区的简易房，真不知道孟买怎么赶上上海，真不知道印度怎么赶上中国。印度这几年在软件、服务外包、制药等行业有长足的发展，说明了印度这个国家确实有巨大的发展潜力，某些方面的经验也值得中国借鉴，但这些行业迄今所创造的就业机会有限，印度的人口增长又快，印度也因此而无法解决长期困扰自己的赤贫问题。

国内一些人主张学习印度的民主，甚至学习印度的贫民窟，认为这是尊重人权，我真想建议这些人去印度发达地区的贫民窟小住一两天，亲身体验一下印度劳苦大众的实际生活状况，了解一下什么叫"贱民"，什么叫"滚地龙"，什么叫"暗无天日"的生活，什么叫"儿童奴隶"，什么叫"黑社会民主"，什么叫"没有最起码的尊严和人权"。其实一个国家的经济文化发展水平往往就像一把铁尺，规范着一个国家公民社会的水准。印度如此低劣的发展水准，也是印度公民社会质量不佳的重要原因。

我知道一些中国学者认为中国的贫富差距超过了印度，他们引用亚洲银行关于中国的基尼系数超过印度的数字来说问题。中国贫富差距扩大是一个事实，需要我们非常认真地处理，但印度的贫富差距确实远远大于中国。正如我在前面所说的，基尼系数只计算人的收入差距，而不计算一个人是否事实上拥有土地、私宅等，中国的农民工绝大部分在家乡都有自己或者亲人的土地和私宅。而印度与大多数发展中国家一样，从未进行过真正意义上的土地改革，很大比例的农民上无片瓦、下无立锥之地，一旦流入城市，贫民窟就是他们的"天堂"。我希望中国有志于研究贫富差距问题的人，把土地、私宅这些资产也考虑进去，再来进行一些更有说服力的比较。

"贫民窟与孟买恐怖主义袭击有没有关系？"我问一位印度报社的资深编辑，他毫不迟疑地对我说："当然有关系，我们孟买市内就有一个索马里。孟买穆斯林的人口有200多万，但大多数的穆斯林都贫穷，住在贫民窟，年轻人失业率极高，宗教极端主义在这里有市场，不少人从事贩毒，收买了孟买的警察和官员，而且与来自巴基斯坦的穆斯林恐怖主义分子里应外合。"我不知道这个分析是否准确，但我碰到的印度学者中至少一半人都同意这个观点。

印度产生了一些世界上一流的企业家、科学家，我教过的印度学生也大都非常优秀，即使在条件如此恶劣的孟买贫民窟，我也可以感受到印度最底层的劳苦大众为改变生活而辛勤劳作，我对印度的最终崛起并不怀疑，但前提是印度需要觉醒，需要认识到除非印度对自己的政治制度进行大规模的改革和创新，否则印度很难真正崛起。可惜不少印度官员和学者被西方的不值钱的赞扬吹得飘飘然，真的以为印度拥有一种比中国更为优越的政治体制，很快就会在各个方面超过中国。我得出的结论正好相反，印度今天的所有问题都与其政治体制差劲有关。由于这个体制，印度无法有效地解决印度的"种姓制度"问题，特别是1.6亿贱民无法真正获得解放；也无法有效地解决妇女解放、土地改革、农村贫困、城市贫民窟、恐怖主义威胁等一系列问题。这些基本问题不解决，印度怎么崛起？印度与中国的差距怎么可能缩小？

我这次访印期间，印度朋友和我聊得最多的是孟买恐怖主义袭击这个话题，我第一次感到这么多印度人都有一种无力感，因为这次危机暴露出印度太多的问题。警察不争气、情报系统不争气、政府部门不争气、官员更不争气，印度是世界上遭受恐怖主义袭击最多的国家之一，以孟买为例，从2002年以来，几乎每年都有较大规模的恐怖主义袭击，2006年夏天，纵贯孟买南北的这条城轨就发生过大爆炸，造成了200多人死亡。但是到了2008年，印度上上下下的防恐意识仍然薄弱。2008年11月恐怖袭击发生后，印度精锐的反恐部队，花了9个小时才抵达袭击现场。我在尼赫鲁大学讲学，与印度学者讨论中国发展模式，一位印度学者问我：如果中国碰到这样的恐怖主义袭击会怎样应对？我说，中国迄今为止还没有碰到这么大规模的恐怖主义袭击，所以不好说，但我可以谈一件事：2008年5月中国汶川发生了特大地震，震中在中国中部山区，远离国家的经济和金融中心，但我们的军队在20分钟内就启动了救灾机制，我们的总理在2小时之内，就坐在飞往灾区的飞机上了，我们的医疗队三四天内就覆盖到所有1 000多个受灾的乡镇，直接救助2 000多万灾民。另一位学者追问："您是不是想证明'专制'比'民主'更有效率？"我说："不是'专制'比'民主'更有效率，而是'良政'比'劣政'更有效率。中国模式的相对成功表明：不管什么政治制度，最后一定要落实到'良政'才行，落实到中国人讲的'以人为本''励精图治'才行。'良政'可以是西方政治制度，如瑞士，也可以是非西方的政治制度，如新加坡，中国在这方面虽有不足，但远比绝大多数发展中国家做得好；'劣政'可以是西方政治制度，如海地、伊拉克、菲律宾、刚果、格鲁吉亚，也可以是非西方政治制度，如缅甸。"我回答完，会议厅内一阵沉默，会议主席说："看来我们印度人也在反思。"

印度为什么落后于中国？

在所有发展中国家中，印度与中国的可比性最大：两国都属文明古国，都人口众多，都幅员辽阔，都经历过殖民入侵，新中国成立于1949年，印度独立于1947年。两国后来都选择过计划经济和经济体制改革。总体上，印度在60年前的起点略高于中国，因为中国在1949年之前，连续经历了百年战乱。而印度则相对稳定，1947年的印巴分治是该国近代史上的最大冲突，造成了数十万人死亡，千万人流离失所。印度的种族、宗教、语言、民族等问题要比中国复杂。1940年代末，两国的人均收入（印度略高）、预期寿命、识字率等主要发展水平的指标都比较接近。但两国属于完全不同的文明，也选择了完全不同的政治制度和发展模式，最后两国发展的结果也大不相同。

总的来说，中国在国家现代化方面已经远远地走在印度的前面。从世界银行等机构公布的2007年的统计数字看，印度的经济规模大约只有中国的三分之一、外贸规模只有中国的四分之一、吸引外资规模只有中国的十分之一、粮食产量只有中国的一半

（尽管印度的可耕地比中国多），印度人均寿命比中国整整少10岁，境外游客人数少于中国的二十分之一。高速公路里程、奥运会奖牌总数、妇女地位、贫民窟状况等方面，两国情况完全无法比，印度比中国差太多了。

从"透明国际"2008年的评估来看，在180多个国家中，印度的腐败程度排在第85位，高于中国的第72位。从耶鲁大学2008年公布的绿色指数（EPI）来看，印度排在第120位，低于中国的第105位。西方总觉得"民主"的印度应该超过"不民主"的中国，不少印度官员和学者也信以为真，认为只要有了那个"优越的政治体制"，印度就会比中国做得好，其实印度在绝大多数可比的领域内都落后于中国，而且差距还很大。

印度从1947年独立以来所走过的道路大概可以这样概括：在政治方面，从独立至今的绝大部分时间内，印度实行了西方民主制度；在经济方面，从1947年到1990年，印度实行的是一种官僚控制的计划经济和公平优先于效率的政策，但印度没有放弃过私营经济，所以印度今天仍然有很多老字号的私营企业，有些已经做得很大。总体看来，在这段时间印度经济增长缓慢，速度徘徊在3%—3.5%（被讥讽为"印度教徒增长率"），结果社会公平正义等目标也没有很好地实现。

印度从1991年开始了经济改革，鼓励私营企业的发展，大力吸引外资。这之后印度经济增长一直比较迅速，连续十来年保持了接近8%的增长率，在软件、信息、服务外包、制药等领域内取得了长足进展，也有不少值得中国学习的地方。但这些产业创造的就业机会不多，所以印度社会始终未能解决广泛存在的贫困问题，印度人口中仍然有3亿多人生活在极端贫困中。

当年，英国首相丘吉尔不相信在印度这么一个落后的地方能搞民主制度，但今天这个制度在印度已经基本稳定下来，印度不少学者说，如果印度没有现在这种民主制度，印度国家的统一都无法维持。这个制度使不同的民族、宗教、地区、社团等在政治上都能发出自己的声音，使他们能够实现自己利益的表达，从这个意义上来讲，这是印度政治制度所取得的成功。但这种成功又是不全面的，其最大的弱点在于印度政治制度虽然让各方表达了自己的利益，但无力有效地整合不同的利益，结果成了无休止的"党争"和政治倾轧，无法形成一个现代化导向的强势政府，无法克服各种既得利益集团的阻挠，最终导致印度现代化事业步履艰难。

在下列几个涉及印度现代化能否成功的关键问题上，印度的政治制度没有大的作为。换言之，我认为正是印度政治制度的落后才导致了印度全面落后于中国。西方主流学者硬是说印度代表了先进的政治制度，这是有悖于常识的，也有悖于中国人"实事求是"的价值观，就像皇帝的新装，不怀偏见的人一眼就能看穿。印度政治制度造成了哪些问题呢？

首先，它无力真正废除种姓制度。印度教信奉自然崇拜、万物有灵和轮回转世。印度教衍生出来的种姓制度包括了婆罗门

（负责宗教祭祀）、刹帝利（负责国家行政管理）、吠舍（从事工、农、商等）和首陀罗（从事所谓污秽职业的人）四大种姓，在此之外还有地位最低的"贱民"，这几大种姓还可以进一步细分出几千个亚种姓。由于种姓制度在印度根深蒂固，无所不在，使得印度社会至今仍是世界上最不公平的社会之一，人从一出生就被分成了三六九等。

1947年确立的印度民主制度虽然从法律上废除了种姓制度，但在更深的层面，特别是人的意识层面、信仰层面和实际生活层面，这种制度及其影响仍根深蒂固，严重束缚了印度社会的现代化进程。种姓制度本身是印度教教义的一部分，而印度民主制度无力推动任何实质性的宗教改革或社会改良，也无力冲破高种姓人对这种改革的阻挠和抵制。更有甚者，随着印度特色民主体制的演变，民粹政治与种姓制度结合的趋势愈演愈烈，使印度民主的品质进一步恶化。

中国与印度的一个基本差别就是：虽然两国都存在贫富差距和地区差距，但绝大多数中国人相信通过自己诚实的奋斗，可以改善自己的命运，而在印度就很难，低种姓者人都不会去思考这个问题。印度独立都六十多年了，但是在印度农村的很多小学里：高种姓的孩子有小木凳坐，有课本念，有小石板写字；低种姓的孩子坐在地上，没有课本，没有石板。虽然印度法律上早已废除了种姓制度，但这些学校里的校长、教员和学生都是印度教教徒，大家会觉得这样做很自然，低种姓的孩子自己也觉得这样做是合情合理的。印度教里，"贱民"信徒去寺庙里上香，只能逗留在印度教庙宇的外面，不能进入庙宇。

现代化首先就要求消除贫困，实现最起码的机会均等，但印度在这个方面的成绩与中国相差很大，一个主要原因就是高种姓的官员不热心解决低种姓人面临的疾苦和歧视。高种姓的人，包括大批的政府官员，从不与低种姓的人握手，怎么能指望他们为低种姓者的利益而努力奋斗。在乡村，政府发给穷人的一些补助票证，也会被当地其他种姓的人"截留"，低种姓人一般也不敢去问。低种姓人往往自己认命，认为自己的贫困就是因为祖上积德不够，所以也没有社会进步所需要的那种进取意识。

印度的确有不少致力于废除种姓制度的非政府组织，他们做很多事情，如自己办学平等对待不同种姓的孩子，精神十分可嘉，但当整个印度政治体系都无法真正动员起来解决这一类问题的时候，他们的工作也只能是杯水车薪，无济于事。印度政府为了消除种姓制度也做了不少事情。例如政府部门和公立学校都给低种姓的人保留了位子，申请政府机关和学校的职位，都要填上种姓，因为你可能因此而得到照顾。但在实践中这些措施都改变不了种姓制度无处不在的事实。你可以随便问10个印度人，有没有可能在今后三十年内消除这种丑陋的制度，9个人会告诉你"做不到"。这么大一个"贱民"群体没有真正解放，印度怎么实现现代化？

其次，既然印度的政治体制无力推动消除种姓制度，自然也无力推动妇女的真正解放，真正实现男女平等。印度独立都六十多年了，但印度基本上还是一个父权社会，妇女的地位远远低于男子。从中国去印度访问，就会发现妇女可以从事的工作比中国少很多，虽然在大城市里白领阶层中女性有一定的比例，但在绝大多数的旅馆、餐厅、商店、银行里，女职员人数都大大低于男职员，女企业家、女商人更是凤毛麟角。农村的情况就更为严重了。妇女的文盲率远远高于男人，就业率则远远低于男人。印度传统中，妇女出嫁要向男方支付昂贵的嫁妆，虽然当年甘地主张男女平等，但印度从来没有进行过实质性的妇女解放运动，每年因嫁妆不足而被活活烧死的妇女成千上万。时至今日，包办婚姻、童婚等现象仍然广泛存在。妇女地位低下，严重阻碍了印度妇女智慧和能力的发挥。虽然印度政坛有英迪拉·甘地、索尼娅·甘地这样的重量级人物，但与巴基斯坦的贝·布托夫人一样，这不是说明这些国家妇女地位高，而恰恰说明了这些国家的民主品质有问题：普通民众仍然对名人的配偶或后代有一种盲目的崇拜，南亚地区民主制度很大程度上还是一种家族政治。

再次，它也无力推动真正的土地改革。印度开国总理尼赫鲁本人当年曾希望推动土地改革，但他所依赖的国大党代表的是控制印度土地资源的高种姓大地主阶层，这个阶层又左右了国大党庞大的农村票源，尼赫鲁最后也只能妥协，把土地改革这个问题交给了邦一级的政府和议会，而邦议会历来都是大地主阶层的囊中之物。印度各级议员中很大比例都是地主的代表，巴基斯坦、尼泊尔等南亚国家的情况也类似，这使得任何真正的土地改革方案在议会里很难获得通过。此外，英国人给印度留下的法律体系又包括了私有财产不可侵犯等法律，这也使土地改革更加难以展开。

正因为如此，印度有大量的无地农民，约占印度农村人口的一半以上。印度也进行了一些有限的土地改革，如政府把无主土地分给了部分农民，但得到土地的农民，往往由于家庭成员过多，分到的土地面积过小而无力进行规模经营，最后就把土地转卖了。按照印度的习俗，土地是传给儿子或兄弟的，而男人往往喜欢进城找报酬更高的工作，留在农村的妇女经常无力耕作，最后也把土地卖了，卖得的钱用来准备出嫁的嫁妆，这也是印度农民失地的一个重要原因。发展中国家不解决土地改革问题就无法调动农民的生产积极性。在印度访问，只要随意看一看当地的农田和庄稼，就知道印度的田间管理和水利建设的水平大大低于中国，印度粮食产量只有中国的一半也就不足为奇了。

最后，它解决不了腐败问题。西方政治理论一般认为靠西方民主制度可以有效地遏制腐败，但在发展中国家实行西方制度的国家腐败问题仍然非常严重，印度就是一个例子。我的一个印度学生对我说："和印度政府部门打交道，很像去印度教庙宇拜神，你要学会做出一整套世界上最复杂的动作，懂得什么时候要跪下、什么时候要趴下、什么时候要躺下、什么时候要念经。申请一个护照出国要经过十几个人，排几天的队。最后大家都想办法花钱去买通关系，这些都是公开的秘密。"

为什么印度采用多党竞争制度，腐败却有增无减呢？原因很简单：在一个经济文化教育落后的国家，政客用钱直接买票或间接买票（例如收买黑社会，然后控制票源）如家常便饭。孟买贫民窟里黑社会可以呼风唤雨，使贫民窟成为一大批腐败政客的稳定票仓。黑社会还与政客勾结，从事毒品买卖，不仅收买了很多政府官员和非政府组织，而且可以控制选票。印度议员受贿情况也非常严重，2005年12月12日印度《今日播报》电视台曾播放一组偷拍的画面，记录了11名印度议员与假扮成游说公司代表的记者进行"现金换质询"的交易，画面中有的议员正在把成卷的钱直接装进自己的口袋，有的则先把钱数点完，然后对"游说公司"代表的要求满口答应。2004年选出的印度议会中，近四分之一的当选议员居然都有犯罪记录，包括涉嫌强奸、杀人和纵火，有的候选人当选时还在监狱里服刑。美国《国际先驱论坛报》2007年4月27日报道，根据印度《社会观察》组织的统计：印度538个议员中有125个受到刑事犯罪指控，其中一半如果判刑的话，都会在五年以上。这又与印度司法制度有关，印度司法系统办案效率极低，而且是冠冕堂皇的"无罪推断"，这些嫌疑犯可以继续活跃在印度的政坛上，该报认为这个情况是印度政治体制中难以治愈的"癌症"。

印度民主综合征："散、软、短、泛、粹"

　　了解印度这么一个与中国起点类似的国家很有好处，它可以帮助我们了解发展中国家采用西方政治制度容易产生的一些典型问题。印度具有西方民主制度的一切特征，如多党制、议会制、三权分立、言论自由、一人一票，但这个制度的品质非常之低。其实，印度民主从一开始就是一种有诸多缺陷的民主，从1947年独立到今天的绝大部分时间内，都是印度国大党执政，而尼赫鲁家族几乎一直把持着国大党内的核心事务。从当年的尼赫鲁执政到今天的索尼娅·甘地"垂帘听政"，这种几十年一贯制的"家天下"，本身就反映了印度文化和历史给印度民主制度留下的烙印。不仅国大党这样，印度许多地方党派也是"子承父业"的家族政治，家族政治在印度乃至在整个南亚地区，如巴基斯坦和孟加拉国，都很普遍。

　　印度民主品质可以用"散、软、短、泛、粹"五个字来概括：实际上这五个特点也是发展中国家采用西方民主模式产生的普遍问题。

第一是"散"。有民主而无集中，党争激烈，不同地区、不同宗教、不同民族、不同派别、不同种姓都提出自己的利益诉求，而政府无力整合这些不同的利益诉求，从而导致目标失范、国家一盘散沙的局面。印度民主的演变主要受到西方民主话语的影响，这种话语把民主本身视为目的，而非实现良政的手段，而民主又被简化为程序民主，正确的程序本身就能产生正义和良政。在这种思潮的影响下，印度政治的重点是放在大鸣大放，一人一票，反对党为反对而反对，执政党的政策难以贯彻，结果连改造贫民窟这么一个简单的问题，都很难达成社会共识，即使达成共识，也很难执行：一个政党要"消除"贫民窟，另一个政党就找出各种理由来反对，或者抽象支持，具体否定，结果贫民窟越来越多。这种党争浪费了大量资源，使印度人民的整体利益严重受损，前面提到的印度政府五年时间内才完成了孟买6 000套超低水平的贫民窟改造，就是一个例子。发达国家在实行一人一票之前已经实现了现代化，现在又比发展中国家享有多几十倍的人均资源，还有庞大的中产阶级来维系社会稳定，所以它今天可以耐得住这种空耗，而对于一个像印度这样的发展中国家，这种空耗意味着现代化目标遥遥无期，最后还是百姓遭殃。

第二个特点是"软"。如果说中国有一个现代化导向的"强政府"，而印度则有一个目标无法集中的"软政府"。经济学家缪尔达尔曾在其名著《亚洲的戏剧》中使用了"软政府"这个概念，他指出：即便印度这样的南亚国家制订了详尽的经济计划，其实施计划的能力也是非常弱的，因为它们的政府是"软政府"。比方说，印度早在1950年代便提出了要控制增长过快的人口，但时至今日仍未能有效地执行这一政策。当年英迪拉·甘地领导的国大党曾推动过比较强硬的人口政策，但国大党很快就在大选中失利。这之后，政客们就再也不敢提人口控制，谁提计划生育，就等于放弃选票，而人口增长控制不住，印度就很难解决广泛存在的赤贫问题。相比之下，中国在1970年代末才开始实行计划生育政策，人口增长过快的趋势便迅速得到了控制。

从战后发展中国家经济发展的经验来看，如果没有一个比较中性强势的政府来整合不同的利益诉求，冲破各种"既得利益"的阻挠，确定各种任务的轻重缓急，就很难迈开现代化的步伐。中国道路的特点是在人口增长大致得到控制的条件下，把通过发展来减少贫困作为硬道理，并有重点地在一些领域内先取得突破，最终带动经济和社会的整体进步，而印度政府没有这种能力。

印度的《劳工法》也是这个情况。没有哪位政客敢碰《劳工法》，也没有哪个政府敢于关闭效率低下的工厂，这是印度吸引外资大大少于中国的一个主要原因。这又使人联想到法治的问题，一般说来，法治一定是好事，但在印度的特定环境下，这又构成了印度的某种包袱。因为印度有许多几十年前制定的法律，早已不合时宜，但要改动则非常困难。印度《劳工法》是一个体系，包括了40多项不同的法律，其中有1926年的工会法和1947年的劳动争议解决法，公司要解雇工人非常困难。这样的法律看似保护了工人的利益，但实际上阻碍了投资，减少了就业机会。而这样的法律要修改的话，程序非常复杂。2008年孟买恐怖主义袭击也暴露出印度法治方面的问题，根据印度宪法，治安属于邦政府的管辖范围，中央政府不得干预，而反恐的精锐部队又属于中央政府管辖，这种复杂的关系是造成反恐斗争乏力的一个主要原因。

第三个特点是"短"。由于印度民主体制品质不高，政府考虑的问题大都是短期的，以争取选票为最大考量，而印度人民的整体利益和长远利益很容易被牺牲掉。比方说，孟买是印度的经济、金融和文化中心，但孟买的基础设施严重落后，成了印度经济发展的一个瓶颈，改造孟买的基础设施需要大量的资金，可是孟买所在的马哈拉施特拉邦的政府，其票源主要在该邦的农村地区，而非孟买（这个邦的人口近一亿，而孟买人口只占该邦的七分之一），它更愿意把有限的资金，作为赢得选票的资源，投向选民多的农村。像中国那样从整个国家现代化的整体目标出发，进行理性的、长远的布局，让条件比较好的沿海地区先走一步，把财富尽快地创造出来，然后中央再通过税收、对口援助、产业梯度转移等措施来帮助落后地区，进而带动整个国家的发展，在印度就很难做到。据说印度前总理辛格曾认为旁遮普邦的农民教育程度和耕作水平高于比哈尔邦的农民，应该优先帮助旁遮普邦农民发展起来，然后再来帮助比较贫困的比哈尔邦农民，但这样的建议在印度就很难通过，结果就是大家都耗着，继续各自的短期行为。

第四个特点是"泛"，这里主要指泛政治化。用中国话说，在印度很难"实事求是"地讨论和解决问题。以2008年孟买恐怖主义袭击为例，印度政坛两个大党（国大党和人民党）居然无法共同对敌，而是很快陷入党争。印度穆斯林一般是国大党的主要票源，所以国大党总是强调印度的穆斯林是温和的穆斯林，与恐怖主义无关，而人民党代表了印度教的主流，经常指责印度穆斯林是伊斯兰恐怖主义的帮凶，总在批评国大党反恐乏力。这种党争使普通印度民众深感失望。印度遭受过很多恐怖主义的袭击，过去人们大都责怪巴基斯坦，但2008年的那次袭击使更多的人把矛头指向了印度自己政客的无能。不过从我实地访问的观察来看，这种对政客的批评主要还是局限在会讲英语的印度中产阶级，因为这次恐怖主义袭击直接影响了他们的生活，但这些人占印度人口的比例还很小，他们在印度各种英语媒体上不停地批评印度政客，在电视上不停地辩论如何解决恐怖主义威胁，如何使印度的官员真正不再浑浑噩噩，但印度官员根本不参加这种辩论。我看印度中产阶级也很无奈，因为他们人数少，参加投票的也少，即使投了票，也影响不了政局，而政客还是照样可以继续忽悠广大底层的民众。

另外一个典型的泛政治化的例子就是2006年孟买火车爆炸案发生后的调查：印度的安全部门决定展开调查，但这个调查过程很快就被泛政治化了。调查组的一位官员这样抱怨：你去穆斯林居住区调查，这儿的人马上就动员起来，谴责这是针对穆斯林人的阴谋。你去印度教徒居住区调查，那里的人又马上组织起来，指责你搞针对印度教徒的阴谋。其实两个教派的极端主义分子都搞恐怖主义活动，但由于泛政治化，使得政府的调查活动很难顺利进行，结果被牺牲掉的是孟买和印度的整体利益。

最后一个特点就是"粹"，即民粹主义盛行。印度知名学者苏尼尔·基尔纳尼（Sunil Khilnani）在《作为理念的印度》一书中描绘过印度民主品质的演变，他说：尼赫鲁时期（1947—1964）印度民主还大致上维持了一种上层精英民主，政府还可以对国家的未来制定一些比较长期的规划。但从1970年代中期开始，随着国大党执政地位动摇，国大党为了扩大票源，越来越转向动员下层民众参加投票，结果带动了整个印度的民主体制朝着民粹主义方向发展。为了获得选票，政客们打族群牌、宗教牌、种姓牌、地区牌，使印度的政治日益族群化、宗教化、种姓化、地区化，这是一种可怕的趋势，导致族群、宗教、种姓、地区等各种矛盾更加复杂和尖锐，导致政府对社会的整合能力锐减。宗教势力坐大，民粹主义嚣张，今天的印度是一个分裂的社会，各种宗教、种姓、社群的冲突长年不断。印度本来就是宗教、民族、语言差异最大的国家之一，印度政治制度不是去谋求大家的共性，而是强调大家的个性。结果是社会严重失序，其中尤以印度教派和穆斯林教派的冲突最大，双方几乎每年都会发生大规模的冲突，双方针对对方的恐怖主义行为也很多。

1970年代中期开始的民粹政治，也导致印度底层的选民数量大增。西方民主假设每个人都是拥有独立意志的选民，可以作出独立的政治选择，但印度的情况不是这样（其他第三世界国家情况也类似）。由于目不识丁的穷人众多，腐败政客只要稍施小恩小惠，就可以操纵选举结果。许多选民连政党和政客的名字都不认识，选举机构只好用各种易识的图案来代表，这些选民也是最容易被欺骗的。印度扫盲进展缓慢也与印度民主制度的特性有关，很多政客不热心扫盲，对他们来说，文盲越多，越容易被操纵。2004年大选就是一个例子，当时执政的印度人民党在内政外交上都有一些成绩，但是被选了下去，那次选举的投票率只有55%，国大党走民粹主义路线，动员了底层民众，重新夺回了政权。底层选民往往对国家的整体利益了解很少，其手中的选票也基本上被地方有钱有势的人掌控，然后稀里糊涂地把自己的票投给那些投机政客。

印度过去十来年经济发展还比较快。印度学者自己的解释是：如果中国是强势政府推动的现代化模式，印度模式就是尽量绕开政府来发展经济的模式。印度学者开玩笑说：我们有两个行业发展最快，一个是电信产业，另一个是选美产业，为什么这两个产业发展得快？因为它们崛起的时候政府还没有这方面的规定，等到政府来管了，它们大概也要完蛋了。印度一些产业能够绕过政府，绕过落后的基础设施，在体制薄弱的地方生长和发展，表明印度工商界逐渐摸索出了一些应对印度政治体制缺陷的办法。政府现在也面临着改革的巨大压力，这些力量都会使印度的经济进一步发展，使其政治制度某些方面得到改进，毕竟西方国家自己的发展过程往往也是这样数百年一路磨合下来的。但我认为要靠这种模式来赶超中国和西方，则非常之难。

　　印度不少私营企业很有创业精神和发展潜力，取得了不俗的成绩，这使一些印度学者和官员经常谈论"跨越式"发展，希望能够"跨越"制造业，直接进入服务业，创造印度现代化的奇迹。只要仔细看一下印度发展得比较快的产业，如外包服务、软件等，其服务对象主要都是外国客户，而非本国的客户。在与印度学者讨论的时候，我很坦率地谈过我的看法：根据我的研究，（一）还没有发现一个发展中国家能够通过普选而实现现代化；（二）还没有发现一个发展中国家可以通过"软政府"而实现现代化；（三）还没有发现一个大中型的发展中国家可以跳过制造业而通过直接发展服务业来实现现代化。

　　2008年年初，我和一位印度学者曾应邀在布鲁塞尔作了一个关于中印崛起的讲座，我和他分别介绍了中国和印度的崛起及其对欧洲的影响。这位印度教授承认欧盟和中国的战略对话已经有相当的深度，因为中国的经济规模比印度大很多，他说："印度还没有达到中国的水平，中国是奥运会级别的，印度只是英联邦运动会级别的。"其实，印度连主小英联邦运动会都有点力不从心。本书截稿时正值英联邦运动会开幕前夕，但新德里主体育馆天桥坍塌、运动员村污秽肮脏、工程贪腐弊案丛生。加拿大《国家邮报》干脆以一组漫画替代了评论：第一幅漫画中，一名羽毛球运动员挥舞球拍，但打的不是羽毛球，而是蟑螂；第二幅漫画描绘的是运动员村里肮脏的伙食；第三幅漫画中，一名外国运动员拖着行李拼命奔跑，一边跑一边喊"赶紧离开这鬼地方"。英国《金融时报》也载文感叹："一场万众瞩目的体育盛事被印度准备得一塌糊涂，这似乎能很好地解释为何四十年前印度的GDP水平与中国处于同一起跑线上，而今却被中国远远地甩在后面。"说到底，民主制度只是一种手段，它最终要落实到国家的治理水平。迄今为止，中国的国家治理水平要远远好于印度。中国作为一个"文明型国家"的崛起，其伴随而来的影响力，在广度、深度和力度上，都是印度所望尘莫及的。

当然，印度品质低下的民主制度虽然影响了民生的改善和国家的崛起，但是除了印度的精英阶层外，印度底层的平民百姓似乎并不十分介意。印度贫民窟这么恶劣的生活条件，放在中国早会引来十场革命了，但在种姓制度根深蒂固的印度不会有这种革命，因为底层的人认命的多于造反的。强大的宗教势力，使得底层民众有很强的宿命感，他们不愿攀比，也不思进取。从另一个角度看，由于印度民族复杂、语言众多、宗教狂热，而民主制度的相对包容性，保证了印度这个国家能够统一地存在到今天。如果不是这种民主制度，而是一种权威制度，由某一民族或宗教占主导地位，则可能出现更多的对立和对抗，甚至导致国家解体。从这点来看，印度政治制度也确实有值得肯定的地方，但是如果印度真想实现自己社会精英梦寐以求的现代化崛起，那么我看印度的政治、社会、经济制度就必须经历全面、深入的改革，否则印度之崛起恐怕只能是一个遥远的梦。

第七章

西方模式的困境：我看东欧

二十年前的东欧

中国人关心东欧，因为东欧国家曾经是社会主义国家。东欧的剧变是怎么发生的？东欧剧变后的情况怎么样？东欧与今天的中国比较谁更胜一筹？我二十年前去过东欧，二十年后又去过不少东欧国家，所以有一些实地观感和思考。1989年的东欧剧变震惊了世界，当时我正好有个机会去维也纳开会，便顺道走访了近在咫尺的捷克斯洛伐克（当时捷克和斯洛伐克尚未分家）和匈牙利。我还清楚地记得那年11月的一个夜晚，我从维也纳客运总站乘捷克的大客车启程，穿过维也纳灯光璀璨的繁华街道，半小时后就抵达了捷克斯洛伐克的边防哨所。进入了东欧，进入了布拉迪斯拉发，但从这一刻开始，我发现路灯暗了、道路窄了、人的穿着土气了，这种强烈的反差，至今还记忆犹新。

布拉迪斯拉发市是斯洛伐克的首都，它的汽车总站很像中国过去的县城长途车站，灯光昏暗，厕所污浊。在这里，我第一次发现欧洲还有这么多看上去如此贫穷的人，十来个衣着不整的斯洛伐克男人挤在空气混浊的餐厅里喝土豆汤，啃黑面包，他们一边吃，一边目不斜视地盯着饭厅的黑白电视，并不时跟着电视节目激动地说话。电视里播放着反政府示威游行，还有此起彼伏的口号："要人权""要自由""要戈尔巴乔夫"。第二天，我获悉捷共领导人已经辞职，新的领导人开始了与反对派"七七宪章"代表哈维尔的谈判。

布拉迪斯拉发是一座毫无生气的城市，到处是灰色单调的"斯大林式"建筑，市中心主要街道的商店空空如也。我口渴了，想买瓶饮料也买不到，走了几条街，最后在火车站附近的一家小铺子买了一瓶汽水，但细看了一下，里面竟浮着一层霉。女营业员见此状有点不好意思，马上给我换了一瓶，"这瓶应该，应该，没有问题"。口气中还有点犹豫。当时苏联和整个东欧大都轻、重工业严重失衡，消费品匮乏，而且质量低劣。

我1986年曾随一位中国领导人访问过罗马尼亚，住在罗马尼亚国宾馆。但国宾馆提供的肥皂不起任何泡沫，屋里的电视机是罗马尼亚自己生产的，但只能"雾里看花"，声音也会突然消失，然后得拍它几下，才有声响。在布加勒斯特最繁华的百货商店，我看到人们排着长队购买上海生产的美加净牙膏，街上跑的是罗马尼亚和东德生产的甲壳虫小汽车。我1990年还访问过解体前的苏联，当时苏联的市场比1986年的罗马尼亚还要萧条。

这种局面使苏联和东欧的老百姓怨声载道，也给了西方很大的心理和话语优势。我曾看过一部美国人当时拍的纪录片。一个美国记者问苏共宣传部门的负责人："美国的制度为人民提供了高水平的物质生活，你们的制度能够提供吗？"那位苏联宣传干部哑语了，不知如何回答。当时的苏联和东欧都有很多关于物资匮乏的政治笑话。其中一个是这样说的：一天，集体农庄庄员伊万在河里捉到一条大鱼，高兴地回到家里对妻子说："看，我们有炸鱼吃了！"妻子说："没有油啊。""那就煮！""没锅。""那就烤！""没柴。"伊万气得把鱼扔回河里。那鱼在水里游了一会儿，跳跃了起来，激动地高呼："勃列日涅夫同志万岁！"

二十年前的东欧国家，虽然有"铁饭碗"和各种福利制度（现在不少人怀念那个时代），但整体物质生活水平和经济竞争力明显低于西方。反对派人士也利用这种局面不断地提出激进政治变革的口号，波兰团结工会的智囊人物布罗尼斯瓦夫·盖雷梅克（Bronislaw Geremek）就说过："团结工会从一开始就是把'要面包与要自由'结合在一起，把政治要求和物质要求结合在一起的。"

三天后我坐火车抵达了匈牙利首都布达佩斯。布达佩斯火车站是一座很有气势的古典建筑，人群熙攘，商铺热闹，小贩在吆喝，倒卖外币的"黄牛"很多，还有老头老太拉你租他们的公寓，这种鲜活的景象在当时的东欧很另类，说明这里的经济生活更加自由。其实匈牙利是东欧国家中最早推行经济改革的国家之一。1956年10月，匈牙利事件爆发，大批示威者冲击党政部门，纳吉总理宣布退出华沙条约组织，苏联随后出兵镇压，44岁的卡达尔出任匈共最高领导人，但遭本国许多老百姓的责难，说他是"卖国贼"。卡达尔忍辱负重，任劳任怨，不动声色地推动了许多改善民生的改革措施，扭转了他前任拉科西奉行的极左政策，到了1970年代，匈牙利似乎已经由丑小鸭变成了金凤凰，成了东欧为数不多的相对繁荣的国度，布达佩斯也被誉为"东方小巴黎"。

但到了1980年代中期，匈牙利的改革已停滞不前，加上持续的能源危机和过分举债等原因，经济状况开始恶化，党内外对卡达尔的批评指责日益增多。1986年中国外长吴学谦访问过匈牙利，我当时在外交部工作，曾听吴外长本人私下聊过他会见卡达尔的场景。那天，吴向卡达尔转达了邓小平等中国领导人的问候，并谈到他受命于危难之际，领导匈牙利人民克服了重重困难，探索社会主义道路，取得了可喜的成就。"他听后显然有点激动，"吴说，"卡达尔在他最困难的1956年和1957年两次访华，见过毛主席、周总理和小平同志，他和中国的关系非同一般。"

1987年10月，卡达尔再次访华，邓小平和卡达尔两人一直携着手，慢慢步入中南海的会见厅，这对邓小平也是一种不寻常的举动，可见他们之间的相互敬重。邓小平与卡达尔的谈话很有针对性，邓小平说："贫穷不是社会主义，发展太慢也不是社会主义。否则社会主义有什么优越性呢？社会主义发展生产力，成果是属于人民的。"邓小平似乎已经预感到东欧要出事，他告诫卡达尔"不能照搬西方资本主义国家的做法，也不能照搬其他社会主义国家的做法，更不能丢掉我们制度的优越性"。谈及中国的改革开放，邓小平强调"我们现在干的事业是全新的事业"，并说我们"要用两代人、三代人、甚至四代人来实现（现代化）这个目标。

到那个时候，我们就可以真正用事实理直气壮地说社会主义比资本主义优越了"。卡达尔本人赞成邓小平的观点，但他党内的激进派同事与他意见截然相反，他们主张匈牙利立即推动"彻底的政治改革"，把匈牙利变成"民主社会主义的实验室"。

在1988年5月的党代会上，卡达尔与党内激进派就政治改革问题进行了一次激烈的辩论。他坚持必须在现有的体制内进行改革，而不是推倒重来。但他身体状况已欠佳，整个苏联东欧的大环境对他也非常不利，匈党内分裂愈演愈烈。卡达尔本人身心憔悴，终于1989年5月因健康原因辞职，7月6日与世长辞，享年77岁。

在激进派的主导下，匈牙利党中央通过了一个比一个激进的纲领，提出"国家社会主义使匈牙利陷入危机，要尽快改变模式"，匈牙利"向民主社会主义过渡已经不可避免"。与波兰、捷克不一样，匈牙利没有像团结工会、"七七宪章"那样强大的反对派组织，也没有像瓦文萨、哈维尔那样影响力较大的反对派头面人物。匈牙利党是自己内部先分裂，然后分裂出来的派系与党外势力合作，最后瓦解了政权。

晚上我和H君夫妇共进晚餐，H君曾在日内瓦大学进修政治学，我们是老相识。他们夫妇现在布达佩斯一所大学任教。H君告诉我："匈牙利已经改了国名，'匈牙利人民共和国'中已经去掉了'人民'两字，国旗上也没有红星了，我们的宪法也已修改，实行了多党制。"他还非常兴奋地告诉我："我们一个月内，已经有了50多个政党登记参政。"他谈到政治变革的必要性："现在匈牙利经济一路下滑，一个人打两份工才能生活，大家都认为经济改革已经走入绝境，只有政治改革才能带给人民希望。"他夫人补充说："我们匈牙利其实一直比其他东欧国家自由，我们几乎人人都有护照，只要有钱，随时可以出国，但我们珍视国家的独立，现在苏联军队还占领着我们国家。"H君点头："他们必须滚回去，这是我们的国家。"这使我想起了匈牙利诗人裴多菲的诗："生命诚可贵，爱情价更高；若为自由故，两者皆可抛。"他们也谈了对卡达尔的看法，H君不容置疑地说："卡达尔落伍了，他讲的话都是老生常谈。匈牙利需要的是戈尔巴乔夫这样具有新思维的领导人，或者是捷克哈维尔这样的自由派领导人，否则人民看不到希望。"

东欧共产党政权相继垮台有诸多原因：这些国家传统上受西方文化、政治和宗教的影响很大；他们的政权在自己国内的根基较浅，除了南斯拉夫和阿尔巴尼亚外，几乎都是"二战"后靠斯大林为首的苏共扶持上台的；很多东欧人认为自己的国家还被苏联占领和控制着，还没有真正取得独立，波罗的海三国就是到了"二战"时才被苏联吞并的。苏联很多做法也使东欧小国耿耿于怀。例如，捷克共产党曾考虑接受美国"二战"后提出的"马歇尔计划"，但遭到了斯大林的严厉批评；1968年苏联大举入侵捷克；匈牙利在"二战"时站到了纳粹德国一边，后来遭到了苏联的强烈报复。匈牙利一位政府高官曾对我说：70多万匈牙利人被流放到苏联西伯利亚，其中30万有去无回。我不知道这个数字是否可靠，但民族感情之对立是显而易见的。

东欧国家后来都进行了不同程度的改革，但改革都是断断续续的，即便是走得最远的匈牙利也未能突破市场经济等于资本主义这个意识形态的紧箍咒，结果经济水平和生活水平与西方的差距越来越大，引起了本国老百姓的强烈不满。从这个意义上来看，中国从计划经济向社会主义市场经济的成功转变，从物资严重匮乏到市场空前繁荣和人民生活的巨大改善，其意义怎么估计都不会过分。邓小平说过：不发展经济，不搞改革开放，不提高人民生活水平，只能是死路一条。这确实是东欧走上这条死路的一个主要原因。随着经济下滑，人民生活水平下降，再加上西方强大的话语攻势，这些国家的执政者自己都丧失了自信。到了1980年代中期，连控制东欧的苏联领导人戈尔巴乔夫自己也被西方话语征服，结果苏联的解体和东欧政权的垮台，就成了意料中的事了。

东欧今天怎么样？

东欧剧变至今已经二十年了。这些国家现状怎么样？人民的生活是否更好了？他们的民主转型效果如何？这些也是我关心的问题。从2000年开始，我陆陆续续地走访了近十个东欧国家，各种感受一言难尽。东欧国家中，阿尔巴尼亚和摩尔多瓦还相当落后，只能算是发展中国家，政治上采用了西方的制度，经济上还是发展不起来，这两个国家至今还属于欧洲最穷的国家。

东欧其他国家的起点要高得多。加入欧盟的八个东欧国家（爱沙尼亚、拉脱维亚、立陶宛、波兰、捷克、斯洛伐克、保加利亚、罗马尼亚）中，大部分在1989年以前已属于中等工业化国家，其特点是农村人口都低于30%（至2015年，中国农村人口仍为43.9%），其中最富裕的是捷克、匈牙利，比较穷的是斯洛伐克、罗马尼亚、保加利亚等。

我也只去了这些国家的首都，所以很难和中国作一个全面的比较。总体上看，这些城市的商业也算繁华，欧盟的各种援助产生了一定的效果，中产阶级都有一定的规模。但如果拿这些城市和上海等中国的一线城市进行比较的话，我觉得在城市的基础设施、商业繁华程度、消费与时尚、新建筑的规模、式样和质量以及人的精神面貌方面，都落后不少。像华沙、布达佩斯、布加勒斯特、布拉迪斯拉发、索非亚、里加等城市与上海的差距还很大。

东欧城市有一个特点，漂亮的建筑几乎都是19世纪和20世纪上半叶留下来的古典建筑，而新建的民居和城市改造的规模远远小于中国发达板块的任何一个城市。当然这也可能说明他们在旧的体制下已经基本解决了住房问题，而中国过去欠账太多，所以城市改造规模之大、新的民居之多、质量和外观之好，都是东欧这些城市所无法比拟的。

总体来看，三十年前，中国与东欧的发展水平差距很大，但是通过三十年的改革开放，这个距离已明显地缩小了。从我走过的东欧城市来看，二十年前，像华沙、布达佩斯这样的城市领先上海至少十年，但现在我的感觉是他们落后上海至少十年。总体上，我认为我们的"准发达国家"板块已经达到，或者超过了东欧的平均水平。但要使整个中国达到东欧今天的水平，还需更长的时间。

我们与人家差距最大的是市民文化这一块。从办事排队到开车讲规矩等，人家做得还是比我们好。东欧国家的市民文化形成历史比我们长，特别是像布拉格、布达佩斯、里加等城市，早在第二次世界大战前，已有相当庞大的中产阶级，已建有大批高级公寓、别墅和咖啡馆，市民文化的底蕴迄今犹在。我记得捷克著名诗人雅罗斯拉夫·塞弗尔特在他的名著《世界美如斯》中，就回忆过自己1920年居住过的布拉格日什科夫区，回忆那里咖啡飘香、绅士互相脱帽敬礼、盛装舞会等贵族的传统。欧洲贫富差距当时也很大，达官贵人也遭人忌恨，但贵族的生活习俗和方式却一直被普通人模仿，这是欧洲市民文化比较发达的重要原因之一，贵族留下的古堡、庄园、花园、艺术品至今还是这些国家的文化精品，这种源远流长的市民文化，我们要赶上真不容易。

重返匈牙利

近二十年后的2008年8月，我又有机会沿着老路从维也纳坐大客车到斯洛伐克和匈牙利访问。维也纳还是那么雍容大气，只是机场显得陈旧了，刚从北京机场过来，一下子还真不习惯，真有点到了第三世界的感觉。机场的商店还是1980年代的装潢。红黄绿标记的三家出租车公司在机场拥有柜台，一字排开，里面的工作人员做出夸张的表情，争相拉你坐他们的车。二十年前给我留下深刻印象的维也纳夜景，今天看来是如此平淡，跟上海璀璨迷人的夜景相差太远了。西欧的特点是几十年不变，反正是发达国家了，可以故步自封了；中国的特点是一直马不停蹄地追赶发达国家，整个国家面貌日新月异，当然，变得太快也会有自己的问题，但这是后话。

我们的大客车很快就进入了斯洛伐克，现在斯洛伐克已是欧盟成员，所以不再设边界关卡，一块矗立在高速公路旁的"欢迎来到斯洛伐克"的英文标牌提醒我们，车子已进入了斯洛伐克。这些年来，斯洛伐克因为劳动力便宜，又加入了欧盟，吸引了不少外资。布拉迪斯拉发市的老城大有改观，修复了大片的步行商业街，很多名牌精品店纷纷入驻，但人气不旺。使我感到惊讶的是布拉迪斯拉发火车站竟然还是和二十年前一样的简陋，连个像样的候车室都没有，旅客大都席地而坐。车站也没有一个像样的餐馆，只有两家夫妻店，七八张摇摇晃晃的饭桌，几十把塑料椅子，经营着令人不敢恭维的斯洛伐克比萨饼和俄罗斯罗宋汤。真不知道这个当时人均吸引外资最多的东欧国家怎么不投资改造一下火车站、汽车站之类的基础设施。

斯洛伐克虽然已是欧盟成员国，但2005年选出的新政府很令欧盟头疼。因为新内阁包括了一些极端的民族主义者，他们可以公开谩骂该国的匈牙利和吉卜赛两个主要少数民族，骂这些人"丑陋、罗圈腿，是骑在令人可憎的马上的疑似蒙古症患者"。斯洛伐克前副总理伊万·密克罗什对我说："亏得上面有个欧盟，使这些激进分子在国家政策方面还不敢走得太远，否则麻烦大了。"密克罗什曾在斯洛伐克推动了不少市场化改革方案，在西方广受好评，但2005年他的政党在大选中被击败。他对此一直耿耿于怀："搞改革，最好就是只做不说，先说了，最后什么也做不成，还被人骂。"

火车开了3个小时，我又来到了久违的布达佩斯火车站。但一下车，我最大的感觉也是这里与二十年前相比没有太大的变化：那些热闹的小铺子还在，出售各种廉价的旅游纪念品、箱包、打火机、DVD之类；那些兑换外币的私人钱庄也在，有十来个，边上还有几个"黄牛"，但人数比二十年前少；那些出租房屋的老头老太还在，唯一的变化是一位老头用中文在吆喝："房间，房间。"我后来还抽空去了布达佩斯的劳克西商业大街，商品倒是不少，但从物业装潢到服务设施，都陈旧了，与中国大都市的繁华和时尚差距甚大。但布达佩斯的城市布局雍容大气，古典建筑端庄典雅，绿树成荫的宽阔街道令人赏心悦目，登上多瑙河边的城堡山眺望，更是令人心旷神怡，全城的景色一览无余。

我又见到了老朋友H君夫妇。他们约我在繁华的瓦茨大街终点的Gerbeaud咖啡馆见面，这是布达佩斯最精致的咖啡馆，家具都是古色古香的。他们夫妇这次给我最大的惊讶是，二十年前的政治激情荡然无存。我们聊起了这二十年匈牙利的变迁，H君说："一言难尽，有得有失，但感觉有点苦，就像这个咖啡。"他接着说："苦，是因为我们没有想到变革是如此不易，你说我们政治独立了吗？我们现在被北约控制了，我们不喜欢俄国，可我们不想跟俄国人弄得剑拔弩张。你说我们经济独立了吗？我们经济现在都被外国人控制了。"

我们聊到了戈尔巴乔夫和卡达尔。H夫人指着窗外热闹的瓦茨大街对我说，1986年6月戈尔巴乔夫和夫人赖莎在他们夫妇的陪同下曾在这条街上散步，这里令人眼花缭乱的广告和琳琅满目的商品使戈尔巴乔夫很惊讶。随后他多次表示苏联要借鉴匈牙利的经验来解决苏联的经济问题。现在看来他有点浮夸，不如卡达尔那么踏实。我知道现在匈牙利有不少人怀念卡达尔。H夫人说："卡达尔那个时代，大家都有工作，全民医疗保险，还有带薪休假，我们的生活也比周边的国家都好。"

她还说："卡达尔非常廉洁，连他的政敌都不否认这一点，这与现在的权贵成了鲜明的对照。那一代的人做事有原则。卡达尔在1950年代曾被诬告而投入监狱长达四年，他夫人也受牵连，被开除党籍，人无居所，后来布达佩斯一个普通百姓家庭收留了她，卡达尔夫妇至死都和这家人保持着密切的联系。"H君此时插话："你知道我们现在怎么形容我国的政客吗？这些人见面互相打招呼，已经不再说'你好'，而是说'你是千万富翁了吗？'"想起H君当年对卡达尔的不满，我此时也只能唏嘘。这是一个很有意思的现象，台湾地区民主化也二十年了，民望最高的还是亲民强势的领导人蒋经国，南斯拉夫各国也民主化二十多年了，但威信最高的政治人物还是意志如钢的铁托，历史是公道的，人民心中自有一杆秤。

我们聊到匈牙利的选举政治，H君坦承："看来我们当时是天真了，以为只要举行自由选举，一切都会变好。但二十年过去了，左派右派都执政过了，都是政客，没有出现过政治家。整个二十年东欧都没有产生过政治家，这是欧盟的结论。"他问我："你听说过我们'骗子总理'的事情吗？"我点头，这是指匈牙利总理久尔恰尼2007年5月在执政党一次内部讲话中说："我们搞砸了，不是一星半点儿的糟糕，是糟透了！没有一个欧洲国家比我们干得更蠢了……在我们执政的四年里，政府拿不出引以为傲的业绩。我们该如何向选民交代我们所做的一切？……我们采取了一切措施保证使这个秘密在大选之前不被泄露出去。过去两年里，我们一直在撒谎。"这段话后来在网上被披露出来，匈牙利举国哗然，随后就是二十年来匈牙利最大规模的抗议示威和警民冲突。

"坦率地说，我现在很悲观，"H君说，"我们不是在'好人'与'坏人'之间作选择，而是在'坏人'与'更坏的人'之间作选择，他们之间争权夺利，分裂了整个社会。"他还引用了匈牙利学者海斯勒（Ákos Heiszler）的评论：匈牙利人缺乏"政治文化和妥协的智慧"，所以今天的匈牙利是"一个深深分裂的社会"。我认识不少东欧朋友，他们原来都以为，只要政治制度一变，一切都会变好，但后来发现不是这么一回事。革命是浪漫的、兴奋的、热血沸腾的、充满希望的，但革命后人们突然发现旧的习惯和行为方式依然根深蒂固，一切宛如昨天，甚至更糟。

我还见了匈牙利一位资深的政治学者，他的谈话更直率："你看，我们的国家还有希望吗？匈牙利一半的资产卖给了外国人，还有一半给贪污了。什么是'休克疗法'？那就是把能卖的公司都卖给外国公司了，最大的石油公司卖给了美国人，美国人又把它卖给了德国人，现在德国人又把它卖给了俄罗斯人。今天控制我们经济的主要是德国人，连媒体也都给德国公司控制了。你大概不能想象，我们的出租车公司也卖给外国人了，一家英国的公司，还有一家土耳其的公司，他们垄断了价格。"我这些天常坐出租车，注意到这里出租车价格贵得有点离谱，接近瑞士。

他给我展示了世界知名的GFK公司在匈牙利作的最新民调结

果：2008年62%的匈牙利人认为现在的生活不如二十年前的卡达尔时期，2001年时，这个比例是53%。今天只有14%的人认为现在是"最幸福的时期"，而60%的人认为卡达尔时期是"最幸福的时期"。他带有感叹地说："很多东西，只有失去了以后才知道珍贵，就像空气和水，一旦没有了，才知道它们是多么的珍贵。现在少部分人的生活确实比过去好了，但大部分人生活得更糟了。物价上涨太快，货币贬值太多，工资涨了五六倍，但煤气、水、公共交通等都涨了20倍到100倍，受害最大的是我们这些拿退休金的老年人，退休金根本赶不上通货膨胀的速度，还有就是年轻人，匈牙利就业机会太少，失业率已达10%。"

早在1980年代中期，匈牙利的经济改革就积累了不少经验，当时中国派出不少代表团考察匈牙利经济改革的情况。我问这位学者："如果坚持当时卡达尔的改革路线的话，匈牙利能否走出一条更好的路？"他说："匈牙利本来的改革模式很好，沿着这条路走下去，我们也许会走出一条类似中国的渐进改革的成功之路。但美国、德国等西方国家不喜欢，他们不想让这种改革获得成功。而我们精英阶层完全跟他们走，放弃了渐进改革，转向了激进革命和彻底的私有化，最后把能卖的公司，包括银行，统统卖给了外国人，我们已经无法控制自己的命运了。"他叹了一声。匈牙利中央银行前行长也对我说："我们把自来水公司卖给了法国公司，本来期待他们能投资开发我们的矿泉水资源，结果他们却在匈牙利推销法国的'依云'矿泉水。"不过他也告诉我："不能夸大卡达尔时期的繁荣，那是靠借外债维持的，结果弄得匈牙利债台高筑，新政权上台后只能靠变卖国有资产来还债。"

一位匈牙利朋友还与我谈了一个令人深思的现象：尽管制度变了，但旧制度的许多东西仍在运作，特别是原来按照苏联模式建立起来的安全系统至今在匈牙利，在许多东欧国家仍然影响巨大。"旧安全系统的人与政党、政客、黑社会联系密切，表面是多党制度、媒体自由，实质上是这些人继续控制着许多政治经济等各种资源，继续进行各种利益的私下交换。独立的司法体系根本没有建立，也没有一支高效率的公务员队伍，任人唯亲的现象广泛存在。"连《经济学人》杂志不久前也载文感叹匈牙利过去的二十年是"令人失望的二十年"（*Economist on line*，2010年8月9日）。

东欧的"两个激进"

　　东欧的变革可以用"两个激进"来概括：政治上激进转型，由原来的共产党体制迅速转变为西方式的多党制；经济上采用激进的"休克疗法"，由原来的计划经济迅速地转向私有化、市场化。其核心也是一个梦：只要进行激进的政治和经济变革，这些国家就能一劳永逸地解决自己所有的问题。结果政治激进带来的是政治参与突然爆炸和持续混乱，一个新体制从建立到良好运作谈何容易。"休克疗法"导致了恶性通货膨胀，有时高达2 000%以上，人民的生活水平急剧下降，失业人数剧增。匈牙利还是受灾较轻的，因为匈牙利在卡达尔时期就尝试了不少改革，一般老百姓对市场并不陌生。但对于多数东欧国家，"休克疗法"等于是一场浩劫，导致了既无政府干预又无市场制度的混乱状况，为非法掠夺提供了可能。使一批原来的官员获得了大肆侵吞国有资产的机会，也使腐败（特别是乌克兰、保加利亚、罗马尼亚等国）变得一发而不可收。我不能说大部分东欧人都想回到过去那个时代，那个时代也有很多问题，更何况世界上愿意自己国家历史倒退二十年的人恐怕总是少数。但我可以说，如果东欧人民有机会重新选择变革的话，大部分人绝不会选择这种"两个激进"的变革方法，而会选择更为温和理性的改革，因为东欧普通百姓为激进变革付出的代价实在太高。

匈牙利，乃至整个东欧经济经过"两个激进"的变革之后，全都变成了高度依赖外资的经济，而且普遍负债过高，贸易逆差过大，金融自由化使很多银行被西方银行控制。2008年开始的金融海啸又使多数东欧国家遭受了一次劫难。匈牙利货币对欧元的汇率半年内就下跌了20%，匈牙利人买房大都采用外币按揭：赚的是匈牙利的福林，还的是欧元，但现在福林大幅贬值，对按揭者是雪上加霜。拉脱维亚、乌克兰、塞尔维亚已接近破产，它们的债券评级已经被评为"垃圾"级别。

东欧经济形势不佳也反映在其经济竞争力的普遍疲软。据2007年瑞士洛桑管理学院的世界竞争力报告，加入欧盟的八个国家的国际竞争力都落后于中国。中国在该报告中排名第15位，爱沙尼亚第22位，立陶宛第31位，斯洛伐克第34位，匈牙利第35位，保加利亚第41位，罗马尼亚第44位，波兰第52位。从这个报告来看，一个13亿人的中国，在政治稳定性、政策一贯性、社会凝聚力等方面的得分都明显高于这些国家。政治上，东欧也困难重重。二十年过去了，尽管有欧盟大量的资金投入和专家指导，这些国家宪政的架子都有了，民主的形式也存在了，就是没有产生真正的民主主义者。一大批自私自利的政客在那儿争权夺利，导致百姓对政府的普遍失望。

　　奇怪的是我们国内一些学者至今还认为我们应该走东欧的道路。例如，不久前，国内一位教授说："向市场经济转型包括了经济改革和政治改革。苏东国家的激进式转型，是把两个改革放在一块进行。我们的渐进式转型是先进行经济改革，再进行政治改革。但第二个改革的相对滞后，使第一个改革难以彻底。当前要实现增长方式转变，必须加强政治改革，在此基础上再彻底完成经济改革。"（见《中国新闻周刊》，2010年2月8日，总第456期，第86页）幸亏这些人无权指导中国改革，否则的话中国早就成了匈牙利和南斯拉夫的翻版，国家大概都四分五裂了，中国的资产也早就被西方资本席卷一空，哪还有今日之崛起。中国当然要继续进行经济改革和政治改革，但我们要汲取东欧的教训，汲取西方金融危机和主权债务的教训，超越西方模式。我们的目标，严格地讲，不是"转型"，而是"创新"，即使我们使用"转型"这个词，指的也是"制度创新"，而非效仿东欧。

　　这里还要谈谈东欧民主的质量。2008年年初，欧洲权威机构Eurobarometer公布的民调发现，大部分东欧国家人民对自己政府的信任度均非常低：保加利亚为16%，波兰为17%，拉脱维亚为19%，罗马尼亚、匈牙利和捷克为21%。英国《经济学人》杂志下属的EIU发表了一个2006年世界民主质量评估指数，认为东欧国家民主的品质普遍还不如陈水扁主政的台湾地区。这个评估把台湾地区民主排在第32位，而上述的八个东欧国家中只有捷克超过台湾地区，排在第18位，其他均排在台湾地区之后：爱沙尼亚第33位，匈牙利第38位，斯洛伐克第41位，拉脱维亚第43位，波兰第46位，保加利亚第49位，罗马尼亚第50位。如果这个评价是公正的话，人们就可以想象这些东欧转型国家民主的品质了。

即使是相对表现比较好的捷克，其民主质量也大有问题。捷克前外长伊日·丁斯特比尔（Jiří Dienstbier）曾于2006年10月9日在美国《国际先驱论坛报》撰文，坦率地承认："捷克公民不满情绪到处都在蔓延，参加投票的人数锐减，公众对政府、议会和整个政治进程的信任度日益走低。"他说，1989年"天鹅绒革命"的时候，"我们期待得太多而不现实"。捷克政治人物一个接一个地陷入贪污丑闻。捷克前总统哈维尔（Václav Havel）的顾问伊日·佩赫（Jiří Pehe）说了一句中肯的评论："今天的捷克共和国，仍然是第一次世界大战后独立捷克国家的奠基者、第一任总统马萨里克（Tomáš Garrigue Masaryk）所说的情况：'国家已经民主了，但不幸的是，还没有民主主义者。'"

波兰2005年的大选，选出了卡钦斯基（Lech Kaczynski）当总统，不久他孪生的哥哥也当了总理。兄弟俩奉行的政策很令欧洲头疼：他们先是高举民族主义大旗，向欧盟的主要成员德国叫板，要算二次大战还没有算完的账。后又提出了在波兰禁止同性恋、恢复死刑、加强天主教会影响等主张，使欧盟老成员觉得很尴尬，欧盟不少国家现在已经把保护同性恋的权利作为重中之重的大事来抓了。卡钦斯基总理下了台，当总统的弟弟不高兴，认为哥哥遭到媒体的陷害，与新总理经常闹别扭。

2010年4月10日，卡钦斯基总统在赴俄罗斯卡廷吊唁"二战"中被苏联杀害的2万多波兰精英时飞机不幸失事，魂断俄罗斯。中国国内网上有文章称颂波兰的穷政府、烂飞机。这些文章的作者太不了解东欧了。依我之见，这个悲剧正好从另一个侧面折射出了波兰国家治理的混乱。波兰像其他东欧国家一样，也变成了选举社会。多数政客们忙着争权，没有多少精力用来治国，波兰时至今日连总统和总理的职权尚未划分清楚。卡钦斯基所乘坐的图-154型飞机，中国早在2002年就淘汰了，这是对生命的尊重，对人权的尊重。而波兰总统的专机还在用如此简陋的机型，连波兰空军司令本人和波兰各界精英都坐在这架飞机上，这只能说明国家的治理很不专业。但是与其他东欧国家相比，波兰还算好一些，因为它尚能掌控自己的银行，否则波兰将很难度过这次金融浩劫。英国《经济学人》2010年4月载文评论卡钦斯基总统亡命时这样写道：他是一个不懂外交的人，他只知道美国好，俄罗斯和德国不好，但波兰需要更为精明能干的领导人。他死前在波兰的支持率连25%都不到。

罗马尼亚和保加利亚虽然也加入了欧盟，但距离欧盟的标准还有很大的距离。罗马尼亚发展不顺利，从布加勒斯特机场到市中心的路上，还可以看到很多破旧的房子和汽车，腐败亦很严重，去医院看病住院一般都要行贿，各种政治丑闻也不断。一位罗马尼亚学者告诉我一个最新的政治笑话，老师问学生："如果你看到一个人把自己的手伸到别人的口袋里，这个人是什么人？"学生齐答："罗马尼亚财政部长。"

保加利亚的问题更为严重。索非亚的一位NGO负责人告诉我："我们最大的政治问题是官员腐败，最大的社会问题是人才外流。现在连称职的中小学老师都很难找。一旦学会了外语，就走了，以后只有傻子还待在这个地方。我看我们的国家要完了。"她的话可能夸张了一点，有一种斯拉夫人常有的悲剧情结。保加利亚加入欧盟前，进行了很多面子上的改革，加入之后，改革派就被赶下了台。但保加利亚警察、司法体系都与黑社会勾结，使之成为欧盟新成员中最腐败的国家。我在2006年曾去索非亚参加一个会议，了解到保加利亚的各个级别的选票在街上均可以买到，总统选举的选票最贵，开价是100列弗（约60美元）一张。

在所有东欧国家中，对欧盟支持率最低的是拉脱维亚。这还是金融危机爆发前的情况。一位当地朋友对我说过一句很有意思的话："我们这儿的说法是，一到9月份，问题都来了。"9月就是议员们休假结束，议会开始工作的时候。像拉脱维亚这样的东欧国家，采用了西方竞选制度，老百姓前三天新鲜，之后就是普遍的厌倦，而厌倦的原因是竞选上来的基本上都是政客，空谈多于实干。"政客的特点是内斗，不是大事化小，而是小事变大，越大越好，他们可以浑水摸鱼，最后牺牲的是公众的整体利益。"她对我说。

德国明镜国际新闻在线对东欧的政局作了如下的评论："虽然

共产主义政权已经在东欧倒台将近二十年，但是波兰、捷克、斯洛伐克、匈牙利、罗马尼亚等东欧国家，迄今仍然在为建立稳定的民主制度而挣扎。这些国家的政治缺乏中心，从极端右翼到后共产主义的威权主义形形色色，贪污腐败、极端主义横行，一片混乱。"（Spiegel Online International，2007年5月29日）克罗地亚作家德古丽琪（Slavenka Drakulic）曾是一位反对铁托的持不同政见者。在南斯拉夫解体后，她写道："我们当时错把自由与民主当作是到西方随便采购的自由，但最终我们为此付出了三场战争的代价。我们的孩子在战争中被杀戮，我至今都感到对此负有责任。"（《国际先驱论坛报》，2009年11月7日）

　　东欧国家本来的经济都相对发达，人口远远少于中国（除了波兰和罗马尼亚人口超过2 000万，捷克是1 000万，其他国家的人口都只有几百万，少于中国任何一个中型城市），教育程度不低，与西方文化的同质性也明显高于中国，欧盟和美国还提供了大量援助和指导。但采用了西方政治制度二十年后的结果竟是如此不如人意，确实值得我们中国人在自己的民主建设中深思。前面提到的"有民主而没有民主主义者""不会妥协""深深分裂的社会""没有出现真正的政治家""没有独立的司法体系""没有高效率的公务员队伍"等问题，也是我们在民主建设中必须注意的。这也可以使我们更加坚定探索中国自己道路的信心，照搬西方模式，对于我们这么一个历史文化传承与西方的差异远大于东欧的超大型国家只会是一场灾难。

不久前，我给匈牙利的H君发了电子邮件，问他一些匈牙利应对金融危机的做法，也希望他和家人安然无恙。他很快给我回了信，写得很简单："整个匈牙利正在等待国际货币基金组织的救济，而国际货币基金组织正在等待中国的救济。"他夸张了，但他似乎也道出了一定的真理。1989年东欧剧变震惊了世界，当时整个西方都看好东欧，不看好中国。但头脑十分清醒的邓小平对他的美国客人说了14个字："不要高兴得太早，问题还复杂得很。"他让中国人继续走自己的道路。中国一路走来，不能说没有跌宕起伏，不能说没有坑坑坎坎，但中国最后拿出的成绩单比东欧亮丽得多，中国人也从东欧的经历中悟出了不少有益的东西。

第八章

西方模式的困境：我看东亚

三大困境

　　中国位于亚洲东部，自然关心东亚以及东南亚各国和地区的发展。历史上东亚国家和地区大都受到中华文明的影响，无论是"汉字文化圈""儒教文明圈"，还是"筷子文化圈"，都说明东亚国家和地区之间割不断的历史纽带。不少东亚国家和地区都先后采用了西方多元民主制度，但西方民主模式一路走来，并不顺当，其中的原因值得我们深思。

　　菲律宾是我比较熟悉的一个国家，但2009年11月发生的惨剧还是令我震惊。11月23日，菲律宾南部马京达瑙省发生了一起政治仇杀案：51名人员被劫持，其中36名官员和记者被杀害。绑架者采用的是极为残忍的手段，被绑者身上布满弹孔，有的还被斩首或者强奸。据调查，这是又一起因为选举引起的仇杀事件。从1986年至今，菲律宾其实已经发生了近千起政治谋杀。我2005年访问菲律宾时就问过不少当地人：为什么菲律宾政治中有这么多谋杀？一位对菲律宾政治颇有研究的朋友告诉我："政治职位是政界人物的财源所在，所以许多政客不惜铤而走险，雇用杀手，谋害政治人物和敢于揭露真相的新闻记者。"2010年8月又爆发了香港游客惨遭杀害和政府处理严重失当的悲剧，再次暴露了菲律宾政治、社会百病丛生的真实状况。

菲律宾在很长时间内都被视为美国在亚洲的"民主橱窗"，其政治制度几乎照搬美国，三权分立、政教分离、宪政民主，但一个世纪下来菲律宾政治却始终掌握在少数声名显赫的家族手中，2009年11月的屠杀背后也是政治家族之间的厮杀。菲律宾曾是东亚仅次于日本的经济强国，但美式民主并没有带来人民期待的繁荣和富裕，而是动荡和贫瘠，国运也迅速由盛变衰。

菲律宾面临的劣质民主问题成了困扰东亚民主政体，乃至整个非西方世界采用西方模式之后面临的大问题。总体上，我把采用西方模式的东亚国家和地区大致分为两类，一类是在经济比较落后的情况下就采用了西方的政治制度，如泰国、菲律宾、蒙古等；另一类是在经济起飞之后转而采用西方政治制度的，如韩国、台湾地区等，但从过去二十年的情况来看，这些民主政体的品质普遍不佳，它们几乎都遇到了非西方社会采用西方政治制度后出现的一些典型问题，特别是社会分裂、贪污盛行、经济滑坡三大问题。

先来看社会分裂。采用西方民主政体后，这些社会原来由于种种原因而形成的社会矛盾和分歧，不是缩小了，而是放大了、强化了，导致了严重的社会分裂，甚至对抗。泰国四年来围绕着他信总理下台的流血抗争很能说明这个问题：泰国"黄衫军"

与"红衫军"对峙的背后，是泰国城乡贫富差距的严峻现实，泰国是世界上贫富差距最大的国家之一，最富的20%拥有国民收入的60%以上，最穷的20%只拥有国民收入的5%。他信的支持者主要是农民和城市穷人，而其反对者主要来自城市中产阶级和社会上流人士。2006年9月，泰国军人发动政变，推翻了民选的他信政府，某种意义上，这个政变顺应了城里中产阶级的民意主流，但遭到了农民的激烈反对。泰国农村人口占了总人口约70%，所以就不断地出现所谓"农民选出总理，城里人赶他下台"的局面。

如果泰国的政治局面可以概括为"城乡分裂"，那么台湾地区的情况则可以被归纳为"南北分裂"，这种分裂的背后是"族群分裂"：这些年来，台湾地区民主的特征是政党恶斗。陈水扁2000年上台后，没有带来他所说的"全民政府、清流共治"。恰恰相反，为了选票，陈水扁故意挑起族群矛盾（所谓"本省人""外省人""台湾人""中国人"等），"南部"与"北部"成了一种政治切割工具，即所谓"爱台"的南部对抗"卖台"的北部。台湾地区南北差异固然有其历史上形成的"重北轻南"因素，但采用西方政治制度后，政客出于争夺选票的目的，竞相争打"族群牌"，大大加剧了社会分裂，也使政府对社会的整合能力锐减。虽然主张族群和谐的马英九已上台，但如何修复台湾社会的深深裂痕绝非容易。

类似的南北分裂还出现在中国的近邻吉尔吉斯斯坦。2005年一场"颜色革命"把代表了南方力量的阿利耶夫推上了总统宝座，但由于治国无方，导致民生恶化、腐败加剧。2010年4月，阿利耶夫又被代表北方力量的反对派推翻，随后又出现了一系列大规模的族群冲突，导致中国派专机撤出自己的侨民。社会分裂的现象也出现在韩国，其特点是政客为了争权夺利，操纵原来已经存在的地域矛盾来争夺选票，使本来就存在的如岭南人（庆尚地区，包括大丘市、釜山市和庆尚南北道的人）和湖南人（又称全罗地区，包括光州市、全罗北道和全罗南道的人）之间的"道籍矛盾"更为尖锐，朝野政党为了选票争打"地域牌"和"道籍牌"。

值得注意的是社会分裂往往与政治动荡联系在一起。这些国家和地区都经历了较大规模的震荡。泰国的动乱已持续四年，从封锁机场，到冲击总理府，到取消东盟10+3高峰会，到反对党领袖遇刺，到武力镇压，社会震荡不止；蒙古不久前出现了暴乱，导致政府被迫实施戒严令；菲律宾更是经历了无数次军事政变；台湾地区则出现了"两颗子弹"抗争和百万民众走上街头的"红衫军"；韩国的各种不同规模的政治冲击波也几乎从未间断；吉尔吉斯斯坦短短的五年中已经经历了两次"革命"，而这只是一个500多万人口的小国。

再来看一看贪腐问题。西方政治学理论一般假设采用了西方民主制度，贪污腐败就会减少，但从东亚这些国家和地区实施西方政治制度的实际情况来看，贪污腐败往往有增无减。从"透明国际"发表的2004年与2008年的腐败指数的比较中可见一斑：

腐 败 指 数

	台湾地区	泰 国	蒙 古	菲律宾	印 尼
2004	35	64	85	102	133
2008	39	80	102	141	126

（资料来源："透明国际"网站）

印度尼西亚情况似乎略有好转，但亚洲政经风险顾问公司2009年仍把印度尼西亚排为亚洲腐败最严重的国家。台湾地区民主化后，黑道和金钱大规模介入政治，台湾地区民主制度迅速市场化。特别是前领导人陈水扁八年拼命敛财之贪婪，令人发指，用台湾媒体语言来形容就是：陈水扁是"拿大家"，陈水扁的团队是"大家拿"。本以为民主可以遏制腐败，但台湾地区却出现了大规模贿选，虽然台湾当局对贿选打击日益严厉，但是在实际操作中却很难奏效。台湾社会传统的宗社结构、人情关系等使里长和桩脚等都成了贿选的沃土。韩国的财阀势力自民主化以来也更为膨胀，政企之间互相勾结和利用，财阀向政党提供大量政治资金是韩国屡禁不止的问题；菲律宾很多人形容自己的国家是换一届领导人，就是新一轮的腐败开始。

还有就是经济滑坡。泰国自2006年军事政变造成动乱以来，经济整体下滑；菲律宾实行了近一个世纪的民主制度，但三分之一的民众今天还生活在赤贫之中，十分之一的人口在国外打工，最近的粮食危机和金融危机又使菲律宾经济雪上加霜；蒙古骚乱背后的主要原因也是经济的持续衰退，蒙古的经济结构单一，过去二十年鲜有发展，人口的三分之一处于赤贫之中，远远落后于中国的内蒙古。韩国自1980年代中期民主化以来，虽然展现过经济发展的巨大活力，但由于宏观监管严重失误等原因，不幸地成为1997年亚洲金融危机和2008年金融海啸的重灾区。台湾地区民进党执政的八年，台湾经济的实力严重滑坡，失业率居高不下，外国投资锐减。本该拼经济，拼民生，拼竞争力，但当局却意识形态挂帅，拼"修宪"，拼"正名"，拼"公投"。陈水扁八年换了六位"行政院长"，各项政策摇摆不定，公共投资连续八年负增长，政府债务急剧上升，给马英九留下了一个烂摊子。如果说，韩国积极推动了与中国的经济合作，从而使其经济较快地走出了低谷，而民进党八年执政期间，搞闭关自守，拒绝与大陆的经济往来，结果导致台湾经济全面下滑。马英九目前正力求大力发展与大陆的经贸关系来扭转台湾经济的颓势。

由于上述问题，这些国家和地区的民众对自己政体的满意度明显走低。根据Asian Barometer Project 2008年的报告，韩国、蒙古、台湾地区、泰国、菲律宾的多数民众都认为这些年来的民主转型未能改善他们的生活。过去曾积极推动泰国民主化的泰国PAD的领导人林明达也公开说：泰国的政治非常腐败，买票行为普遍，农村选民愚昧无知，所以选举已没有什么意义。他甚至主张废除议员的选举，改为任命。林明达本人曾是1998年泰国民主运动的主要推动者，十年之后对泰国民主发出了这样的感叹，不能不使人唏嘘。泰国从1932年开始实行君主立宪制，迄今为止已经历了24次军事政变，有意思的是泰国历次政变后产生的非民选看守政府往往政绩比较好，如1990年代初的阿南政府。印度尼西亚民主制度也存有诸多不确定因素，基本还是一种人脉政治，军队和政治家族的影响力巨大，而公民的参与和利益表述仍然受到很多限制，再加上严重的政府腐败问题，前途不容乐观。依我自己访问印尼的观察，如果万幸，印尼也许可以逐步演变成一种类似印度这样的低品质民主国家；如果不幸，印尼则可能陷入长期党争，甚至四分五裂。

对西方民主制度失望的情绪不仅局限在上述的国家和地区，整个亚洲都是如此。孟加拉国经历了两年的军人政权，最近选出了一个新政府，但又遇上了兵变；巴基斯坦和东帝汶已被不少人看作是接近"失败的国家"；印度孟买恐怖主义袭击和英联邦运动会的乱象也暴露出自己体制太多的问题，使得很多印度人反思印度民主制度的问题，特别是消除贫困乏力、腐败严重、政府效率低下等问题。日本属于另外一个类型，因为早在19世纪末通过自上而下的革新，完成了自己的工业革命，普及了教育，建成了所谓现代国家，并迅速加入了西方国家瓜分殖民地的活动，后又走上了法西斯军国主义的道路。二次大战投降后又建立了西方民主制度，但也面临诸多问题，比较突出的问题是走马灯一样地换首相，家族政治和裙带关系严重，必要的改革很难推动等，连美国《新闻周刊》2009年3月也刊载长文质疑："日本的政客为什么都那么差劲？"认为日本这么多年一直没有选出合格能干的领导人。许多人把日本过去的二十年称为"失去的二十年"，这与日本政治制度的缺陷有直接关系。

民主品质为何不佳?

从西方主流民主理论的角度来看,东亚民主品质不佳主要由两个原因造成。第一是缺乏司法独立和法治精神。西方民主理论认为:一个理想的民主社会,应该建立在司法独立和法治精神的基础之上。没有一个具有高度公信力的独立的司法系统,民主的质量很难保证。既然选择了西方民主框架,那么各方就应该遵守同样的游戏规则来进行博弈,这首先就需要有一个独立的具有公信力的法律体系,但很多亚洲社会都未能做到这一点。

此外,这种体系的真正落实又需要深入人心的法治精神和法治文化,正如著名法学家哈罗德·伯尔曼(Harold J. Berman)所说:"法律必须被信仰,否则形同虚设。"但是东亚社会普遍缺少西方意义上的法治传统。例如,曼谷市民对于2006年的军事政变均普遍表示欢迎,西方社会就很难理解民众怎么能支持军队推翻一个通过选举而产生的合法政府呢?泰国法庭后来又以选举作弊为由,以速战速决的方式裁决泰国人民权力党及其联合执政党为"非法",西方主流媒体称这种做法为"司法政变"。

法治不足也体现在普通公民对法律制度的信任感不高。美国《时代周刊》2009年1月12日报道，即使在法治程度相对比较发达的韩国，韩国民调显示韩国人民对自己国家的法律制度信任度也不强，多数人认为自己国家的法律制度无法保证法律面前人人平等。台湾地区的司法体系也不具备一个健全民主制度发展所需要的公信力：2010年台湾高等法院的法官集体贪渎事件曝光，2004年人们不满高等法院对两颗子弹带来陈水扁当选的裁定，2007年红衫军数百万人走上街头抗争等情况，都反映出人民对在现有司法体制内解决问题持强烈的怀疑态度。

第二个问题是"公民文化"严重不足。"公民文化"本来是一种特定的习俗与态度，其最大的特点是理性与宽容，任何时候都尊重你的对手，尊重少数。由于"公民文化"缺位，政客很容易愚弄百姓，政客口中的人民实际上不是西方经典民主理论中所设想的能够理性参政的公民，而是自上而下通过炒作政治议题动员而来的民众。曾经竞选总统的菲律宾女政治家M. D.圣地亚哥（M. D. Santiago）说："菲律宾人从来不把选举当一码事。菲律宾人似乎不是亚洲人，他们似乎更接近于夏威夷的波利尼西亚人。菲律宾人在竞选期间唱歌跳舞，把政治集会当作一种娱乐方式，候选人也为选民提供各种娱乐活动，包括邀请艺人影星前来唱歌跳舞吸引选民，他们不谈论严肃的政治议题。菲律宾的选举事实上是一种知名度大小的选美比赛，而不是能力高低的智力比赛。"当一些政客们对阿罗约总统不满时，他们便可出钱到大街上收买成千上万的无业游民去游行，美其名曰表达民意。

美国政治学家亨廷顿也曾表述过民主建设容易遇到的难题："在许多情境下，政治领袖赢得选票的最简便方法，就是诉诸部落、族群、种族以及宗教的支持者，从而导致社群及族群间冲突升高。"台湾地区就是一个例子，公民文化严重缺位产生了"非自由民主"（illiberal democracy），政客为了选票故意挑起族群矛盾，造成族群分裂，还对对手进行"抹黑""抹红""抹黄"，直至置于死地而后快。韩国国会也是不断地演出暴力冲突。韩国民主化已经二十多年了，但民主化水平仍停留在强制性的制度约束层面上，没有从观念上深入到自律的层面。在韩国政治中，各个政党都赞同"少数服从多数"的原则，但一旦自己的政党沦为议会中的少数时，就不愿服从这个原则，而议会中的多数政党又倾向于滥用多数的权力来独家经营。

如果说上述原因可以大致解释东亚许多民主试验不甚成功的原因，那么开出的药方自然是加强司法独立的建设，培养法治精神和公民文化，这种努力当然可以、也应该继续下去，但我们也有必要提出一些与此相关的更深层次上的问题，比方说，这些社会的司法独立和法治精神为什么这么难确立？这些社会的公民文化为什么这么难培养？这些社会改进司法和公民文化的努力最终一定能成功吗？这种努力的机会成本有多大？这些社会能够承受这种机会成本吗？要是像菲律宾这样试验了西方民主近一个世纪，或者像泰国这样试验了七十多年，还是不成功又该怎么办？

我们还可以进一步提问：既然西方民主制度自身已暴露出这么多问题，既然这种制度在非西方国家的实践几乎没有真正成功的例子，难道我们还一定要前仆后继，甚至赴汤蹈火去照搬西方的体制吗？还一定要唯西方民主模式马首是瞻吗？面对这么多失败的经验，我们难道还不应该考虑在民主建设上另辟蹊径吗？我个人认为对于东亚国家，乃至整个非西方世界，只有汲取别国民主建设的经验和教训，结合自己的文化传统来进行制度创新，才是唯一可行的办法。

历史并没有像福山所说的那样终结于西方民主制度，人类对最佳政治制度的内容和形式的探索还在进行，也不会终结。世界根本不存在其他文化必须一致照搬的唯一的民主模式，世界各国都应该自己去探索适合自己国情的民主模式，也就是说，民主模式是多元化的，而不是单元化的，世界的政治发展也不可能是一种单线的西方民主模式。

美国颇有影响力的皮尤研究中心多年来一直对世界主要国家进行民意测验，了解公众对自己国家现状的满意程度，2005年对17个国家的国民进行的详细调查发现，西方国家的民众对自己国家的状况不满意的比例很大，倒是72%的中国人对自己国家的现状表示满意，在被调查的17个国家中拔了头筹。相比之下，美国人的满意度是39%，法国人是29%。2010年皮尤研究中心进行了同样的调查，结果发现中国人还是排名第一，87%的中国人对自己国家基本满意，而美国人满意的比例是30%，法国是26%（见

PEW Global Attitudes Project网站）。

　　这些调查并不能说明与政治制度有关的所有问题，但至少可以说明一点：中国现有的体制一定有其长处，西方的体制一定有其短处，否则不会是这样的结果。过去三十年的一个举世瞩目的事件就是中国的迅速崛起，这种崛起的方式是西方所没有预料到的，其崛起背后的理念也与西方主流政治观点大相径庭，这些理念对于我们进行民主创新富有启迪。使中国改革开放获得成功的最重要理念就是"实事求是"，其核心内容是不相信任何教条，通过对事实本身的检验来确定事物的是非曲直。

　　基于这种对事实的判断，我认为东亚国家，乃至所有的非西方社会在民主建设上都要考虑另辟蹊径，如果不是这样做，而是继续沿着西方民主模式走下去，可能是一条代价巨大，甚至完全走不通的路。其实，西方政治制度本身的改革也任重道远，西方民主的发源地希腊现在破产了，现代议会民主的发源地英国也陷入严重财政危机，推销西方民主最起劲的美国成了金融危机的发源地。在前面"'游戏民主'还有没有戏？"一节中，我已经对西方模式在西方的困境作了探讨，这里就不赘述了。但也许有必要特别提及台湾地区和韩国的情况：它们是在基本实现了现代化之后转而采用西方政治制度（东欧大部分国家也是在中等工业化国家的基础上转而采用西方政治模式的），但它们的民主品质实在无法令人恭维，这就使我们不得不质疑整个西方民主模式及其话语对于非西方社会的适合性。也许美国《新闻周刊》主编扎卡里的

"文化传统决定论"更有道理，他认为非西方文化传统国家采用西方民主模式的结果往往是"非自由的民主"，即西方民主的形式都在，但有形无神，真正的民主品质却大打折扣，甚至荡然无存。

民主建设不能靠"换血"

  东亚社会有着与西方社会迥然不同的文化传统，如果说西方传统的最大特点是以个人为基础而形成的一整套风俗、习惯和制度，那么东亚国家则更多是以家庭及其衍生出来的人与人的关系而形成的一整套风俗、习惯和制度。鉴于文化传统上的差异，建设民主的正确途径应该是结合自己的文化传统，进行趋利避害的制度创新，而不是一味改造自己的文化以适应西方文化及其影响下产生的政治制度。"文化换血"从来不会成功。发展中国家照搬西方制度，几乎是照搬一个失败一个，既解决不了腐败问题，也解决不了现代化问题。我们可以从 East Asian Barometer 进行的调查中看到，东亚国家和社会，虽然发展程度不同，但大都保留着这种与西方不同的文化传统：

  美国学者戴维·希契科克（David Hitchcock）也曾对中国、日本、韩国、泰国、马来西亚、印度尼西亚、菲律宾等七国和美国的国民进行了民意调查，他发现东亚民众的社会价值排序与美国人的社会价值排序存有巨大的差别：美国人强调个人权利，而东

东亚社会传统价值观的影响

	香港特区	台湾地区	菲律宾	日本	韩国	中国大陆	泰国	蒙古	平均
家庭利益高于个人利益	90.2	86.1	72.7	79.0	69.9	91.0	88.1	73.6	81.3
请长者来帮助解决争端	36.9	68.9	66.2	75.8	44.2	72.4	76.7	70.9	64.0
与邻居发生争议，我可以让步	67.1	46.1	75.4	45.8	71.4	71.9	50.7	82.3	63.8
如果同事都反对，我也不坚持	53.4	63.0	61.4	57.0	61.4	51.6	62.3	66.7	59.6

（资料来源：*2001–2003 East Asian Barometer Surveys*）

亚民众更强调人与人的关系所形成的秩序。东亚和美国民众社会价值认同中的优先顺序为：

东　亚	美　国
1. 社会秩序；	1. 言论自由；
2. 和谐；	2. 个人权利；
3. 政府问责制；	3. 个人自由；
4. 接受新思想；	4. 公开辩论；
5. 言论自由；	5. 生存；
6. 尊重权威。	6. 政府问责制。

（资料来源：David Hitchcock, *Asia Values and the United States: How Much Conflict?*, Washington, D.C.: Center for Strategic and International Studies, 1994.)

实际上这些调查只是再次确认了东亚国家多数人基于常识判断可以得出的结论。一个有意思的问题是：美国一直把美国民众最关心的价值作为普世价值在全世界推销，为什么东亚国家不能把自己最重视的价值也作为优先价值取向来推动呢？随着中国的崛起，我们有必要在国际上这样做。美国人一定会说，强调社会秩序会导致专制，但这是很幼稚的观点，专制可能带来社会秩序，但良政也可以带来社会秩序，就像言论自由可以是个人自由的体现，但也可以带来厮杀甚至战争。此外鉴于东西方文化传统的巨大差异，建设民主的最佳途径就不应该是一味改造自己的文化以适应西方文化影响下产生的政治制度。

西方那种以个人权利为基础的法治传统，在非西方社会很难复制，少数地方可以复制，多数地方很难复制，其实也没有必要复制。比方说，中国乃至东亚的文化特点是讲"合情合理"，而西方文化一般只讲"合理"，不讲"合情"，彻底改造这种东亚文化的成功概率不高，正确的做法应该是了解双方文化的长处和短处，并在此基础上，取长补短，进行体制创新。再比方说，中国重视家庭及其衍生关系的文化特点之一是：一方有难，八方支持，这个关系从家庭成员延伸到亲戚、朋友、同事乃至整个国家，这种文化传统帮助中国人克服了很多在西方人看来难以克服的困难：从帮助下岗工人到生活救济，到上学、治病、养老、购房，到抗震救灾等。你一定要把中国家庭成员的弹性的亲密关系都改造成美国一样的刚性的契约关系，并认为这才是唯一正确的道路，在中国、在东亚社会都行不通，正确的态度应该是把两者之长结合起来，进行创新。

东亚社会应该努力从自己的实际出发，从传统与现代的互动中来不断地探索自己的发展道路，探索新型的民主制度，也只有这样探索后形成的政治制度才会是有生命力的、代价比较小的、效果更加好的。把强调个人权利的西方"斗争文化"照搬到强调权利与义务平衡的"和谐文化"社会中，总会遇到水土不服的问题。搞得不好，就会引起社会的对抗和分裂，上述东亚民主政体面临的困境可以说明这一点。

为了建立真正体现人民意志的民主体制，首先必须摆脱西方僵化的政治话语的束缚，特别是所谓"民主与专制"话语的束缚。亚洲不少人也喜欢用"民主与专制"这个概念来解释为什么必须选择西方民主道路，甚至不假思索地全盘接受西方政治话语。"民主与专制"这个概念在今天还有多少诠释能力？这个概念可以解释一部分现象，但又明显地缺少诠释力，越来越沦为一种意识形态的工具。这个观念把千差万别的世界政治形态过分简约化了：这个世界只剩下民主与专制的对立，不是民主就是专制，而民主是好的，专制是坏的，专制就是法西斯，就是希特勒。如前面所说，如果世界真可以这么简单分类，那么民主制度选出了仇视人类的希特勒该怎么解释？西方认为非常不民主的那个新加坡，其国家治理水平明显高于台湾地区和韩国，更不要说第三世界的大批所谓民主国家了，这该怎么解释？

　　中国改革开放的一条重要经验就是从"内容"和"结果"来判断一项政策，判断一种政治制度的质量，邓小平在1992年南方谈话中把社会主义界定为三个"有利于"：有利于发展社会生产力，有利于增强综合国力，有利于提高人民的生活水平。这个思路对我们讨论民主建设也有启发，因为邓小平把判断社会主义的重点放在内容和结果上，而不是放在形式和程序上，这样做的最大好处就是为社会主义的形式和程序创新留下了无穷的空间。实际上，即使从西方民主理论本身来看，今天西方主要国家把民主简化为程序民主，结果是大量劣质民主的产生。今天这个世界充斥了民主程序大致"正确"，但民主结果糟糕透顶的劣质民主。我们需要"拨乱反正"，需要从"内容"和"结果"出发，从实现"良政"出发来探讨和界定民主。

　　基于这些论述，我认为东亚社会，乃至整个非西方社会都应该大胆地探索如何结合自己文化传统来建立新型的民主制度。也许可以遵循这么一个探索的思路：如果说西方民主现在被简约为程序民主，我们可以尝试反过来做，即从内容出发来探索新的形式。

　　在探索新型民主的过程中，中国改革开放中的三条经验十分重要。一是走渐进改革的经验主义道路，从现实出发，而不是从一个完美的理想设计出发，循序渐进、不断试验、发挥人民的首创精神，不要给自己设定过多的框框，摸着石头过河，最终总会摸到石头，总能过河，最终形成自己比较完整的新体制框架。我们的大方向应该是逐步建立一流的人才选拔机制、一流的民主监督机制、一流的社会磋商机制。像经济改革一样，虽然我们没有路线图，但我们有指南针。在大方向、大战略确定的情况下，鼓励各个地方进行大胆的探索和尝试，逐步摸索出符合中国民情国情的民主建设之路。

第二是内需驱动，从中国的实实在在的内需出发，从有效的内需出发，只有有效内需驱动的改革才会比较稳健。什么叫有效的内需？有效的内需就是一个国家的思想、文化、民情等方面都产生的真正的内需，这才是政治改革最大的内在动力。就中国目前阶段，最强的内需是反腐机制建设、党内民主机制建设、服务型政府的建设和法治社会的建设。非西方国家民主试验不断失败的一个重要原因就是不从自己国内的内需出发，而是从西方国家的要求出发，严重脱离了本国人民的真实需求，老百姓要求创造就业机会，政府和议会却在天天争论修宪和废除死刑之类的事情，肯尼亚、蒙古、乌克兰等都是这样的情况。

第三是民生为大，也就是说，不仅国家的主要任务是改善民生，而且民主建设也要着眼于在更高、更广的层次上全面提升人民生活的品质，落实到政府为百姓提供更为优质的服务，落实到让人民过上更安全、更自由、更幸福、更有尊严的生活。第三世界民主试验之所以频频失败的一个主要原因就是，西方推动的是为民主而民主，结果是政治机器空转，导致无穷的内耗，多数老百姓的生活不是变得更好了，而是更糟了，这样的民主自然难以有了这三条，非西方社会应该可以逐步摸索出符合自己国情的民主道路和形式，最终民主的品质甚至会高于西方民主的品质。

　　民主建设其实就像开门一样，门可以推开，也可以拉开。西方文化习惯了推，强调不同利益的差异和对抗，喜欢斗争哲学；而东亚和中国文化更习惯拉，强调不同利益的共生和融合，主张和谐哲学，最后就是看解决问题的实际效果。西方民主模式在非西方文化国家的成功率极低，那一套斗争哲学把多少国家搞得四分五裂，现在东亚国家，包括中国在内都可以探索用拉的方法来打开民主之门，探索建立一种源于自己文化，同时又汲取百家之长的、在品质和实效上都超越西方水准的新型民主制度，这也是东亚国家和社会能为人类作出自己贡献的一个重要机会，作为"文明型国家"的中国应当仁不让。

结 语

新一轮"千年未有之大变局"

纵观21世纪过去的十年，我觉得世界大致目睹了三个潮流：一是宗教化的潮流，具体表现就是伊斯兰教极端主义的影响在伊斯兰世界的扩大，这个潮流往往和恐怖主义联系在一起，遭到了世界大多数国家的反对。二是半宗教化的潮流，具体表现就是以小布什为首的美国，以一种基督教传教士的狂热在世界推行美式民主，其结果是灾难性的，小布什"大中东民主计划"终于偃旗息鼓，整个第三世界也找不到美式民主成功的例子。三是中国引领的现代化大潮，尽管这个潮流本身存有缺陷，但中国大力消除贫困、推动现代化建设，使得中国这么大规模的一个"文明型国家"迅速崛起，也带动了整个世界的发展。

　　我们一些人总担心与国际社会"接轨"的问题。其实，一个"文明型国家"的崛起的最大特点就是不必太担心这个问题，因为你是一个绵延五千年的主体文明的复兴，这个过程会是一个不断产生新标准的过程。有些方面，我们应该主动和别人接轨，因为我们有学无止境、从善如流的文化传承；有些方面，我们不需要接轨，因为我们做的事情符合我们的民情国情；有些方面，是别人最终要和我们接轨的问题，因为我们的做法代表了未来。

我们一些人老是担心西方是否"认可"中国。其实，一个"文明型国家"的最大特点就是它不需要别人认可也可以独立存在和发展，它的政治和经济模式在很多方面过去与别人不一样，现在也与众不同，今后也会是自成体系的。我在本书的"引言"中已经这样说过："文明型国家"不会跟着别人亦步亦趋，不会照搬西方或者其他任何模式，它只会沿着自己特有的轨迹和逻辑继续演变和发展；在崛起的道路上它也可能经历磕磕碰碰，但其崛起的势头已不可阻挡，其崛起的方向已不可逆转；这种"文明型国家"有能力汲取其他文明的一切长处而不失去自我，并将对世界文明作出原创性的贡献。

我们一些人总是认为，中国经济改革进步很大，但政治改革滞后，所以造成了今天的很多问题。我倒建议换一个思路。我们是否可以这样来看：我们才对自己的政治制度做了一些"挖潜"和"微调"，国家就迅速崛起了，我们取得了世界上大多数国家可望而不可即的成绩。换言之，即使在不那么完善的制度下，在所谓"政治改革滞后"的情况下，我们都可以与任何一个采用西方模式的非西方国家竞争而胜出，并使整个西方受到了强烈的震动，下一步的改革当然不是像戈尔巴乔夫那样否定自己的制度，而是要首先肯定我们成功的制度因素，然后在这个基础之上集思广益，不断改进和完善我们的制度，最终实现对西方模式的全面超越，就像今天的上海超越纽约那样。

其实经济改革也是这样的，西方国家至今还不承认我们的市场经济地位，但这又有什么关系？西方其实已经越来越感到竞争不过我们社会主义市场经济模式。我们的路走对了，世界上没有最好的模式，只有最适合自己的模式。如果我们能够继续推动符合民情国情的政治改革，把各种关系进一步理顺，把人民的智慧和潜力进一步发挥出来，那才是更加蔚为壮观的事业，所以好戏还在后头。我们千万不要以大国小民的心态来窥视这个世界，甚至连抬起头来正视西方的勇气都没有。过去三十年间，我走了一百多个国家，总体上看，发展最成功的就是中国，人民生活改善最快的也是中国。中国人是世界上最没有理由对前途感到悲观的。我们遇到的问题，世界上其他崛起的大国都曾遇到过，我们迄今为止处理得比它们当时处理得好得多，许多方面今天干得也不比它们差。我们的模式，虽有缺陷，但可以完善，其总体的成功毋庸置疑。

西方有句谚语：鹰有时比鸟飞得低，但鸟永远也飞不到鹰那么高。我们在一些方面暂时还不如别人做得好，但别的国家将很难达到中国可能达到的高度，这就是一个"文明型国家"崛起的底气所在。从人类历史发展的大视野来看，中国这只雄鹰数千年来一直比西方飞得高，只是在过去的两三百年里比西方飞得低了，现在通过自己数十年坚持不懈的奋斗，全面地吸收了西方和其他文明的长处，同时也发扬了自己的优势，中国这只雄鹰终于在新的世纪里再次鲲鹏展翅，鹰击长空，正在飞向西方文明难以企及的高度。中西文明在这场较量中的最大差别在于中华文明能够全方位地取人之长，补己之短，而西方文明缺乏学习别人的能力，这大概也是中华文明能够连绵五千年而不衰，而其他文明都先后走向衰败的根本原因所在。

在这个问题上，西方一些有识之士看得似乎比我们一些精英要清楚得多。法国国际关系研究所高级顾问多米尼克·莫伊西（Dominique Moisi）2010年8月9日在英国《金融时报》撰文谈到了随着中国崛起而带来的世界力量对比的变化，他使用了"后西方世界"的概念：

近两年前，雷曼兄弟倒闭；不久之前，欧元近乎崩盘。这两件事开启了历史的新篇章，我们由此迈入了"后西方世界"。若想弄清楚生活在这样一个世界里意味着什么，我们就必须先回顾一下"前西方世界"，即英国征服印度、中国开始衰落以前的世界。在"前西方世界"终结后的两个多世纪里，西方与"另一个"它认为低自己一等的文明并肩共存。这个时代已成为过去。人口学家预计，到2050年，美国和欧洲将仅占地球总人口的12%。简言之，"另一个"文明现在已经和我们西方平起平坐。事实上，他们在许多方面更胜我们一筹——从他们对成功的渴望，到他们对自己未来的坚定信心。我们现在必须自问，新兴国家能教给我们什么，而不仅仅是我们能教给它们什么。

英国学者马丁·雅克2009年11月22日也在美国《洛杉矶时报》撰文《理解中国：西方错估中国已数十年了》，道出了西方老是误判中国崛起的原因。他是这样说的：

中国拥抱了市场经济，但它避开了西方式自由。而且，中国的力量还在不停增长。中美两国间的关系已今非昔比：美国感到弱势，中国感到强势。这不是一种暂时变化，好像一旦美国摆脱如山的债务就会逆转。更准确地说，这体现了两国间一种深刻和渐进的力量对比的转移，中国人的自信因此日益增强。西方一直存在一种相当普遍的信念，认为中国最终将变得像我们一样：比如，市场经济将导致民主化。这其中的问题不只是西式民主、人权那么简单。中国根本不像西方，且今后永远都不会像。

中国的历史文化迥异于任何西方国家。我们曾预言，这个国家会四分五裂，经济增长不可能持久，中国的"一国两制"承诺并非真心，但我们对中国的预测和看法一错再错。我们无法准确预测中国的未来，根本原因在于未能理解其过去。中国本质上是一个文明国家，其身份认同感源自作为文明国家的悠久历史。当然，世界上有许多种文明，比如西方文明，但中国属于唯一的文明国家。中国人视国家为监护者、管理者和文明的化身，其职责是保护统一。国家的合法性因而深藏于中国的历史中。这完全不同于西方人眼里的国家。如果我们想要理解中国，就必须超越西方现实、经验和概念的局限。两百年来，先是欧洲，接着是美国，西方主导了世界。中国崛起为世界强国标志着那个时代的终结。

作为一个数千年绵延不断的强势文明，又在过去上百年的激烈的国际竞争中从别人那里学到了很多东西，而且对这些东西进行了消化、转化、再创造，中国逐步形成了自己的一系列做法和标准，这样的发展模式和话语是一定会影响世界秩序演变的。中国是一个大国，不是小国。小国在这个世界上可以吃便饭，搭便车，大国不可能，大国需要全面发展。大国的发展和变化影响世界格局，因为大国变化产生规模效应、标准演变、范式变化。

现在已经出现了这样的趋势：任何事情只要经过中国模式处理，马上就在世界上产生了一套新的坐标。这些坐标并非十全十美，不少地方还有改进的余地，但总体上看，这些坐标已经实实在在地推动了中国自己的进步甚至整个世界的进步，比如说办奥运会、残奥会、世博会，比如说修建地铁、高速公路、高速铁路，比如说消除贫困、抗震救灾、进行城市改造、建立开发区、吸引外资、推进国企改制、推动新能源建设和新农村建设，我们都形成了自己的做法和标准。我们就这么做了，西方开始不理解，但最后还是受到了震动，甚至是很大的震动，原来事情是可以这样做的。作为一个"文明型国家"，我们的文化基因太强了，你不想要中国特色，也会有中国特色，关键是我们不要用中国特色拒绝学习别人好的东西，而是要用中国特色来吸收别人好的东西。中国引领的现代化大潮是一个充满中国特色的潮流，它实实在在地改变着这个世界的政治和经济版图，并将改变世界政治文明的版图。

作为一个迅速崛起的"文明型国家"，我们现在倒是可以回头来看看西方的观念，看看由"文明国家"或"准文明国家"进入"民族国家"才能成为现代国家这种西方观念的局限性和破坏性：这种观念带来的结果往往是国家不停地分裂，越分越小，每次分裂都会造成许多流血冲突。且不提历史上数百年的厮杀，单是过去二十年中发生的苏联解体、南斯拉夫解体、今天印度内部纷乱不断的情况，就足以反映出西方"民族国家"观念的偏执性。欧盟推动欧洲国家的整合，在某种意义上，也可以看作是从"民族国家"走向"文明型国家"的一种尝试。但欧洲整合谈何容易，毕竟欧洲已经分裂了上千年。欧洲整合也已进行了半个多世纪，但其整体实力还是面临严峻挑战，其整体的凝聚力远远低于我们这个"文明型国家"。

"民族国家"走向某种形式的区域整合，甚至某种文明范围内的整合似乎是世界的一种大势。随着全球化和国际竞争的加剧，越来越多的问题需要跨越民族国家的束缚才能更好地应对，需要相同文化国家之间的整合与合作才能更好地解决。欧盟所代表的欧洲一体化运动体现了一种努力。如果欧洲国家无法真正联合起来，欧洲的总体衰退的命运将难以扭转。欧洲只有联合起来，才有力量和分量。欧洲有远见的政治家早就看到了这一点：欧洲国家其实都是小国，唯一不同的是有的国家认识到了这一点，有的国家尚未认识到这一点。

欧洲整合的阻力非常之大，非洲整合的阻力更大，因为迄今为止还没有一个泛非共同市场。非洲大陆也从未实现过统一，所以非洲国家之间的凝聚力和互补性很小。从阿拉伯世界的泛阿拉伯主义运动到非洲的泛非主义运动，再到拉丁美洲的各种新的整合倡议，我们都可以看到某种文明整合的理想和愿望，因为更密切的经济、文化和政治整合往往能使中、小国更为团结，从而在世界舞台上更好地捍卫和推进自己的利益。但总体上看，除欧盟取得了一定程度的成功外，其他地区还须加倍努力，所以中国人可以为自己是世界上唯一的"文明型国家"而感到自豪。

推而广之，我们也可以以中国人的价值观和成功实践来重新审视西方界定的所有其他观念和标准，如民主、专制、人权、自由、普选、法治、多党制、市场经济、政府作用、公民社会、公共知识分子、GDP、人力发展指数、基尼系数等，该借鉴的借鉴，该丰富的丰富，该反诘的反诘，该扬弃的扬弃，该重新界定的重新界定，我们要把合理的东西吸收进来，把被颠倒的东西颠倒过来，并在这个过程中逐步建立自己独立的政治话语和标准体系，把许多被中国经验证明的成功理念和标准推荐给世界。今日世界所有的难题都需要中国人的智慧才能解决好，中国人应该当仁不让，为人类进步作出自己更大的贡献。

从更长远的历史角度来看，待中国整体实力超越美国之后，整个世界的政治、经济和思想版图都可能随着中国这个"文明型国家"的崛起而发生深刻的变化。西方话语独霸天下的局面将寿终正寝，各种旧的指标体系将被修正，各种新的指标体系将应运而生，中国模式和话语将被全世界承认。如果说一个半世纪前，西方染指中国，给中国带来了"千年未有之大变局"，那么世界可能正在目睹，并且将继续目睹中国崛起给西方、给整个世界带来的"千年未有之大变局"。说到底，不是中国自己想要这样影响世界，而是一个"文明型国家"崛起的深度、广度、力度必然会产生这种冲击波和影响力。这是一场人类历史上前所未有的大变革。这种崛起的一个最大特点就是只要是改变你自己，世界就会因你的改变而改变，因为你的块头太大，你做什么事情，都可能成为世界级的规模，产生世界级的影响。在一二十年后中国经济规模超越美国时，这种局面可能会达到高潮。

记得一位欧洲哲人曾经把世界上的作家分为流星、行星、恒星三类。第一类的影响只是转瞬之间。第二类像行星，影响更为长久。第三类像恒星，其光辉和影响是最为久远的。其实，世界上的国家分类也大致如此。很多国家像是流星，它们一闪即逝。某些特殊的历史事件会把它们偶尔推向国际舞台，但不久就销声匿迹。美国则更像第二类。美国是当今世界的超级大国，有不少卫星围绕着这颗行星转，但行星只能管它那个系统，而美国所管的这个系统正在走下坡路。美国具有现代国家的所有特征，但缺少一种深远文明的智慧光芒。只因这颗行星离我们较近，其亮度看上去似乎比远处的恒星还亮，但这是假象。

"文明型国家"中国更像一颗恒星。它经历了无数岁月，一直守望着太空，在自己的轨道上运行，独立闪烁着自己的光芒。因为恒星太高、太远了，它的光辉需要很多年后才被世人所看到，但一旦人们意识到这是一颗恒星而不是行星时，人类对它的认识，对其他行星的认识，对整个世界和宇宙的认识，都会为之改变。恒星和行星是不一样的，大小不一样，质地不一样，组成不一样，运行轨道也不一样。恒星的光芒源于自己，也更为深远和明亮。

写到此，我不禁想起了当代最负盛名的英国历史学家阿诺德·汤因比。他曾对世界不同文明体系作了详尽的比较和研究。1973年他被问及："如果再生为人，您愿意生在哪个国家，做什么工作？"他思考了一下，然后回答："我愿意生在中国。因为我觉得，中国今后对于全人类的未来将起到非常重要的作用。要是生为中国人，我想自己可以做某种有价值的工作。"他接着补充说，"就中国人来说，几千年来，比世界任何民族都成功地把几亿民众从政治文化上团结起来。他们显示出这种在政治、文化上统一的本领，具有无与伦比的成功经验。这样的统一正是今天世界的绝对要求。"应该说汤因比道出了中国这个"文明型国家"崛起对于整个世界的真正意涵。

中国的崛起改变了中国，也改变了世界。有感于此，我于2008年完成了《中国触动全球》一书，读者的积极反应鼓舞了我。随后，我开始了这本书的研究与写作。与《中国触动全球》一样，我力求用中国人自己的话语来解读中国与世界；我尝试以平铺直叙的风格来与读者共同探讨关于中国崛起的各种话题。

本书初稿的部分内容曾先后在《环球时报》《学习时报》《社会观察》等报纸杂志上发表，得到了不少读者的反馈，使我受益匪浅。谨借此机会向这些报刊的编辑和热心的读者道一声"谢谢"。

写作期间，我又有机会在北京大学、复旦大学、北京师范大学、外交学院、上海社会科学院、上海市委党校、"世界中国学论坛""上海论坛""文汇讲堂"及海外许多研讨会上演讲。这些活动，特别是准备演讲的过程以及与听众的互动，使自己书中的不少观点得到了深化。谨向这些讲座的主办方表达我的诚挚谢意。

在成书过程中，得到了许多学者与朋友的热情鼓励和支持，特别是李世默、金仲伟、沙烨、史正富、陈平、黄仁伟、潘维、王绍光、姜义华、秦宣、王文、沈丁立、王群、殷存毅、萧思健、季桂保、黄砥石、陆小潮等，我向他们真诚致谢。

时任上海世纪出版股份有限公司总裁的陈昕先生为本书的修改提出了宝贵的建议，为本书的出版付出了很多心血。中信出版社上海公司的编辑蔡欣也不辞辛苦，做了大量具体细致的工作。我谨向他们热诚致谢。我还要感谢春秋综合研究院对我的研究和写作所给予的鼓励和支持。最后，我也深深感谢妻子慧慧和儿子逸舟对我的理解和帮助。

中国的崛起是人类历史上的一个伟大奇迹。我有时也想究竟如何才能把中国崛起的模式用最简单的语言讲清楚。我想起了邓小平常说的一句话："如果我有什么专业的话，那就是军事。"作为一个指挥过千军万马的大军事家、大政治家，邓小平知道我们的军队为什么能打仗，因为这是一支与众不同的军队，它有自己的军魂，有自己的历史传承，有自己的战略战术。它取人之长，但从不放弃自己的优势。这不就是中国模式的精髓吗？这种模式指导下的中国能不崛起吗？

谨以此书献给所有为中国崛起作出贡献的人，献给所有关心中国命运的人，也献给所有关心世界未来的人。

张维为

2016年6月于沪上

附　录

对谈·专访·演讲·书评

对谈

变动秩序中的中国与世界

——与福山对话"中国模式"(节选)

2011 年 6 月 27 日，斯坦福大学教授福山应邀来沪，与张维为教授就中国模式是否会改变历史的终结展开辩论。此处节选张维为教授在福山教授演讲后的回应。

首先非常感谢福山教授令人印象深刻的演讲。您对新的理念、新的发现都比较开放，也努力去理解中国，包括它的文化、历史、文明和它今天的发展模式，这一切都给我留下了深刻的印象。非常感谢您。

刚才福山先生的演讲以及他这本书(《政治秩序的起源》)，实际上提到了几个关键问题，就是对中国模式的质疑：一个是问责制，一个是法治，一个是"坏皇帝"，一个是可持续性，当然还有其他一些问题。我想就福山先生的观点作一个回应。我觉得实际上中国作了很有意思的努力，今天的中国是世界上最大的政治、经济、社会、法律改革的实验室。从某种意义上来说，我们正在探索下一代的政治、经济、社会、法律制度，而中国的发达板块在这个方面正在带头。下面我想针对福山先生对中国模式的几个质疑谈谈自己的看法。

第一个是问责制。福山先生介绍的主要是一种西方议会民主多党执政的政治问责制，我在西方生活了20多年，我越来越感觉到这样一种问责制很难真正地实现问责，坦率地讲，我觉得美国政治制度的设计是前工业时代的产品，需要重大的政治改革，美国政治改革的任务不亚于中国。三权分立仅仅是在政治范围内相互制约，解决不了美国社会今天面临的主要问题，无法阻止金融危机的爆发。关键的关键是，我觉得需要一种新的制约与平衡，我把它叫作政治力量、社会力量和资本力量之间的平衡。在美国这个三权分立的模式下，福山教授也提到了，有很多既得利益集团——比方说，军火集团，他们的利益几乎永远不会被侵犯——他们阻碍了美国进行很多必要的决策。所以我觉得从这个角度来讲，中国人今天探索的问责制，范围比美国的问责制要广得多。我们有经济问责制、政治问责制、法律问责制。比如说我们的各级政府都有发展经济、创造就业的使命，如果官员的任务完成不好的话是不能晋升的。我读到诺贝尔经济学奖获得者克鲁格曼写的文章，他说美国在过去十年的经济增长为零，就业创造为零。

我想，即使走遍中国这片土地，也找不到有这样纪录的地方，情况都比这个要好，而且好不少。这是经济问责制的结果。当然我们也有我们的问题。

政治问责制、法律问责制也是这样的，就在我们开会的这个地方——这是静安区，静安区是上海在各方面工作做得总体上比较好的一个区，严格地讲它的许多硬件指标、软件指标都超过了纽约曼哈顿区，但是2010年一场大火烧了一栋楼之后，我们实行了问责，二三十个官员和公司人员受到了政治和法律上的处罚。我反过来想，美国这么大的金融危机导致美国普通百姓的财产平均损失了五分之一到四分之一，但这么多年过去了，没有一个人承担政治责任、法律责任、经济责任。而且更麻烦的是那些造成金融危机的金融大鳄还可以照样心安理得地拿上千万，甚至上亿的奖金。虽然美国老百姓愤怒，总统气愤，但他们是根据他们的合同应该拿到的。这使我想到了福山教授提到的法治的问题。中国在推动法治建设，在这方面还有很多可以改进的余地，但我们自己传统中的一些东西，我觉得是好的。比如说我们传统中有一个"天"的概念，这个"天"如果用今天的政治语言描述就是一个社会整体的核心利益和良心，这个是不能违背的。我们可能99.9%的事情要严格按照法律办，但我们一定要保留那块小小的空间，有一些涉及"天"的问题，涉及社会核心的利益和良心的重大事件，我们保留在法治范围内进行政治处理的权利，否则就是法条主义。法条主义可以害死人，所以中国在创新法律制度时，要取得这样一种平衡。

至于"坏皇帝"的问题，这个问题我觉得已经解决了。我们退一万步讲，即使是中国历史上所谓的"好皇帝"和"坏皇帝"时代，我粗略算一下我们还是有七个朝代的历史比整个美利坚合众国历史还要长，整个西方的近代史也就是两三百年，虽然当中经过许多的战争冲突和制度变迁，但也不能保证现代西方这个制度可以持续下去，这是我们一会儿还可以讨论的问题。

这个"坏皇帝"的问题怎么解决的？我想是通过我们的制度创新。第一，我们的最高领导人，不是世袭的，是靠政绩靠自己干出来的。第二，现在是集体领导，集体领导意味着当中任何一个人如果观点明显地偏离共识的话是要被拉回来的。第三，最关键的是我们有一个很强的历史传统，就是选贤任能。现在中国最高的精英决策团队——中共中央政治局常委的资历基本是两任省部级的履历，中国一个省的规模相当于四到五个欧洲国家，治理好是不容易的。我们这个制度可能也有缺陷，但有一点是肯定的：不大可能选出低能的领导，所以这是一整套体制。我现在倒是担心另外一个问题——不是中国"坏皇帝"的问题，而是美国的"小布什"问题。美国体制再这样发展下去，我真是担心美国下一届的选举，选出的领导人可能还不如小布什。美国是个超级大国，其政策影响到全世界，所以这个问责制会成为很大的问题。所以我倒是想请福山教授解释一下如何解决美国的"小布什"问题——八年时间在现代社会是不得了的，小布什八年治国无方，美国国运直线下降，如果再来一个八年美国赔不起。

可持续性的问题我是这样看的：我自己在《中国震撼》这本书中讲了一个概念叫"文明型国家"。"文明型国家"有一个自己发展的逻辑和规律，有一个自己发展的周期。像中国这样的发展周期——有时也可以用"朝代"概念来描述——一个周期平均是两三百年，这是数千年历史的规律，从这样的一种长期的大周期来看的话，我认为中国现在还在全面上升的初级阶段，所以我对中国的前景非常乐观，我20多年来一直是这个观点。

我的乐观来源于中国人喜欢讲的一个概念，就是"势"，这个势一旦形成了很难阻挡。反过来讲一样，19世纪明治维新的时候，日本一下子就转过去了，中国就转不过去，这也可以说是一种惯性。我们的体制通过30多年的改革开放形成了一种新的势头，这种大势很难阻挡，虽然会有逆流，会有相反方向的浪花，但改变不了这个"势"，这是文明大周期的大结构。这是很多西方学者，以及我们国内亲西方的自由派学者往往没有搞清楚的一点。他们预测中国崩溃的论调持续了20年。现在海外的"中国崩溃论"已经崩溃，但中国国内还有唱衰自己的人，不过我相信国内的"中国崩溃论"也将崩溃，而且不需要20年。

关于中国模式的持续性，福山教授提到中国过度依赖外贸的问题，实际上我们外贸依赖度这个数字是被夸大了。按照官方汇率来算的话，外贸占GDP比重很大，但是外贸是按照美元来算的，而其他GDP的内容是用人民币结算的，这样就产生了误差。再往前看，中国内需是世界上最大的。我们真正的快速城市化从1998年刚刚开始，今后每年都有1 500万到2 500万人变成城镇居民，这会创造巨大的内需，世界上发达国家的内需加在一起也达不到这种内需。

还有关于尊重个人价值的问题，我想在尊重个人价值这个问题上中国人和外国人没有太大差别。关键是我们有一种传统，叫作从整体出发，西方则是从个体出发的传统。我们在实现个人价值和个人权利方面，采用中国的这种整体介入的方法，效果实际上比采用个体介入的方法要好，比如，我把中国的方法叫作邓小平的方法，把印度的方法叫作特雷莎修女的方法。邓小平的方法使得数亿的中国人已经脱贫，数亿的个人实现了更多的方方面面的价值——他可以上网，可以看彩色电视，可以开车在高速路上行走，可以在网上讨论各种各样的问题发表自己的看法；印度的特雷莎修女感动了无数个人，还拿到了诺贝尔奖，但印度总体的贫困状况没有什么改观，你在上海20年看到的贫穷加在一起少于你在孟买一小时看到的贫穷，没法比。

对于后面提到的中国模式下的决策过程，百姓如何参与的问题，实际上我希望福山教授有机会到中国做一些调研。我举个例子，比如中国现在以五年为周期的五年规划的决策的过程，是上上下下成千上万次的咨询，这种决策民主的质量西方没法比——我们是研究生水平，西方可能是本科生、初中生的水平——这是真正的决策民主。

至于中东出现的动乱，表面上看好像体现人们要自由，但我觉得最关键的问题是，那个地方的经济出现了大问题。我去过开罗，去过4次。20年前它跟上海的差距大概是5年，现在比上海落后40年。一半的年轻人没有就业，不造反行吗？而且我自己对中东的了解使我得出这样的结论：西方千万不要太高兴，这会给美国的利益带来很多问题。现在叫"中东之春"，我看不久就要变成"中东之冬"了。严格讲，那个地区还没有成熟到中国的辛亥革命时期，所以，路曼曼其修远兮，出现什么样的问题什么样的结局我们终会看到的。

专访

论中国模式

—— 半岛电视台专访 (节选)

2012 年 1 月 12 日，张维为教授接受了半岛电视台资深编辑 Nabili 先生的专访。

画外音：中国正在雄心勃勃地迅速发展，中国经济增长的速度大大超过西方国家，其领导人也越来越自信，走上了世界政治舞台的中心。对许多中国人来说，本国历史和文明如此悠久，成为世界的焦点并不奇怪。但这是否意味着世界正在进入一个"中国例外"的时代？张维为教授曾担任中国改革开放总设计师邓小平的翻译，现在是一位国际学者。他的《中国震撼：一个"文明型国家"的崛起》在中国的精英中广受欢迎，他认为中国是一种独特的文明，并强势地回应了西方对中国的诸多指责。

Nabili：感谢您接受我们的专访。您的书《中国震撼》在中国引起了强烈反响。首先提一个问题：您所说的"中国模式"是什么意思？

张：人们经常把"模式"解释成一种别人可以模仿、仿效的东西，但这不是我的意思。我说的"模式"指的是对一种实践和经验的总结与概括，"中国模式"就是对中国过去三十多年发展经验及其特点的概括。

Nabili："中国模式"有哪些特点呢？

张：很多。比方说，我们有一个比较强势、注重发展、比较中性的政府。这个政府可以形成全国范围的共识来推动改革和现代化，这个政府有很强的政策执行力。中国模式的另一个特点是高度的务实。我称之为"实践理性"，不断尝试，不断试错，获得经验，然后推广到全国。还有一些其他特点，如渐进改革，鉴于中国幅员辽阔、人口众多，什么先做、什么后做，这种具有"顺序差异"的渐进改革非常重要。

Nabili：您提到形成全国共识的中性政府，这很有意思。我想继续问一个比较宏观的问题，您提到中国正处于转型期，中国是在一个长远的目标指导下谨慎地往前走，这也是您书里的一个主题。我的问题是，那个最终的目标是什么？许多西方观察家说，中国最终的目标必然是多党制、言论自由等西方认为好的东西，您认同他们的想法吗？

　　张：我个人的判断是未来的中国不大会成为另一个西方国家。一方面，中国向世界高度开放，与各国进行贸易往来和交流，参与国际竞争；另一方面，中国也越来越回归自己的根底。正如我在书中所讲的，中国是一个"文明型国家"，是一个历史绵延不断的古老文明与一个巨大的现代国家结合在一起的国家。这种结合就是"文明型国家"。这种结合也是中国今天各种试验令人兴奋的原因。

　　Nabili：世界上有许多学者和研究机构都说，现代国家成功的因素已经耳熟能详，你只要直接拿过去实行即可。而您却说，不是这么一回事。请您说一下，西方模式的缺陷在哪里？哪些是需要中国文明来替代的？

　　张：我与福山教授有过一次有趣的辩论，他写过《历史的终结》。我对他说，中国正在全力探索下一代的政治、经济、社会、法律体制，中国各地都在进行各种试验，形态各异，互有补充，最终会有一些比较成功的经验，然后中国其他地方会借鉴这些经验。今天的中国和外部世界有充分的交往，我们了解西方，了解西方制度的长处和短处。鉴于美国和欧洲今天陷入如此严重的经济危机，如果中国人还要跟在美国和欧洲模式后面亦步亦趋，那就愚蠢了。中国是有选择地借鉴西方的经验。

　　Nabili：哪些是您所说的西方模式的"短处"呢？

　　张：有很多。例如，我和福山谈到过问责制。在他所说的民主体制中，所谓问责制就是多党选举制度、每四年选换一次政府。而在中国的试验中，问责制包括经济、政治、社会、法律等各个方面。例如，中国各级政府，从中央到基层，都有创造就业、发展经济的责任。分析欧美危机根源的很多文章中都提到美国过去十年间就业没有增长，经济没有增长。中国没有出现这样的情况。过去十年也好，过去三十年也好，整个中国都没有出现这样的情况。你哪怕去一个最小的县，哪里都有就业增长，都有经济增长。我并不是说中国模式十全十美，中国也有自己的问题，但中国模式这种"经济问责制"总体上是成功的，这是西方模式所明显缺乏的。

　　Nabili：如果我们接受这一观点，问责制要比单纯的选举政治问责制范围广泛得多，这仍然没有回答权力制衡的问题。如果这种问责制的可靠性只能依赖当权者的道德自律显然是不行的。您也知道中国历史上有过领导人无视道德、无视问责，利用手中的权力，为所欲为。

　　张：这也是福山提出的所谓"坏皇帝"问题，也就是说，在中国悠久的历史中，碰到了好皇帝，那么国家就繁荣昌盛；如果出现了坏皇帝，那对不起，国家就衰落。但今天的中国已经解决了这个问题。中国的最高领导层，即政治局常委，你可以了解一下他们是如何选拔出来的，他们大致上要有两任省部级第一把手的经历。别忘了中国是一个超大型国家，一个省的人口可能有欧洲五六个国家那么多。所以，要管理好这么一个省，绝非易事。而两任这样的经历，还要有不错的政绩，才有资格进入常委选拔的资格。我有时和美国朋友开玩笑，因为中国已经建立了这样一套制度安排，中国的体制可以保证不会选出小布什那样低水准的领导人，他实在是远远低于中国的标准。

Nabili：您谈到中国自己历史悠久的哲学和传统，因而中国不会走上西方民主模式的道路。我想再举几个西方关注的焦点，看看中国将怎么应对。一个焦点是人权，西方国家对实现和保障人权都有清晰的阐述，那么，中国的人权思想和西方一致吗？有哪些不同？

张：我想在人权问题上，如果我们采用的是国际标准，而不是美国的标准，那么情况就很有意思了。按照联合国对人权的定义，人权包括经济、社会、文化、政治和公民权利，所以美国发动的伊拉克战争是严重侵犯人权，美国国内将近 5 000 万人没有医疗保险也是侵犯人权。中国有自己的问题。但必须记住，当我们谈论中国人权的时候，我们首先要去征询的对象应该是中国人，而不是美国人、欧洲人。你可以问一下普通的中国人，无论在北京、上海还是在中国其他任何地方，还是在欧洲、美国或世界任何地方，你问他们："你对中国人权状况有何看法？是比过去好了还是差了？"我保守地估计，多数中国人都会说中国现在的人权状况比过去任何时候都要好，这一点非常重要。

Nabili：如果人权是一个逐渐改善的过程，那终极目标是什么？

张：我们终极目标之一是大量借鉴中国自己的文化。我们有非常强的人文主义文化传统。这些传统的形成比欧洲许多人权观念的形成要早得多。我们尊重中国自己的许多传统，包括家庭的重要性，包括权利与责任的平衡，包括为家庭、为别人作出牺牲等。

Nabili：我们回到宏观层面，中国通过中国模式演变成一个现代国家，高效地促进了13亿，乃至未来可能20亿人的发展。那么，中国模式中的某些因素会不会扩展到世界其他地方？您知道，当许多西方人听到中国不准备实行多党制民主的时候，他们就会惊呼："啊，中国要称霸世界！"他们的想法有道理吗？

张：我们可以看一看欧洲的历史，欧洲一人一票的选举制都是国家现代化完成以后的事情。如果现在在中国实行一人一票的所谓民主制度，我们可能会选出一个农民政府，一个极端民族主义的政府，它可能马上对台湾动武，与日本打仗。实际上，现在由邓小平推动形成的执政团队，在外交方面总体上是谨慎低调的，这符合中国的利益，西方也是受益者。但另一方面，如果西方想要在中国发起一场"颜色革命"，那么结果将是灾难性的，不仅对中国，对西方也是这样。

Nabili：您认为西方在推行"颜色革命"？

张：一些人想这样做，但在中国推行"颜色革命"是愚蠢的。你可以在中国做各种调查，中国中央政府在中国民众中的支持率远远高于西方国家政府在自己百姓中的支持率，高于奥巴马政府在美国的支持率。你不妨查一查西方民调机构在中国所做的各种相关的民调，如美国皮尤中心的民调、盖洛普的民调和经合发组织的民调，结果都差不多。

Nabili：中国政府是否害怕"颜色革命"发生？

张："害怕"这个词恐怕不准确，实际上中国很自信。现在西方不愿意肯定中国的政治制度，但我自己的预测是，再过十年，按购买力平价计算，中国经济总量将成为世界第一，届时中国中产阶层的规模将是美国整个人口的两倍，我指的是真正的中产阶层，美国标准的中产阶层，有房产、有稳定工作和收入的人。我看到了那个时候，西方将不得不重新评估中国的政治制度和中国模式，否则就无法解释中国的成功。

Nabili：到时候他们也会担忧他们自己的处境，现在许多人在批判美国的政治和文化霸权。那如果到时候中国的中产阶层人数达到美国的两倍，这些人就会把矛头指向北京。

张：有可能。我去访问过一些小国，如老挝、柬埔寨等，我有时候也设身处地从他们的角度想象一下：一个比自己大几十倍，甚至一百倍的邻国，每年经济增长率超过10%，连续了30年，他们恐怕会产生某种担心。但另一方面，我们要了解历史的大背景：中国的历史传统表明中国不是一个侵略扩张型的国家。你可以比较一下中国和罗马，罗马帝国是一种基于军事征服的帝国；而中国则更多地基于一种所谓的文化优越感，如果一个邻国承认中华文明的优越地位，接受中国的文化辐射，中国不会派兵去占领，它就是中国势力范围的一部分。当然这是历史，今天也不会重复。但有一点是一以贯之的，即中国更是一种比较内向型的国家，中国是筑起长城防御外敌的国家，而不是去侵略和扩张的国家。侵略和征服别国，那不是中国人的作风。

Nabili：但闭关自守也不能让外人放心。

张：没错。既要对外开放，又要保持自我，两者之间需要一种平衡。

Nabili：与您的交流中，我感到历史对中国和西方的意义大有不同。您谈论的是几千年的历史，而西方的历史感是三分钟。两者之间存在奇妙的差异。这也许能解释许多中西方的决策差异。许多人反对阿富汗战争，因为他们看到的仅仅是上一次对阿富汗战争的失败。但中国与西方这两种截然不同的历史观能够协调吗？是否存在优劣的差别？

张：当我们说自己有强烈的历史感时，那是中国人无法摆脱的思维逻辑，之所以无法摆脱是因为我们使用的是汉语，汉语的书写系统大概是3 500年前成形的。这比罗马帝国大约早1 500年，比希腊城邦大约早1 000年，而我们至今仍然在使用同一套语言。我们不妨和英国比较一下，英国大多数的博士毕业生是读不懂17世纪莎士比亚的作品的。而在中国，一个好的中学生可以读懂2 500年前孔子的著作。中国人日常生活中使用的成语有成百上千条。这些成语都是中国历史故事的凝聚，所以中国人的历史感是我们无法摆脱的。同时我们也认为尊重历史其实也是尊重智慧。我曾多次与美国朋友开玩笑，你们打了那么多仗，战术上赢了，战略上却输了。而战略很大程度上就是一种智慧。阿拉伯世界发生的革命也一样，我不知道西方有没有认真考虑过这种革命和西方利益的关系？

Nabili：西方人反复说的一个段子是，记者问周恩来："您怎么看法国大革命？"周恩来回答："现在评判还太早。"您是否同意，这种历史思维在政治上会造成问题？因为现在经常要作即时的政治抉择，而有的时候快速决策的成效更佳。

张：如果你沉醉于自己的历史，那的确会发生问题。当然，英国人怀旧情绪是一种例外，那是一种品味。政治上，你必须具有前瞻的眼光。中国在过去30年做的，一方面是回归传统，另一方面是对外开放，我们有4亿人在学习英语，中国每年20%的出版物是翻译作品。中国发行量最大的报纸是《环球时报》和《参考消息》，每天几百万份，都是关于国际事务方面的内容。我们有160万留学生在外国学习，其中三分之一已经回国。只要保持对外开放，中国人就会向别人学习，中国人是很优秀的学生。这种对外开放与回归传统并行带来的就是我们文化的复兴。在这个背景下，你会发现中国的决策效率和执行力都是相当高的。总之，在这个全球化的时代，各个国家都需要互相尊重、互相帮助、互相学习，我想这就是中国模式所要传达的讯息。

朱新伟　笔录/翻译

（本文完整版原载于2012年2月1日观察者网）

演讲

中国：一个"文明型国家"的崛起
——牛津大学演讲(节选)

　　2012 年 6 月 20 日下午，牛津大学中国中心为《中国震撼》英文版举行了一个发布会和研讨会，张维为教授以"中国：一个'文明型国家'的崛起"为题作主旨演讲，并和与会学者就中国模式、中国话语等话题进行了广泛而又热烈的讨论。

　　20 年前我曾在这里做过访问学者，度过了一段令人难忘的时光，牛津大学强烈的历史感和浓厚的思辨氛围给我留下了深刻的印象，也帮助我形成自己研究中国发展模式的一些思路。这次你们又安排我住在牛津历史最悠久的"大学学院"(University College)，学院底楼有学院之子大诗人雪莱躺在湖边"安睡"的雕塑。雪莱在中国是家喻户晓的诗人，他的著名诗句"如果冬天来了，春天还会远吗"曾鼓舞过无数中国仁人志士为国家独立和民族解放而英勇奋斗。过去的 30 年中，这些诗句又鼓舞了无数投入中国改革开放大业的人，激励他们克服了改革开放过程中许多艰险，这一切为今天中国的崛起奠定了基础。

雪莱住在楼下，我住在楼上，这种感觉无比奇妙。无疑，英国人的历史感在这里得到了最佳体现。这使我想到了今天我要讲的内容，和英国人一样，中华民族也是一个历史感极强的民族。如果说"雪莱住在楼下，我住在楼上"体现了英国文化的历史传承，那么在中国，孔子两千多年前的论著，今天多数中国人还可以阅读其原文，则体现了中国文化的历史传承。中国今天的崛起离不开这种伟大的历史传承。

中国的崛起是 21 世纪最重要的国际事件，但我们也知道外部世界，特别是西方世界对中国的了解并不充分。我接触过很多对中国了解甚少的西方人，在他们的感觉中，中国大致就是一个放大了的东德，正在等待一场"颜色革命"。他们还认为那些所谓的持不同政见者代表了中国的未来。今天中午，牛津大学把名誉博士学位授予缅甸反对派领导人昂山素季，这里就有人问我中国会不会也走上西方指引的政治道路。

我坦率地告诉他，我去过缅甸，这个国家的治理水平比中国落后至少 40 年，换上西方政治模式来治理缅甸，结果也不会好。我走访过 100 多个国家，绝大多数是发展中国家，得出一个简单的结论：发展中国家照搬西方模式，基本是两种结局：一种是从希望到失望，一种是从希望到绝望。所以我感谢了他的好意，并告诉他中国还会继续走自己的路，而不是缅甸的路，也不是埃及的路。埃及革命爆发后，我就说过，"埃及之春"将演变成"埃及之冬"，现在这种前景似乎变得日益清晰。

其实西方模式在西方本身都面临着巨大的挑战，从今天希腊的破产到西班牙和美国的危机都说明了这一点。美国诺贝尔经济学奖获得者斯蒂格利茨不久前套用林肯总统的名言"民有、民治、民享"，说美国民主已经蜕变成了"1%有、1%治、1%享"。几乎所有民调都表明西方国家的民众对自己政府的支持率都很低，政府的表现远远低于本国人民的期待，也低于中国民众对自己政府的支持率。这些情况说明西方自己的经济和政治体制改革还任重道远。

过去30多年中，西方主流媒体对中国做了无数悲观的预测，无数次地预测中国将走向崩溃，但结果证明都是错的，中国没有崩溃，而是迅速崛起。西方对中国不断误判的深层次原因是其对中国的意识形态偏见。一旦他们能够尊重事实，能够摆脱意识形态的偏见，他们会看到中国过去30多年发生的变化是人类历史上一场最伟大的经济和社会革命，6亿多人脱离了贫困，约占整个世界脱贫人数的80%。这个成就奠定了中国今天的崛起，它深刻地改变了中国，也影响了包括英国在内的整个外部世界。

中国做对了什么？

——《中国震撼》阿拉伯文版首发式演讲

2016 年 1 月底，"丝路上的埃及与中国：埃中关系走向"论坛在开罗举行。此次论坛是第 47 届开罗国际书展的重点活动之一，《中国震撼》阿拉伯文版在论坛上正式发布，本文系张维为教授 1 月 29 日在《中国震撼》阿拉伯文版首发式上的演讲。

今天在开罗国际书展参加《中国震撼》阿拉伯文版的首发式，我感到非常高兴。首先要感谢本书的译者白鑫（艾哈迈德·赛义德）先生，感谢 Sama 出版社和五洲传播出版社，感谢所有为本书阿文版的出版付出努力的朋友。

1 月正值"阿拉伯之春"五周年纪念，大家都在反思阿拉伯世界这五年来所经历的跌宕起伏。本书的译者特意把我五年前和

"历史终结论"作者福山先生的一场辩论也编入其中。那场辩论发生在"阿拉伯之春"爆发后不久，福山先生对我说，一场伟大的民主运动正席卷阿拉伯世界，中国也可能出现"阿拉伯之春"，我说，不会，不但不会，而且我认为"阿拉伯之春"本身可能不久将会变成"阿拉伯之冬"。今天谁的预测更为准确，我想是不言自明的。

实际上，对于中国也好，对于埃及也好，乃至对于整个非西方世界也好，一个国家的成功关键在于是否能够找到一条符合自己民情国情的发展道路，而非采用西方所谓的民主制度。对于一个非西方国家，特别是像中国和埃及这样的文明古国，成功的关键是要处理好三个问题，或者叫三个关系，中国在这方面总体上处理得比较好，所以国家迅速崛起，给整个世界带来了震撼。这三个关系是：一、现代化与本国文明传统的关系；二、现代化与本国现有政治制度的关系；三、本国与外部世界的关系，特别是与西方世界的关系。《中国震撼》这本书很大程度上就是探讨中国是如何处理这三者关系的，或者说本书就是回答一个简单的问题：中国做对了什么？

第一，在现代化与传统的关系上，中国经历了一个曲折的过程。19世纪中叶，英国发动的鸦片战争强行打开了中国的大门，中国当时确实被西方强大的物质力量和军事力量所震撼了，这导致很多中国人失去了对自己文明传统的自信，甚至产生了中国需要全盘西化的呼声。这方面最极端的例子，就是认为要废除中国的文字，因为汉字阻碍了中国的现代化，中国的文字要拉丁化才行。

但经过一个多世纪的探索，中国人已经看到，自己的文明传统其实是中国现代化事业的最为宝贵的主要资源，我们可以自信地坚持中国文明本位，同时也汲取他人之长，与时俱进，最终实现中国式的现代化，也就是符合中国民情国情的现代化、一种中国人所喜欢的现代化。这意味着我们不仅要赶上西方，而且在许多领域内要实现对西方和西方模式的超越。

让我还是以中国文字为例来说明这个问题。应该说，一个民族的语言文字是本民族文化的精神血脉，是民族认同的利器。保持了汉语，就保持了中国文化的根。在国家现代化的进程中，汉语也不断地与时俱进，它汲取了其他文字的某些长处，从文体修辞到语法词汇，汉语都吸收了大量外国元素。白话文、简化字和汉语拼音等语言方面的创新，大大方便了汉语的学习和推广。

现在看来，今天的汉语一点也不落伍，反而它既十分传统又非常时尚，它能够翻译世界上所有人文和科学的著作，能够与现代科技完全兼容，在互联网为标志的高科技新媒体时代，它甚至展现出很多独特的优势：它有西方语言难以达到的简洁明快，它有西方语言难以达到的丰富形象，它有西方文化难以达到的文化底蕴。汉字紧凑的特点使之特别适合移动互联网时代的沟通：同样大小的手机视频，中文的信息量大概是英文的三到四倍，这也是移动互联网在中国迅速普及的主要原因之一。

更重要的是中国人的文化和信仰就蕴藏在自己的文字中。一个中国人，只要学会了中文，能够听说读写，能够使用一二百个成语，中国文化的基本元素就融化于他的血液中了，他就学会了许多做人做事的基本道理，如与人为善、自食其力、勤俭持家、尊老爱幼、好学不倦、自强不息、同舟共济等，这些中国文化传统元素已和中国现代化进程融为一体，这不仅使中国能以人类历史上闻所未闻的速度和规模崛起，而且使中国社会保持了比西方社会更多的温馨和更强的凝聚力。

第二，在与本国政治制度的关系方面，中国1911年辛亥革命后，推翻了原来的政治制度，照搬了美国的政治制度，但很快就出现了水土不服，中国最终陷入了一盘散沙、军阀混战的境地。1949年新中国成立开始了中国社会主义制度建设的新时代。这个过程并非一帆风顺，但我们持续不断地探索，最终找到了一条基本符合中国民情国情的成功之路。

我这里可以比较一下中国领导人邓小平和苏联领导人戈尔巴乔夫。邓小平比戈尔巴乔夫高明的地方在于：在西方吹嘘自己政治制度如何优越的时候，戈尔巴乔夫真的完全相信了，而邓小平说，不要吹牛，西方的制度有自己的许多问题，而中国的制度有自己的许多优势，特别是它能代表人民的整体利益，它能集中力量办大事，它能给百姓带来更多实实在在的利益，但邓小平也认为中国的制度存有自己的问题，需要汲取他人之长，需要与时俱进，需要通过改革而不断完善，中国在这方面的努力从未停止。

记得1992年前后，苏联解体、东欧崩溃的时候，整个西方世界欢呼西方政治制度胜利了，历史也因此而"终结"了，但当时邓小平则认为，中国的机会来了，中国证明自己政治制度优越性的机会来了。邓小平本人在苏联解体后不到一个月，就专门去中国的南方视察，呼吁中国一定要抓住这个难得的机遇，进一步改革开放，大幅度地加快中国崛起的步伐。

事实证明他是对的。一个政治制度的成功的最好检验，就是它为自己的人民提供了什么：今天的中国光是外汇储备一项几乎就等于前社会主义国家经济规模的总和。中国大多数家庭在过去20多年里都经历了一场财富革命，中国今天每年的出境访问人次已经超过1个亿，整个国家初步实现了全民医保、全民养老的制度安排。这和西方模式下，多数国家过去20多年人民生活水平毫无提高形成了鲜明的对照。当然，中国人也知道自己的制度和自己的工作仍存有不少问题，需要通过改革，才能做得更好。

中国政治制度的一个突出成就是在如何产生国家领导人方面，形成了比较行之有效的制度安排，其最大特征是选贤任能，中国的最高决策层的成员至少要担任过两任省一级的领导，至少要治理过一亿以上人口，在国家治理和为民谋利方面要有十分突出的政绩。这种选贤任能制度也可称为"选拔+选举"的制度，这种制度安排既有中国自己的传统，又有对西方制度的某些借鉴，这是多种元素有机结合的一种制度创新，其产生的领导人总体上的素质和水准，明显高于西方光是依靠大众选举产生的领导人。

中国今天的政治制度，无论是选拔人才的能力、民主决策的能力，还是战略规划的能力、纠正错误的能力等，总体上看，都比西方政治模式要强一些，甚至强很多。当然我们的制度在很多方面还可以完善，但它已经不害怕与西方所谓的民主模式进行竞争，实际上，我们非常欢迎这种竞争，竞争可以使我们的制度更为完善。

第三，与西方的关系。西方由于是率先实现现代化的国家，所以习惯了以自己的标准来看待整个世界，甚至有一种冲动，非要把自己的模式强加于人。但中国人对世界的研究表明，照搬西方模式的非西方国家大都以失望、失败，乃至绝望而告终。

1988年5月，一位发展中国家的总统来北京，希望邓小平谈谈中国改革开放的主要经验，邓小平回答说："解放思想、独立思考，从自己的实际出发来制定政策。"他还补充说："不但经济问题如此，政治问题也如此。"这位总统接着又询问邓小平应该如何与西方打交道，邓的回答是四个字："趋利避害。"中国在自己现代化的进程中，从西方借鉴了很多有益的经验，推动了自己全方位的进步，但中国在借鉴西方经验的时候，以我为主，绝不盲从，借鉴是有选择的借鉴，绝不照搬。对西方经验中存在的诸多问题，我们要加以克服和超越。

《中国震撼》这本书的副标题是"一个'文明型国家'的崛起"，它除了介绍中国在上述三个方面做对了什么，同时也把中国的崛起概括为一个"文明型国家"的崛起，即一个延续数千年而没有中断的古老文明与一个超大型的现代国家的崛起，这种"文明型国家"的崛起有自己的逻辑。

世界上很多人只会在西方话语中打转转，在"历史终结论"的逻辑下讨论中国，所以他们解读中国的发展永远是从所谓的"极权模式"走向"威权模式"，从"威权模式"走向西方"民主化"模式，但是实践证明这种逻辑是站不住脚的，它导致了对中国一个接一个的误判。

一个"文明型国家"的崛起有其内在的逻辑。这个逻辑就是：中国历史上长期领先于西方。过去两千多年里，中国在大多数的时间内都是领先西方的，这种领先有其深刻的原因，我称之为原因一。18世纪开始中国落后了，错过了工业革命，有其深刻的教训，但中国现在又通过自己独特的发展模式赶了上来，并正在越来越多的方面超越西方和西方模式，这种"赶超"也有其深刻的原因，我称之为原因二。原因二和原因一之间是有继承和发展关系的，这就是"文明型国家"的逻辑。

也就是说，我过去领先你的原因与我今天"赶超"你的原因之间几乎是相通的。比方说，中国历史上长期领先西方的一个重要原因是，中国的官员是通过考试选拔的，而西方长期实行的是世袭制度。今天中国超越西方的进程中，新型的"选贤任能"制度发挥了关键的作用。

再比方说，中国政治治理的传统中非常重视民本主义，即"民为邦本，本固邦宁"的理念。中国成功的一条重要经验就是：

政府重中之重的工作就是要大力改善民生。这种指导思想使我们创造了人类历史上消除贫困的最大奇迹，使我们创造了世界上最大的中产阶层。

西方模式在非西方国家频频失败的一个主要原因是其导致了无穷的政治纷争，导致政治机器空转，使人民生活改善的可能性变得遥遥无期。西方政治模式和经济模式今天的最大困境也是改善民生乏力。金融危机、债务危机、经济危机导致百姓生活水平停滞不前甚至显著下降。西方政坛今天也流行着当年克林顿竞选总统时的一句名言：It's the economy, stupid!（真蠢，问题出在经济！）绝大多数西方民众关心的也是经济、就业、福利这些民生问题。

我多次讲述过一个观点，西方一直喜欢用"民主与专制"这个范式来评判世界，但今天遇到了很大的困境，因为它的预设是"民主是好的，专制是坏的"，而"什么是民主"只能由西方国家来界定。问题是世界上采用西方民主制度而搞得一团糟的国家比比皆是，所以如果一定要把世界上的国家分成两大类，那么只有良政与劣政两类。

良政可以是西方的模式，西方有为数不多的国家治理得还是可以的，而相当多西方国家也没有治理好，否则就不会陷入如此严重的金融危机、债务危机和经济危机。良政也可以是非西方的制度，中国就是一个很好的例子。

同样，劣政也可以是西方模式，这一点非常重要。从伊拉克、海地、阿富汗，到现在破产的希腊、冰岛等，都没有治理好。当然，劣政也可以是非西方的制度。中国民本主义理念揭示了一条深刻的执政规律，那就是，不管采用什么政治制度，最终都必须落实到民生的改善，这种改善既包括物质层面也包括精神层面，这才是良政善治的真正意义所在。

"文明型国家"的逻辑与"历史终结论"的逻辑背后的哲学观截然不同。"历史终结论"的哲学观是社会单线演化的哲学观，它把世界看成是一个简单地由落后向先进的单向度演变的进程，而西方模式又被认为是代表了人类最先进的成就；而"文明型国家"的哲学观则认为社会发展从来都是多元复合的，各种发展模式从来都是百花竞放的，他们可以互相竞争，也可以互相借鉴，甚至你追我赶，超越对方，整个人类历史就是这样一路演变和发展过来的，只要人类存在，这种不断变化的动态历史进程便不会终结。

最后，再次感谢开罗国际书展的盛情邀请，使我有机会第五次访问埃及这个伟大的国家，我也再次感受到埃及朋友和阿拉伯朋友的热情和友谊，感受到了他们对中国经验的强烈关注和浓厚兴趣。让我们一起努力，使这个世界变得更加和平、更加繁荣、更加美好！

谢谢大家！

书评

《中国震撼》的思想震撼

李君如

"探索中国发展的道路是迷信书本，还是尊重实践？张维为的《中国震撼》给我们这些受过西方教育的人强烈的思想震撼：张维为亲身观察过的全世界一百多个国家中，没有一个非西方国家取得过模仿西方模式的成功！……我们是削足适履、屈从西方的价值观；还是实事求是，总结中国文明复兴的经验？这是张维为的观察给中外读者带来的思考。"这是陈平教授对《中国震撼》的评价。对于这个评价及其提出的问题，我非常赞同。

张维为先生是我的朋友，我们相识于前几年关于中国和平崛起发展道路的国际研讨会。当初，最让我感兴趣的，是他曾经做过邓小平的翻译。后来又知道他毕业于上海复旦大学外文系，现在是日内瓦外交与国际关系学院教授、日内瓦亚洲研究中心资深研究员。记得2007年，他通过电子邮件给我发来一些文章，要我提提意见。我读了这些文章，感到内容相当精彩，文笔也好，就萌发一个念头：在我们中央党校的《学习时报》上发表。在征得他同意后，这组文章就在《学习时报》上连载了。果然不出所料，文章发表后在读者中产生了强烈的反响。有的中央领导同志为先睹为快，还要求我们把尚未发表的文章送他们看。后来，他在媒体发表的言论，我都十分关注，也为他取得那么多的成果感到高兴。

正由于这个原因，今天这些文章经过系统整理，以《中国震撼》为书名由世纪出版集团上海人民出版社出版了，我格外高兴，一拿到就把它读完了。

他长期生活在外国，外国人眼中的中国是什么样子的？他走了世界100多个国家，中国存在的问题在这些国家有没有？他接触到的外国人，是怎么样看待中国的现在和未来的？这都是人们希望了解的。他也没有辜负人们的期盼，一五一十地把他所了解到的事实和观感告诉了我们。因此，他的著作中精彩之点比比皆是。

我不需要写什么评论，只要摘几段话就可以使大家知道，这是一本什么样的书了。

比如，他在"世界变化真快"一节中，引用了美国《纽约时报》著名专栏作家托马斯·弗里德曼参加北京奥运会后写的《中美这七年》一文，并写了一句点睛之笔："最后他不无忧心地感叹：'我很不愿意对我女儿说：你只有去中国才能看到未来。'"

又比如，在"重新认识中国"一节中，他劈头一句话就引人入胜："与西方相比，中华文明有'三人行，必有我师'的传统。西方没有这种传统，而更多的是'三人行，我必为师'的传统。"

这部著作，给我留下的深刻印象，首先是用生动的事实回答了国内外许多人关注的"中国问题"。比如，有人说，中国腐败问题这么严重，怎么能算崛起？在谈论这个问题时，他讲了西方现代化进程中的腐败情况后，又以亲身的经历写了一段发人深省的话："无论从研究腐败问题最权威的国际组织'透明国际'的历年报告来看，还是从我自己的实地观察来看，与中国可比较的（如人口在5 000万以上）发展中国家和过渡经济国家腐败程度都高于中国，尽管这些国家都采用了西方政治制度，如菲律宾、泰国、孟加拉国、印度、埃及、印度尼西亚、俄罗斯等，更不要说腐败到骨子里的很多非洲所谓的民主国家了。"又比如，有人说，中国的房价那么贵，大学毕业生根本买不起房子，甚至连婚房都没有，这能算国家崛起吗？他写道："坦率地说，世界上没有一个发达国家达到这种水平。电视连续剧《蜗居》引来无数国人对房价高涨的感叹，其中女主人公有句台词：'咱俩加在一起，都快70岁了，但还没有自己的房子。'这种话在瑞士这样的发达国家没人敢说。瑞士至今的住房自有率才36%，35岁前就拥有自己的房子对绝大多数瑞士人来说是不可思议的。发达国家大多数民众都是在租来的房子里结婚的。"

这部著作，给我的又一个深刻印象是，这部著作既保留了他那些"原生态"文章的风格，又把他那些一以贯之的观点进一步逻辑化了，可以说已经成为"张维为中国观"的集大成之作。我注意到，这部著作有一个副题："一个'文明型国家'的崛起"。他在这里讲的是"文明型"，而不是"文明"。按照他的解释，所谓"文明型国家"，就是摆脱了西方学者把"民族国家"与"文明国家"对立起来的思维方法，能够把这两类国家的长处结合在一起的国家。这是他的创见。他认为，"今天的中国已经是一个把'民族国家'与'文明国家'融为一体的'文明型国家'"。因为，中国的崛起不是一个普通国家的崛起，而是代表了一种不同性质国家的崛起，"其崛起的主要原因是坚持了自己的发展道路，既学习了别人之长，也发挥了自己的优势，实现了一种对西方模式的超越，也实现了一个五千年文明与现代国家重叠的'文明型国家'的崛起"。我认为，这个见解对于深入总结我国改革开放的经验，破解我国发展的难题，思考我国长期发展的目标，有重要的学术价值。

张维为先生的这部著作及其阐发的观点，本来是在国际交流中形成的，或者说是在同外国人讨论怎么认识中国的过程中形成的，但是对于我们这些天天生活在中国的中国人来说也值得读一读。

这几年，我们的改革开放已经站在一个新的历史起点。这本来是一个好事，说明中国又要往前走了。但是，站在新的历史起点上，总要回过头去看一看已经走过的路及取得的成绩和存在的问题，总要向前看一看前进的路上会有哪些困难和风险，这一前一后一看，各种各样的议论包括质疑就随风而起，有的人的头脑里甚至出现了一些偏激的念头。对于这样的社会心态，既不必过度解读，也不能疏于引导。读一读《中国震撼》，对于我们怎么样认识中国的改革开放，怎么样认识中国的发展道路，怎么样认识中国的前进方向，是有好处的。

古人说过："不识庐山真面目，只缘身在此山中。"陈平教授说"《中国震撼》给我们这些受过西方教育的人强烈的思想震撼"，我没有受过多少西方教育，观感也同他一样:《中国震撼》震撼国人的思想。

作者系中共中央党校原副校长

（本文原载于 2011 年 4 月 11 日《人民日报》）

理直气壮地研究"中国模式"

陈　昕

张维为教授走访百国后，围绕中国模式所作思考和研究呈现为三部著作,《中国触动》《中国震撼》《中国超越》, 构成了"中国模式研究三部曲"。三部著作构成了一个丝丝相扣、层层递进的有机整体，反映的是作者对中国模式不断深化的认识过程。《中国触动》是访遍百国后对中国模式在感性层面的认识,《中国震撼》构建了文明型国家的框架来试图解释中国模式成功的内在原因及其给人们带来的震撼，而《中国超越》则通过对中国模式与西方模式的全面比较，总结出中国模式的成功之道和基本特征。

关于"中国模式"，目前在学术界存在颇多争议。有人认为，中国的改革属于转型国家改革的一种，它只在区别"渐进式改革"与"激进式改革"方面有"模式"的意义；有人认为，中国的改革是动态的过程，彼岸究竟是什么模式，现在并没有人知道，谈何中国模式；还有的人公然认为，中国的改革最终会过渡到西方模式去。但在所有质疑中国模式的议论和慎言中国模式的呼声中，我们并没有看到能够真正否定中国模式存在的理论解释。

张维为是中国模式的坚定支持者，这些年来一直从事着有关中国模式的研究。在他看来，"中国模式"在狭义的层面，指的是中国自己的一套做法、经验和思路；在广义的层面，则是这套做法、经验和思路及其背后的制度安排和思想理念。从这个意义上说，中国模式指的就是中国特色社会主义道路。我认为，就中国模式研究而言，张维为在下述三个方面的努力具有重要的价值。

一是提出了中国模式对西方模式，特别是对美国模式超越的观点。作者指出，这种超越开始表现为经济总量、百姓资产、社会保障、科技创新、制度安排和思想理念上的超越。对于不少人来说，超越西方，特别是超越美国是不可思议的事情，但作者通过认真的比较分析，有力地说明了这一点。比如，书中用"板块解读法""购买力平价""家庭净资产"等方法很好地解释了中国在经济总量、百姓资产上对西方的超越。尤其在"家庭净资产"方面，不仅进行了中美两国在家庭资产总额上的比较，还进行了家庭净资产平均，以及中位家庭净资产比较，因此有较强的说服力。书中在论述这些超越和质疑西方话语对中国发展的诟病时，都是从观察事实出发而不是诉诸情感，书中引用了大量的国内外权威数据来说明观点。值得肯定的是，在论述中国模式对西方模式的超越时，作者并没有陷入那种自我陶醉式的心态，他很清楚，全球工业化和现代化的进程是五百年前从西方国家开始的，近现代科学技术的发明和进步也主要是由西方国家完成的，西方国家的现代化程度现在仍然大大地高于我们，这是需要我们继续追赶的。例如，书中指出："我们说中国的增长不仅是量的增长，而且是质的增长，并不是说我们一切都做得很好，恰恰相反，在世界产业链上，我们总体上还处于中、低端。"这样的提醒书中经常可以看到，这体现了作者对中国模式充满自信时依然保持着一份清醒。

二是论述了为什么说中国的制度建设超越了西方。作者认为，一个现代国家的制度安排，关键是要确保政治、社会和资本三种力量达到一种有利于绝大多数人利益的平衡。书中展开了中美两国三种力量关系的比较分析。美国模式中，目前这三种力量之间严重失衡，资本力量独大，美国标榜的"三权分立"制度已被资本力量所驾驭，"钱主"很大程度上左右着"民主"。而在中国，这三种力量处于一种平衡的状态，政治力量代表着最广大人民群众的利益，资本力量总体上是受制于政治力量和社会力量的。因此，中国模式尽管还在完善之中，但确实有利于多数人利益的实现，中国梦的前景比美国梦更光明。不仅如此，作者还从理论上将中国的制度安排概括为"一国四方"，即中国是一个"文明型国家"，有四个方面的制度安排：在政党制度方面，中国是一个"国家型政党"，代表了整个国家和民族的整体利益；在民主制度方面，中国的最大特点是"协商民主"，包括在决策领域实行的"新型民主集中制"；在组织制度方面，中国实行的是"选贤任能"；在经济制度方面，中国实行的是"社会主义市场经济"。这些制度安排均包含了中华文明的基因、社会主义的因素和西方文化元素，三者有机结合形成的新制度推动了中国的崛起。书中还总结了中国超越西方的四条思路和经验，即民本主义、组织起来、综合创新、上下策结合。当然，本书所说的制度超越是就三种力量关系的比较而言的，它并不意味着我们不需要学习借鉴西方的一些制度安排，如市场制度、企业制度、城市管理制度等；也不意味着在制度建设上我们已经全面超越西方国家，事实上在价值观形成和国家治理现代化等方面，我们还有很长的路要走。

三是着手建立中国自己的话语体系。作为一个全球现代化进程中的后起国家，我们在全球化竞争中最薄弱的一个环节恐怕是缺乏话语权的问题了。没有话语是无法真正崛起的，因为没有自己的话语，即便是自己做对的事情，也会被看成是错的。为此，书中用了很大的篇幅，从四个方面在质疑西方话语的同时论述了中国话语超越的问题，提出了一些很有价值的具体的政治话语观点和概念，如"良政还是劣政"范式应该代替西方主张的"民主还是专制"范式；"民意如流水"而"民心大于天"，治国要把"民心"和"民意"结合起来，并确保"民心"治国的主导地位；"选拔+（某种形式的）选举"高于西方的大众民主模式，等等。中国的现代化实践早已超出了西方话语的诠释能力，我们切不可被西方话语所忽悠、所左右。对此，书中提醒到："我们有些人只会在西方话语中打转转，在'历史终结论'的逻辑下讨论中国，所以他们解读中国的发展永远是从所谓的'极权模式'走向'威权模式'，从'威权模式'走向西方'民主化'模式，但实践证明这种逻辑是不靠谱的，它只会导致对中国未来一个接一个的误判。"中国的话语必须建立在自己的现代化建设的理念和实践中，本书关于中国话语的构建都是紧紧围绕中国在改革开放的过程中解决各种问题的实践展开的，这是正确的方法。最难能可贵的是，作者并没有简单地全盘否定西方话语，而是试图在全球化的背景下，建立起一套可以与西方世界沟通的中国标准的话语体系，它不仅用来说明中国模式，也可以用来质疑西方模式和讨论世界问题。

透过张维为教授的研究，我们可以看到，中国模式客观存在，有自己的逻辑，有重要的意义，理直气壮地研究中国模式有助于我们树立文化自信，更好地增强道路自信、制度自信和理论自信。

作者系中国出版协会副理事长、上海世纪出版集团原总裁

（本文删节版原载于2014年9月4日《解放日报》、

2014年9月22日《光明日报》

此处收录略有调整）